本书系国家自然科学基金项目"化石能源峰值预测及对中国经济的影响研究"(编号：71073173)、国家社会科学基金重大项目"基于中国石油安全视角的海外油气资源接替战略研究"（编号：11&ZD164）和教育部哲学社会科学研究重大课题攻关项目"扩大我国油气战略储备研究"（编号：11JZD048）成果。

廉价、易采的石油

昂贵、难采的石油

THE GHOST OF PEAKING

The Depletion of Energy and
the Crisis of Civilization

峰值的幽灵

能 源 枯 竭 与 文 明 的 危 机

冯连勇　王建良　王月　著

社会科学文献出版社
SOCIAL SCIENCES ACADEMIC PRESS (CHINA)

前　言

　　目前的世界形势的确使很多人困惑。2008 年金融海啸发生后，按照以往的规律，危机会很快过去。当然，格林斯潘曾断言，这场危机是百年一遇的。到底是怎么百年一遇，原因是什么？未来的世界会是什么样？很少有人能给出正确的答案。2008 年后，救市、货币宽松政策、刺激消费等一招接着一招出现，随后又出现了主权债务危机，2012 年11 月美国大选过后财政悬崖又像达摩克利斯之剑悬在头上，分离主义倾向越来越浓，甚至在欧洲国家内部，独立、自治等纷纷抬头。人们越来越难以理解，未来的世界会是什么样？要想明白这些，我们必须给读者讲明一个道理，就是能源作为文明的基石，已经出现了问题，这个问题不是暂时的，而是一个新的时代的开始，这个时代就是"后石油时代"。作为一个学者，不能人云亦云，应该把真理告诉世界、告诉人民。这个基本规律不认清，其他的根本谈不上。基于这个目的，我们把近些年来的研究用这样一本通俗读物传递给世界，提醒人们基础能源正处在一个前所未有的困境。我们把这本书称为"峰值的幽灵"，没有为作品畅销而故意蛊惑人心的意思，而是发自我们内心的呐喊。

一切恶魔的种子都起源于无止境的欲望

　　纵观人类发展历史，自从 1885 年煤炭取代木柴成为世界第一大能源之后，人类社会就进入了化石能源时代，而正是在这一时代，现代文明得以建立。在可预见的未来，化石能源仍将是人类社会赖以生存的主要能源，也是决定人类社会发展的关键能源。然而，化石能源本身并不是一个取之不尽、用之不竭的能源，相反，无论是地下的赋存总量，还是最终可供人类开采出来的资源数量都是十分有限的。如果人类采用"细水长流式"的开采利用方式，控制自身对财富积累的无限欲望，可用的化石能源资源还是有可能一直延续到下一个能源时代的。然而，人类并没有选择这样做，反而是为了巩固和扩大自身利益，"变本加厉"地开采化石能源资源。如今，人类赖以生存的地球已经被"开发"得千疮百孔，而这仍然没有阻止人类对资源的索取步伐。然而，就当人类为了一己私欲而无节制地向大自然索取那些需要百万年甚至亿年才能形成的珍贵资源的时候，也在不知不觉间亲手播下了恶魔的种子。这种破坏式的开发方式不仅加速了有限资源的耗竭速度，更重要的是，使化石能源产量高峰提前到来。在无止境欲望的驱动下，化石能源产量高峰的到来对人类来说必然是一场巨大的噩梦和灾难，不仅将彻底改变人类现有的生存方式，还有可能使人类的百年文明陷于崩溃的境地。

化石能源峰值就在眼前，人类对资源的
争夺大战已经拉开序幕

那么，化石能源峰值究竟何时到来呢？为了回答这一问题，我们需要将目光转向西方。早在 1909 年，西方学者就开始研究石油资源的枯竭问题，之后的相关研究也越来越多，然而，当时的研究都没有触及问题的本质。直到 1949 年，美国地质学家哈伯特（Hubbert）在国际知名的《科学》杂志（Science）上发表了《化石燃料的能源》（"Energy from Fossil Fuels"）一文，开创性地系统介绍了化石能源峰值问题，并由此引发了一个新理论的产生，即"峰值理论"。在哈伯特之后，一大批学者追随其研究，从各个角度探究石油峰值问题。大量的研究发现，石油发现量正处在不断下降之中，而全球石油资源评估的权威机构——美国地质勘探局（USGS）也高估了全球最终可采的资源数量，而近年

来不断爆出的储量丑闻（人为地操纵储量）也证实了峰值研究者对当前储量评估结果的质疑。全球石油生产主力的巨型油田产量的加速递减、开采难度和开采油品品质的不断下降等，都预示着全球石油峰值即将到来。而石油峰值的来临必将加剧天然气峰值和煤炭峰值的到来，因为在石油资源供应下降的情况下，人类必然会转向对天然气和煤炭的大规模开发。已有研究指出，化石能源峰值将在 2030 年前到来。对化石能源供应的担忧加剧了人类对资源的争夺，能源帝国也随之崛起，围绕能源的战争，国际博弈也在近些年频频亮相。而这些都只是开始，一场真正的资源争夺战将随着化石能源峰值的到来而逐渐出现在人类面前。

人类总是力图回避峰值

　　来自西方学术界的警告，似乎并没有引起人类的多少关注，在高质量、低污染的常规石油资源不断耗竭、供应处于停滞期之时，人类仍然选择一味否认化石能源峰值，对其采取漠视或不重视的态度。为了掩盖化石能源峰值的到来，人类正在走向另一个歧途，那就是转而大规模开发污染更为严重、含碳量更高的"肮脏"能源，如油砂、超重油、煤制油、油页岩、页岩气等，以强行增加化石能源产量。然而，这种方法带来的"虚假"产量增长除了能在一定程度上掩盖资源的稀缺程度之外，并不会对全球化石能源供应产生任何本质的影响，反而会在很大程度上加速影响人类生存的又一世界性议题——气候变化。我们知道，气候变化是由人类不加节制地向大气中排放工业代谢废物所引起的，而引起气候变化的工业代谢废物正是由人类消耗石油等化石能源引起的，如二氧化碳和甲烷等。与常规化石能源相比，非常规化石能源的含碳量更高，在开采、加工、运输和消费过程中产生的碳排放要远大于常规化石能源。因此，即使少量的非常规资源的开发，其带来的环境污染也有可能是相当大的。然而，不幸的是，人类正在走这样一条道路，可以说，人类一味地追求私欲、大肆消耗化石能源的做法是在自掘坟墓。

主流经济学的逻辑误导

对学术界警告的漠视和我行我素的行为背后，是被主流学派所信奉的"经济学逻辑"。在他们看来，石油与其他商品一样，价格和技术将解决我们面临的一切问题。按照经济学的逻辑，没有什么是可以担心的，石油价格的上涨将刺激上游勘探开发投入，进而将增加发现资源的概率，从而获得更多的发现，而更多的石油发现又会带来更多的生产，当生产出更多的石油之后，油价又会重新回到低位。因此，包括全球能源行业主流的官方机构——国际能源署（IEA）在内的绝大多数机构或学者（大多是具有经济学背景的学者）不断声称油价将重返低位，而石油供应短缺也将随之解决。那么，真实的情况是这样吗？以 IEA 为例，其年度旗舰刊物——《世界能源展望》（WEO）中不仅有对石油供应的预测，还有对未来价格的预测，其价格和供应是相互匹配的，这就给我们提供了一个考察 IEA 对供应及价格的预测是否准确的材料。我们知道，国际油价从 2003 年之后开始不断走高，根据之前所讲的逻辑，油价不可能长期走高，因为高价格将带来产量的增加从而又使得价格进入新的低位波动区。因此，IEA 在 2004 年、2005 年和 2006 年的《世界能源展望》中都预测油价将随着供应的增加而下降，然而，现实的情况似乎给了 IEA 一记狠狠的耳光。自从本轮油价开始走高以来，就从来没有降过，全球石油产量也似乎并没有配合油价的意思，尽管油价一路狂飙，但全球石油产量在 2004 年之后却处于停滞增长的状态。

次贷危机：根据石油的逻辑的解读

直到 2008 年，高涨的油价引爆了世界最大的油气消费国——美国的次贷危机，进而引发全球性的金融危机和经济危机，才使得油价有了短暂的回落。但 2009 年后，油价又一次开始持续大幅上升。2008 年的次贷危机本是人类认清自身私欲、反思对地球破坏并改变生活方式、制定拯救人类自身措施的最佳时机。然而，直到现在，人们对次贷危机的认识还仅存在于次贷这一层面，对其深层次的石油问题仍然知之甚少，更别说认清自我、采取措施了。事实上，次贷危机的真正幕后推手是石油峰值。我们知道，美国人的生存方式是建立在低廉的石油基础之上的。在美国，你无法想象没有汽车和石油的日子。汽车及其所使用的石油同粮食和水一样，是人们生活必不可少的生活必需品。因此，当油价像脱缰的野马一样一路狂奔之时，美国人的生存也变得越来越拮据，特别是那些持有次级债券的人们。如果油价能像经济学家预测的那样下降，可能还会避免一场灾难的到来，然而，现实中的油价丝毫没有下降的意图，仍然继续高歌猛进。在这一情况下，持有次级债券的人们不得不面临一个艰难的抉择——将有限的收入用于偿还房贷还是购买生活必需品以维持生计。在这个崇尚个人自由的国度中，答案是显而易见的。因此，当油价越来越高时，这些人就会发现用于偿还贷款的资金越来越少，最终达到无法支付最低资金的地步。在石油引爆次贷危机之后，人类的又一大发明，金融创新帮了"大忙"，使得小小的次贷危机能够以数十倍甚至数百倍的威力爆发出来，而贸易全球化、经济一体化又使得在美国爆发的次贷危机能在极短的时间内迅速传至世界各国，引发全球性的经济衰退，至今欧元区仍深陷经济衰退的泥潭。而这正是此次次贷危机中被大家所忽视的石油的逻辑。

后峰值时代的新问题

石油峰值的到来不仅引发了美国次贷危机，而且正在对世界的方方面面产生不可忽视的影响，首先就是对依赖石油的汽车工业和建立在运输业高度发达基础上的全球化贸易产生的影响。当今的汽车工业仍然依赖石油，而在石油产量越来越少、价格越来越高的情况下，汽车工业的终结也将离我们越来越近。底特律三大汽车企业的破产重组、愈加荒凉的工业城、大批失业的员工就是很好的例证。而建立在发达运输体系上的全球化贸易，也将随着石油供应的短缺和价格的高涨面临搁浅的威胁，这意味着全球化的终结也不是不切实际的判断。除此之外，有关化石能源峰值研究的深入及扩展也使得一些学者开始关注其他一些稀缺性不断增加的非化石矿产资源，出现了许多新的"峰值"，如粮食峰值、土地峰值、水峰值、金属峰值等。这些领域的"峰值"并不一定意味着要出现产量高峰或产量下降，而是在诸多因素影响下可能出现潜在供应短缺的状况，本质上都是对人类社会发展的担忧。这一系列的思潮带领人类社会进入一个全新的时代——后峰值时代（即化石能源时代的后半段）。后峰值时代对人类来说是一个充满挑战的时代，也是关乎人类文明能否继续延续的时代。廉价的能源价格将一去不复返，而高价格将改变世界能源供应格局、权力格局和全球财富分配，促使新能源帝国主义的崛起与发展。此外，大规模推行粮食乙醇、生物柴油导致的粮食危机，非常规资源开发引发的水资源危机，资源消耗中引起的生态危机等也是这一时代面临的棘手问题。可以说，重大问题的集中凸显将成为这一时代的特点。

大国的能源战略与人类的自我拯救

要想解决这些问题，并在新时代寻求发展的基点，首先要做的就是正视峰值，让长期游离于主流之外，被主流所排斥的峰值理论进入公众的视野。而要做到这一点，人类必须做出改变，尽管这种改变意味着利益格局的打破和承担巨大的不确定风险。"阴阳平衡者为人，有阴无阳者为鬼，有阳无阴者为仙"，峰值之所以能成为幽灵，与人类长此以往对技术和经济的迷信不无关系。人们都习惯了经济持续增长能够带来财富增长、技术能够促进产量增长、技术让世界更美好的"论断"，而忽略了经济持续增长所带来的各类问题、技术改变环境极限及其带来的生态问题，这就使得原本的均衡体系遭到破坏。因此，人类的认知和抉择是关键，也是解决问题的有效手段。在此，我们只是想通过这样一本小书，让大家认识到这个"幽灵"，理解其为何物，解开其中的奥秘。由于笔者才疏学浅，不免会有一些纰漏。但是，我们还是选择出版这本小书，供大家批判，一是正如在本书中提到的，留给人类的应对时间已经不多，越早认识到峰值这一幽灵并采取措施，就越有希望使我们平稳过渡到下一个能源时代；二是化石能源与我们每一个人息息相关，然而，目前关于能源问题的讨论，特别是对峰值这一类问题的讨论，仅仅局限在少数人的圈子内，这不仅制约了对峰值的研究，还剥夺了人类作为"系铃人"对此问题的知情权。如果通过这本书，能够引起社会对这一问题的一点重视，那我们的目的就达到了；如果能够引起有关部门的重视，并推动其对峰值的研究，并积极采取措施的话，那就更好了。

这本书在写法上并不是一个严谨的学术报告的形式，但数据和资料都有出处。作者力图引起大家对峰值问题的关注，语言尽量通俗易懂。当然，书中许多名词较新，甚至刚刚从国外传来，如"后常规科学"。这个词我们引自英国牛津大学 Friedrichs 教授的文章。他认为，石油峰值是一个典型的"后常规科学"中的问题，具有"事实的不确定性、价值观的争议性、风险高和决策的紧迫性"的特点，的确，石油峰值、能源峰值、气候变化、水资源与粮食问题等都属于这个范畴。所以，大家可以对此问题各抒己见，也可以对本书中的观点进行批判，兼之我们学疏才浅、水平有限，欢迎大家批评指正，同时我们将继续努力，不断推进对石油及能源峰值、气候变化等后常规科学问题的研究，争取以后写出更好的作品。

作　者

联系邮箱：*fengly@ yahoo. cn*

2012 年 11 月 12 日于北京昌平中国石油大学

目录｜CONTENTS

第一篇 | 幽灵向我们走来

幽灵已经到来

幽灵为何物？

整个地球是一个大系统，系统的正常运行依赖各子系统的均衡。虽然人类对自然界的开发利用已有数千年的历史，但之前的人类规模和对自然的开发利用程度都比较有限，并没有打破这种均衡。然而，自从工业革命诞生以来，这种均衡逐渐被人类所打破，自然界数百万年、数千万年，甚至上亿年才形成的矿产资源和生态环境被人类肆意地、大规模地掠夺和破坏，以满足人类对"社会繁荣""经济增长""高质量生活水平"的不断追求。均衡的破坏使得人类面临着巨大的灾难，如人口的过度增长、粮食危机、化石燃料供应危机、气候变化、水资源危机、自然灾害的频繁等。在众多的危机当中，化石燃料供应危机是最为重要的一个。早在1883年，就有学者开始对剩余石油资源的寿命问题进行研究[1]，之后最为著名的、也是研究最为广泛的是1949年由美国学者Hubbert提出的石油峰值问题，他认为作为有限的不可再生资源，全球石油供应不可能随着人类需求的增长而持续增长，在到达一定程度之后，必然出现产量递减，届时将出现石油资源的全球性短缺，并将对经济社会产生无法估量的重大影响[2]。在 Hubbert 之后，一大批学者和机

---

[1] Olien. D. D. & R. M. Olien. 1993. "Running out of Oil: Discourse and Public Policy 1909 - 1929", *Business and Economic History*, 22 (2): 36 - 66.

[2] Hubbert, M. K. 1949. "Energy from Fossil Fuels", *Science*, 109 (2823): 103 - 109.

构继承了石油峰值理论，并将其扩展到其他领域，提出了很多新的概念，如天然气峰值、煤炭峰值、粮食峰值、水峰值、人口峰值、价格峰值，甚至出现了全面峰值（Peak Everything）[①]。

事实上，石油峰值本身并无神秘和可怕之处，需要的只是人类的先知先觉，即改变现有生活方式，减少对自然资源的索取和外部环境的破坏。然而，正如前所述，改变意味着现有利益格局的变化，且带有很大的不确定性。因此，绝大多数的人们选择漠视，并极力维护现有模式，确保自身的地位和利益不发生变化。在这种情况下，石油峰值对人类的意义不是激励人类作出积极的改变，而是意味着人类现有文明的终结。对经济增长停滞的担忧、对财富流失的沮丧、对新的生存模式的不适等将在人类内心形成挥之不去的恐惧，这种恐惧随着峰值的逼近而变得越来越强烈，如同幽灵和恶魔一样萦绕在人类的脑海中。

石油峰值正解

早在 1916 年，学者 Arnold 就提出了石油生产遵循钟形曲线的理念[②]。1949 年，美国地质学家 Hubbert 在国际著名杂志 Science 上发表文章指出，"任何一个给定的化石能源品种的生产曲线，都将先上升，然后经历一个或若干个产量高峰，最后非对称地下降到零"，即"钟形曲线规律"，又称矿产资源的"峰值理论"。Hubbert 还首次运用钟形散点图来定量模拟石油生产曲线[③]。1956 年 3 月，Hubbert 发表最为著名的预测，指出美国石油产量将在 1965 年或 1970 年左右达到峰值[④]。这两个预测结果

---

① Heinberg R. 2007. "Peak Everything: Waking Up to the Century of Declines." *New Society Publishers.* 10.

② Arnold. R. 1916. "The Petroleum Resources of the United States." *Annual Report of the Board of Regents of the Smithsonian Institution*, 1916: 273 – 287. 原文为 "the crest of the production curve is not a sharp peak, but is represented by a more or less wavy dome"。

③ Hubbert. M. K. 1949. "Energy from Fossil Fuels." *Science*, 109 (2823): 103 – 109. 原文为 "the production curve of any given species of fossil fuel will rise, pass through one or several maxima, and then decline asymptotically to zero"。

④ Hubbert. M. K. 1956. Nuclear Energy and the Fossil Fuels. Meeting of the Southern District, Division of Production, American Petroleum Institute, San Antonio, Texas, Shell Development Company.

的差异在于采取了不同的最终可采资源量（URR）① 来约束预测结果（其采用的 URR 分别为 150Gb 和 200Gb②）。这个预测后来被证明是非常准确的，因为美国的石油产量真的在 1970 年达到高峰。然而，在当时，美国的石油生产正处于快速的上升期，没有人相信其预言，反而是嘲讽其"荒谬"的预测。但是随着石油勘探开发形势的变化及石油在世界经济发展中具有其他能源无法替代的重要作用，石油峰值逐渐成为石油地质学家、石油经济学家关注的研究课题，尤其是在 2000 年之后，伴随着世界石油峰值研究会（ASPO）及其世界各地分支结构的建立，越来越多的人开始致力于这项研究。

　　大量的研究也使得石油峰值的定义得到不断的补充和完善：石油峰值（Peak Oil）指的是某一油区或者国家石油产量的最大值和最大值来临的时间。狭义上，它表示一个峰值点；广义上，它表示石油产量的高峰平台；其本质是研究石油耗竭（Oil Depletion）③ 这一客观现象以及对石油资源及产量进行长期预测的理论和方法。石油产量到达峰值并不意味着全世界不会有新的石油发现，也不意味着到达峰值产量后的产量下降阶段不会出现产量上升的波动，只是以后的产量无法再达到或超过峰值产量，石油生产的控制因素将从市场需求控制转化为生产能力控制。

石油峰值是一个客观规律

　　地下的石油资源是有限的。在世界上，所有事物或事件的发生、发

---

① 最终可采资源量，英文为 Ultimate Recoverable Resources，简称 URR。地下的矿产资源受多因素的影响，有相当一部分是永远也开采不出来的，我们把那些在当前和预期经济条件、当前和预期技术条件下最终能够被人类发现并开采出来的资源称之为 URR。事实上，只有这一部分资源对人类发展是有意义的。

② 1Gb = 1Billion Barrel = 10 亿桶石油，1 吨原油约等于 7.33 桶石油。世界原油标价都以桶为单位，原因是在世界石油工业的早期，生产出来的原油都是用木桶装的。因此，这一习惯被沿袭下来，直到现在也有大量的石油用桶盛装，大约 1 桶原油约 42 加仑（约 158.98 升）。

③ 需要区分石油耗竭（Oil Depletion）与石油产量递减（Oil Production Decline），二者没有直接关系。地下的石油资源总量是一定的，只要有开采，就意味着有耗竭，但耗竭并不一定意味着产量减少，事实上，在产量达到峰值前，石油仍在不断地耗竭，但其产量却在不断地增加。

展和变化都有其自身的主客观因素，也都会经历发生－发展－兴盛－衰减－消亡的演变过程，人类的创造性活动可以改变这个演变过程的时间进程，但无法改变过程本身。这是不以人的主观意志而改变的基本规律。石油的形成经历了非常特殊的地质过程，石油地质学家们为弄清这一过程进行了大量的研究和探索，尽管有人提出过无机成因的观点并进行了理论分析，但迄今为止，为石油地质界普遍接受的是有机成因说。数百万年前地球上有生命的有机体在经历地球的地质变化后被深埋于地下，在缺氧和适宜的温度、压力条件下，发生物理化学作用，逐渐变成石油，这些石油可以穿透上部地层的裂缝或孔隙运移，慢慢散到大气中。如果遭遇高度致密、无法穿透的黏土或岩盐地层，石油将被储存下来，形成今天可以被人们找到的油田。足够的有机体在地质条件适合的地层——烃源岩中才能形成石油。形成的石油必须在具有阻挡功能的盖层保护下才能在储油层保存，也就是说必须有良好的生、储、盖组合。讲今论古，尽管有数百万年、数千万年乃至数亿年的累积，有生命的有机体的总量仍是有限的，这一总量中只有一部分能够通过地质变化被埋藏在地下，其在地下的空间分布是高度不均匀的。地质研究表明，具有生油条件的源岩在地下空间的分布也是有限的，盖层的地下空间分布更是有限的，如在我国南方不缺乏适宜生成油气的海相烃源岩，但缺失保存油气的良好盖层，除四川盆地外，许多年的勘探努力并没有找到有规模的油气藏。石油形成的规律告诉我们地下的石油绝不是取之不尽、用之不竭的，而是有限的，预测的石油资源量也绝不是可以找到的石油储量。

石油峰值到来的必然性

尽管技术的进步可以使采收率不断提高，但是地下已经找到的石油由于地质条件的限制也不可能被全部开采出来。石油的形成历史十分漫长，可是人类消费石油的历史到目前为止只有150多年。据统计，1859～1970年，110年间人类只消费了石油累计产量的20%，1970～2011年的40年间人类消费了80%的石油累计产量，2008年8月前的高油价和

9月开始爆发的金融危机虽然都抑制了世界一些国家的石油消费，但据BP的统计数据，当年的石油消费量仍高达39.88亿吨/年，仅比2007年降低了0.44%。而对于未来的石油需求，根据国际各主要研究机构的分析，世界石油需求在未来仍将保持持续增长的势头，2030年将达到50.4亿吨（见表1-1）。然而，石油资源是有限的，而且是不可再生的，其不会随着人类需求的增长而不断增加。随着石油资源的不断开发，有限的石油资源终会出现供需缺口，届时，全球性的石油供应短缺就不只是一个理论，而是一个事实。目前或今后若干年的石油产量尚可满足人类的需求，但不断提高世界石油产量将成为根本无法实现的美好愿望。正如世界上开发多年的老油田早已过了产量增长的黄金岁月，现已衰老并步入减产期一样，世界石油产量必然存在峰值。

表1-1 不同机构对全球石油需求的预测结果

单位：亿吨

机构	BP，2011	EIA，2011	IEA，2011	OPEC，2011	Exxonmoboil，2011	平均
情景	基准情景	基准情景	新政策情景	基准情景	—	
2015年	41.7	46.5	43.2	46.3	46.9	44.9
2020年	43.7	48.6	43.8	48.7	49.4	46.8
2025年	45.5	51.4	44.5	50.8	51.4	48.7
2030年	46.7	53.8	45.5	52.7	53.2	50.4
2035年	—	55.9	46.5	54.6	54.6	52.9
2040年	—	—	—	—	55.8	55.8

资料来源：BP，2011，BP Energy Outlook 2030：January 2011；EIA，2011，International Energy Outlook 2011；IEA，2011，World Energy Outlook 2011；OPEC，2011，World Oil Outlook 2011；Exxonmoboil，2011，The Outlook for Energy：A View to 2040。

全球油气发现持续减小

石油峰值必然到来，那么是如同一些乐观派所说的在遥远的未来到来，还是在我们可预见的近期到来？对这一问题的回答是非常重要的（尽管准确回答峰值到来的时间是非常困难的，有时甚至是不可能的），因为它直接关系到人类采取措施的紧迫程度。然而，基于多方面的现象，我们有理由相信石油峰值将在不远的未来到来。

历史发现量的下降

第一个表征峰值即将到来的现象就是全球石油发现量的减小。我们知道，要将地下的石油生产出来，首先要做的就是发现这些石油。而石油的发现遵循一定的规律或趋势，即首先发现储量大的油田，然后发现储量较小的油田，最后是发现具有更小储量的油田。原因很简单，那就是储量大的油田倾向于富含在更广的地域范围内，这使得其更容易被发现。这一规律已经得到了一系列数据的验证，例如，美国 IHS 咨询公司的统计分析显示，1925 ~ 1950 年世界发现的油气平均规模为 1.10 亿 ~ 1.23 亿吨油当量，1950 ~ 1980 年为 0.33 亿 ~ 0.41 亿吨油当量，1980 ~ 2004 年则减少为 0.06 亿 ~ 0.11 亿吨油当量，2004 ~ 2005 年全球新发现油气田的潜在可采储量是第二次世界大战以来的最低水平。

图 1 - 1 向我们展示了世界石油（含 NGLs）的历史发现量。从图 1 - 1 中可以清楚地看出，世界石油发现高峰出现在 20 世纪 60 年代，与此同时，全球大油田的发现数量也在这段时间内达到高峰（达到 128 个）。在此之后，全球总的石油发现量和大油田的发现数目都处于稳步下降趋势，且发现的大油田的储量规模也在不断减小。

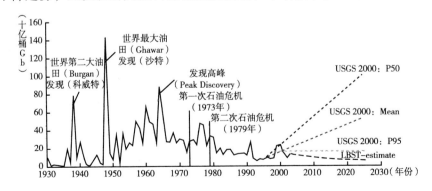

图 1 - 1　全球石油（原油 + NGLs）的历史发现量

资料来源：此图根据 Schindler K. J. ，Zittel W. Crude Oil – The Supply Outlook. Revised Edition February 2008. Energy Watch Group 第 38 页图编辑。

USGS 的全球油气资源评价

然而，就在全球石油发现量不断下降的趋势下，美国地质勘探局（United States Geological Survey，简称 USGS）却指出，全球油气发现量将持续快速增长（图 1 - 1 中的"USGS 2000：Mean"）。那么，USGS 的预测真的能够实现吗？

美国地质勘探局（USGS）隶属美国内政部，是美国内政部八个局中唯一的科学信息与研究机构，是对全球油气资源进行全面系统评估的主要机构，其评估结果也是世界各主要研究机构的重要参考，如美国能源信息署（EIA）、国际能源署（IEA）、世界能源委员会（WEC）等。USGS 最新的油气资源评价项目是在 1995 年启动的，历时 5 年时间，到 2000 年 6 月完成并发布"美国地质调查局世界油气资源评价 2000"（US Geological Survey World Petroleum Assessment 2000）[①]，这也是该机构第五次发布全球性的油气资源评估结果。

USGS 的评估是针对最终可采资源量（URR）的，因此，还需要对 URR 做一些简单的解释。正如前所述，最终可采资源量是指在考虑了诸多因素之后，如经济因素、政治因素、技术因素等，能够从地下最终开采出来的油气资源数量。根据 USGS 的定义，URR 是累计发现量（累计发现量 = 累计产量 + 储量）、已发现油田未来的储量增长和未来待发现储量之和，如图 1 - 2 所示。其中，累计产量（Cumulative Production）是指截至目前所有已生产出来的油气数量（即历年产量之和）；储量（Reserves）是指在已经发现的油气资源中，能够在当前的技术和经济条件下，从地下开采出来的油气储量；未来的储量增长（Future Reserve Growth）是 USGS 在本轮油气资源评价中新提出的概念，是指在已经发现的油气资源中，那些在当前条件下评估时未计入储量范畴，但是在未来由于开采技术的进步使得人们可以从地下开采出的比原先更多的石油，这些额外增加的油气数量就是未来的储量增长；待发现

[①] 有关 USGS 此次调查的全部详细报告，请参阅网站 http：//pubs. usgs. gov/dds/dds - 060/。

储量（Yet to Find，简称 YTF）则是当前还没有发现的储层中的油气数量，但预计在未来某段时间内可以发现的油气数量。

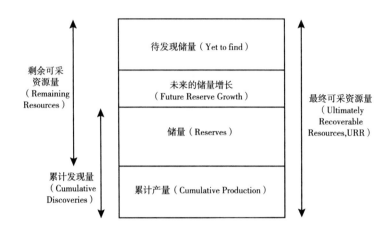

图 1 - 2　全球石油最终可采资源量（URR）构成

USGS 油气资源评价的核心是对未来的储量增长和待发现储量进行评估，而图 1 - 1 中表示的正是 USGS 对待发现量的预测结果。在 USGS 油气资源调查报告的执行摘要中写到，其研究的目的是"……评估那些能够在未来 30 年内（1995～2025 年）转变为储量的油气资源……"。这意味着在其评估结果中，所列出的油气发现量都将出现在 1995～2025 年。而截至目前，已过去了大半时间，因此，USGS 油气资源调查报告给我们提供了一个检验其预测准确性的可能性。

高估的油气发现量和堪忧的储量增长

表 1 - 2 显示的是 USGS 对世界常规油气资源待发现量和储量增长的估计。其中，P 代表概率，P95 意味着有 95% 的把握，P 后面的数值越大，表示可能性也就越大，把握程度也就最高。表 1 - 2 中 USGS 的期望值是在 P50 的情况下对应的数值。从表 1 - 2 中可以看出，1995～2025 年的 30 年间的待发现量和储量增长分别为 939Gb 和 730Gb，相当于每年发现 31.3Gb 和 24.3Gb。然而，根据 Zittel 和 Schindler 的统计，1995～2005 年的油气新的发现量（即待发现量）和储量增长分别为

146Gb 和 312Gb，相当于年均 14.6Gb 和 31.2Gb。实际待发现量远小于预期发现量，而实际储量增长则略大于预期增长①。因此，从待发现量的角度来看，只有 P95 的情况与现实最为接近，这也可以从图 1 – 1 中看出。而 USGS 对待发现量的不切实际的 P50 和 P95 估计，只会误导社会。

表 1 – 2　USGS 世界常规石油资源评估（2000 年）

概率	待发现量（原油 + NGLs）		储量增长（原油 + NGLs）		合计
	1995～2025 年	Gb/年	1995～2025 年	Gb/年	Gb/年
P95	495Gb	16.5	281Gb	9.4	25.9
P50	939Gb	31.3	730Gb	24.3	55.6
P5	1589Gb	53	1178Gb	39.3	92.3
期望值	939Gb	31.3	730Gb	24.3	55.6

那么有人可能会说，储量增长部分 USGS 预测得较准，这是否意味着未来全球的储量增长也将快速增加呢？然而，事实的情况也并非如此。一是储量增长多来自巨型老油田，新的小的油田储量增长规模非常小，增长潜力也非常小。正如前所述，全球巨型油田发现数目和规模已经开始持续递减，未来还将进一步减小，而未来能够发现的也只有那些规模非常小的油田。基于此，我们认为未来的储量增长将呈现出不断递减的趋势。二是储量增长多源于开采技术的革新，而这类开采技术的革新在增加储量和产量的同时，也隐含着巨大的潜在环境成本，例如水力压裂技术、化学驱技术等都会对区域生态环境、温室气体排放产生巨大影响。这些影响已经在近些年受到越来越多的关注，*Nature* 杂志等国际著名杂志对相关事故的报道也越来越多。鉴于此，我们有理由相信，在未来环保意识不断增强、环境压力不断增大的背景下，新技术应用的隐形成本也越来越大，这也将在很大程度上影响储量增长的扩大。

综合分析，USGS 作为世界最主要的油气资源评价机构，其对常规

---

① Schindler K. J., Zittel W. Crude Oil – The Supply Outlook. Revised Edition February 2008. Energy Watch Group, p. 80.

石油资源待发现量和储量增长的评估都过于乐观，特别是对待发现石油量的预测，更是极大地误导了其他机构，导致他们作出错误的论断。以国际能源机构（IEA）为例，早在20世纪末，IEA就在其年度刊物《世界能源展望（1998）》（World Energy Outlook 1998，简称WEO 1998）中承认了峰值，并预测全球石油峰值将在2008~2009年到来。但是，在其随后的报告中，其引用了USGS对全球油气资源的评估结果，一改1998年报告中的论调，矢口不谈峰值，并预测全球石油产量在预测期内将保持持续增长，足见其影响之大。

储量丑闻不断爆发

如前所述，URR是最终能够从地下开采出来的石油数量，是决定未来石油供应的最主要的因素。而回顾URR的构成，除了累计产量最为确定外，其他三项中的两项，即待发现量（被证明严重高估）和储量增长（预计将在未来逐渐减小）都存在问题，那么剩余的一项"储量"是否能持续增长呢？

根据国际标准，对储量的估计存在一定的概率值，现在比较常用的是三种概率，即P90、P50和P10，其对应的储量分别是"探明储量"（Proved Reserve，简称1P，有时也被称为证实储量）、"探明储量+概算储量"（Proved Reserve + Probable Reserve，简称2P）、"探明储量+概算储量+可能储量"（Proved Reserve + Probable Reserve + Possible Reserve，简称3P）（如图1-3所示）。国际机构报道的储量绝大多数是探明储量，如BP、世界能源委员会（WEC）、德国联邦地学与自然资源研究院（BGR）等。

OPEC的"政治储量"

很多人声称，过去几十年，虽然石油产量不断增加，但是全球探明储量不减反增，从而得出"全球石油资源不但没有枯竭，反而变得更加丰富"的论调。然而，事实的情况并非如此，过去几十年观察到的

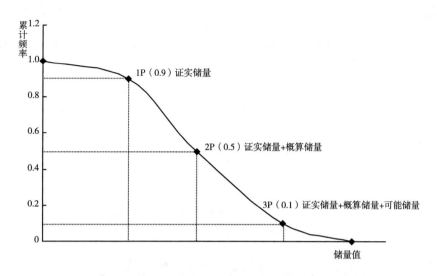

图 1 - 3 不同级别储量的概率分布及置信度示意图

全球石油储量的增加，主要是由于引用了 WEC、BP、OPEC 等统计资料中的探明储量，但这些探明储量数据并不能真实地反映世界石油储量的变化状况，因为这些数据很多是被人为扭曲的"政治储量"（Political Reserves）。政治储量是指由一个国家或者公司对外公布的储量。政治储量具有一个重要特征，即所公布的储量与其实际所拥有的储量不一致（经常的结果是比自身实际拥有的要大），其是为了实现某种目的而向自身以外的世界各国传递不准确信息。"政治储量"一词最早由 Laherrere 提出[①]。

事实上，已有许多机构和学者对 OPEC 成员国在其年度统计回顾中公布的探明储量质疑。正如我们在图 1 - 4 中看到的一样，1985~1990年，尽管新的储量发现没有被报道，但是 OPEC 却大幅修正其储量。OPEC 对此的解释是由于之前对储量的估计太低，因此，大幅修正只是对之前低估储量的一种抵消。这种说法在一定程度上得到了一些分析人士的认同，因为在此之前（国有化之前），国际石油公司基本上把持着这些国家的油气工业，因此，国际石油公司有可能为了某些经济和政治

① Laherrere. J. , *Oil and Gas*: *What Future*? Groninge, 2006.

原因而选择故意低估储量。还有另一种解释，那就是 OPEC 修正后的储量实际上是在石油开采之处的原始储量（累计产量 + 探明储量），而不是探明储量。

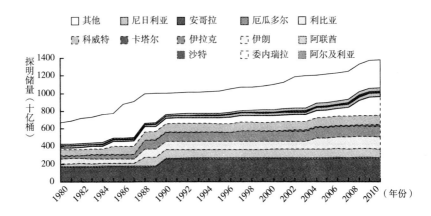

图 1 - 4　世界及 OPEC 组织成员国的探明储量

　　然而，最被人接受、最有可能的一个原因是 OPEC 在 1985 年设定的生产配额。根据生产配额，OPEC 成员国被允许的最大生产量与其国内剩余储量（探明储量）直接相关，剩余储量越大，其所获取的产量额度也越大。因此，为了获取更大的生产额度，从而在国际市场上销售并获取利润，很多 OPEC 成员纷纷大幅上调其探明储量数字。然而，就在这种情况下，IEA 在 2005 年指出"从历史上来看，石油的剩余储量一直保持稳定，尽管每年都有大量的资源被开采出来……因此，可以看出，新增加的储量大致上可以弥补每年的消费量"[1]。而 IEA 的这一辩解遭到 Bentley 等人的批判[2]。

　　在此，我们以科威特报道的探明储量为例分析其储量的不合理变化。在 OPEC 2008 年的报告中[3]，其报道的储量为 101.5Gb（这一数字

① IEA（2005a）. Resources to Reserves-oil and Gas Technologies for the Energy Markets of the Future. Technical Report.

② Bentley. R. W., Mannan. S. A., Wheeler. S. J. 2007. Assessing the Date of the Global Oil Peak：The Need to Use 2P Reserves. *Energy Policy*, 35（12）：63646382.

③ OPEC（2008）. OPEC Statistical Review.

和 2004 年的数字完全一致），然而，IEA[①]、能源观察小组（Energy Watch Group）[②] 和 Campbell 等[③] 报道的科威特的 2P 储量只有 50Gb 左右，二者相差超过 50Gb。

维基解密还原沙特真实储量

2011 年 2 月，英国《卫报》引用维基解密关于美国驻沙特大使馆的文件显示[④]，沙特的石油储量可能被高估超过 40%。如果是真的，这将对国际油价产生重大影响，作为拥有全球 1/5 石油探明储量的石油帝国沙特将不再是全球第二大石油生产者，其所拥有的剩余产能也无法调节高油价。《卫报》写道：

　　"侯赛尼（Sadad al-Husseini）是一名地质学家，同时也是沙特国家石油公司——沙特阿美的前油气勘探主管。他在 2007 年 11 月面见美国驻利雅得（Riyadh）总领事时，告诉美国领事沙特阿美要达到 12.5 百万桶/天的产能以便稳定价格的目标可能难以实现。两人于 2007 年 9 月会见的秘密文件显示，侯赛尼称沙特的石油产量可能会在 10 年之内达到 12 百万桶/天，或许在此之前（最早可能在 2012 年），全球石油产量就可能已经达到其最高点，而这个最高点就是人们所熟知的'石油峰值'。"

另一份来自 2007 年 12 月的秘密文件显示，美国驻利雅得的领事面见了侯赛尼。因为在早些时候，现任的沙特阿美首席执行官告诉美方在其拥有的 716Gb 的石油总储量（累计产量 + 剩余储量）中，仅仅有一半多是能够被开采出来的。现任的沙特阿美首席执行官还告诉美方，在

---

① IEA（2005b）. World Energy Outlook. *Technical Report*.

② Schindler. J. & Zitell. W. 2008. *Crude Oil：The Supply Outlook*. Energy Watch Group, EWG – Series, 3.

③ Campbell. C. & Heapes. S. 2009. *An Atlas of Oil and Gas Depletion*. Jeremy Mills Pub., Hudderseld West Yorkshire.

④ http：//www. guardian. co. uk/business/2011/feb/08/saudi-oil-reserves-overstated-wikileaks.

未来 20 年，沙特的石油储量将继续增加，达到 900Gb，而随着技术的进步，将有 70% 的储量能够被开采出来。

然而，沙特阿美前油气勘探主管——侯赛尼却告诉美方代表，他的继承者，即现任的首席执行官太过乐观。他说，沙特当前的储量就已经被高估了 300Gb 以上（约 40%）。他认为沙特实际的总储量（即累计产量＋剩余探明储量）仅有 360Gb 左右。侯赛尼称，如果这些储量消耗超过 50%，沙特就将达到其产量的转折点，在这个转折点之后产量将开始下降。他同时指出，如果按照当前 12 百万桶/天的产量，这个转折点将在 14 年后，也就是 2021 年达到，之后产量将在一段时间内保持稳定，随后开始下降。侯赛尼告诉美方，沙特还缺乏工程师和其他的资源来增加其产量。

俄罗斯储量之疑

除了中东地区诸国的储量问题外，世界另一个油气大国，俄罗斯的油气储量也存在很大的问题。俄罗斯不仅使用与世界上其他国家极不一致的储量分类和评估体系，而且极力保护其"官方"储量估计。2003 年，Laherrere 就曾指出，"在西方的咨询公司对苏联的石油储量进行重新评估时，其结果与官方的结果比较减少了 30%"[1]。但是，对此仍有一些争议，就在一年之后，Felder 引用 IHS 的数据显示，俄罗斯官方的数据是"极为可靠的"[2]。而这种矛盾一直没有解决，正如四年之后，即 2007 年世界能源委员会（WEC）在报告中所说的那样，"俄罗斯的分类中，A＋B＋C1 之和被外界广泛地认为与探明储量＋概算储量（2P）相当……但众多单个油田的研究显示，二者并不一致，前者的计算公式使得储量被高估了 30%"[3]。

---

[1] Laherrere, J. 2003. Future of Oil Supplies. *Energy, Exploration and Exploitation*, 21 (3): 227 – 267.

[2] Felder, T. 2004. Russian Oil Current Status and Outlook. IHS.

[3] WEC (2007). Survey of Energy Resources. *Technical Report*. 原文为：The categories A＋B＋C1 are widely considered equivalent to the proved ＋ probable reserves... but decline studies of individual fields suggest that in fact they exaggerate by about 30%。

全球石油支柱——巨型油田产量加速递减

储量的不足最终将表现在产量上。现在，我们就将目光转向石油的生产，关注其生产行为的变化情况，洞悉背后隐藏的秘密。

举足轻重的巨型油田

首先我们关注巨型油田，目前对巨型油田的定义主要有两种，第一种是基于最终可采资源量（URR）。美国石油地质家协会（AAPG）发布了有关巨型油田的评价等级，把最终可采资源量超过5亿桶（0.5Gb）的油田定义为巨型油田。第二种是基于其产量水平。将产量超过10万桶/日并持续生产1年以上的油田定义为巨型油田。为什么关注巨型油田，一个最主要的原因是巨型油田在石油工业中占据着举足轻重的地位。

巨型油田的重要性主要体现在以下几个方面，首先，世界上绝大多数的石油都存在于为数很少的巨型油田当中，而与此相均衡的是，小油田的数量非常多，但其储量却并不大。有关方面的统计显示，全球在产油田大约有7万多个，但巨型油田仅占总数的1%左右，而这些油田的储量占全球油田总储量的60%以上。相反，全球超过99%的油田却只占40%左右的储量。其次，从产量角度来看，全球接近一半的石油产量来自最大的100个巨型油田，而25%的产量来自最大的20个巨型油田。因此，无论是从储量还是从产量方面看，巨型油田未来的走向都将在很大程度上影响世界石油的生产状况。

年过半百的巨型油田

巨型油田由于其储量规模大、富集面积广等原因倾向于更早地被发现，而那些规模比较小的油田则倾向于更晚被发现，且需要花费更多的成本。世界大油田发现的数量和储量的高峰出现在20世纪60年代，而20世纪40年代是发现大油田的平均储量高峰。近几十年来，整个石油工业的勘探开发技术取得了突飞猛进的发展，今天的钻头可以到达地下

7000 米的地层深处，可以朝任何方向转动（甚至是水平方向）。功能齐备的超级计算机可将地下的结构以惊人的三维画面表现出来，精确地显示出含油气层，甚至能确认钻井的最佳路线。超级计算机和先进技术为勘探工作带来了一连串的新发现，但这些先进技术并没有能够阻止新发现油田数量和探明储量总体下降的趋势。

目前，已发现的巨型油田开发寿命都已超过了 50 年，而再次发现巨型油田的可能性非常小。即使未来能够发现巨型油田，其规模也是相对较小的（如图 1 – 5 和图 1 – 6 所示）。回顾世界石油工业史，我们就

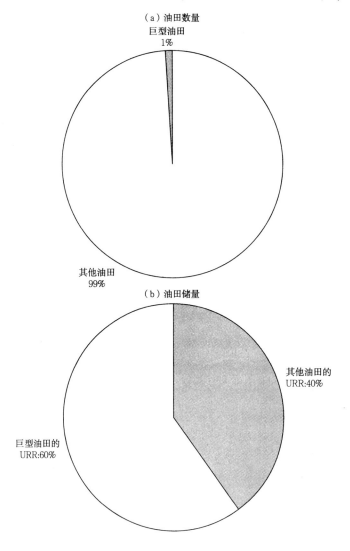

（a）油田数量

巨型油田
1%

其他油田
99%

（b）油田储量

其他油田的
URR:40%

巨型油田的
URR:60%

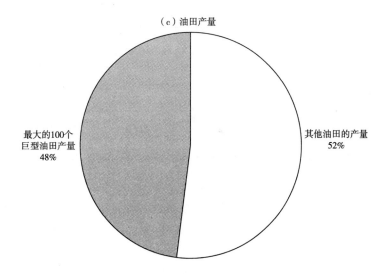

图 1 - 5 巨型油田数量、储量及产量

资料来源：根据 Robelius F. Giant Oil Fields of the World. AIM Industrial Contact Day，Monday 23rd May 2005 的数据编辑而来。

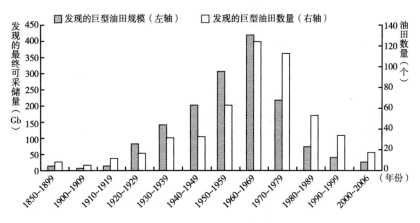

图 1 - 6 巨型油田的发现数量及规模

可以发现 20 世纪 50 ~ 80 年代是世界原油产量快速增长的时期，这其中最主要的原因就是中东地区巨型油田的增产。而非欧佩克国家的石油产量在 20 世纪 80 年代达到峰值后就一直在走下坡路。2000 年以后世界石油产量有较小的提升，这主要是由俄罗斯石油产量的增加所引起的（如图1 - 7 所示）。

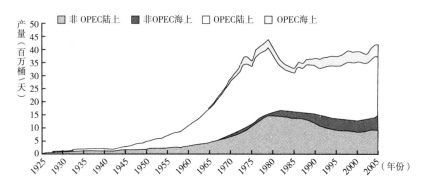

图 1 - 7　世界巨型油田产量变化图示

巨型油田何时递减

　　理论上，大多数巨型油田的开发寿命都会遵循图 1 - 8 的曲线，即从油田勘探发现、石油工程建设到峰值产量平台期，再到石油产量的下降。但一些受战争、恶意破坏和停工等人为因素影响的油田则无法遵循这样的曲线，最明显的例子就是那些欧佩克成员国中，被人为关闭了相当长一段时间的油田。

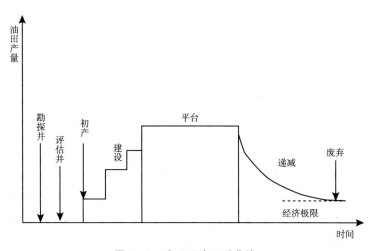

图 1 - 8　油田理论开采曲线

　　巨型油田的开采曲线通常有一个较长时间的高峰平台期，因此其并不像人们想象的那样会有明显的"峰值"。但有一小部分的油田的产量曲线存在着一个清晰的峰值，尤其是较小的巨型油田。所以，在此我们把巨型油田的峰值年或峰值时间定义为产量高峰平台期的结束年份。接下来我们将分别向读者分析这些巨型油田的产量将在何时开始递减，以及进入产量递减期之后的递减率是多少。

为了回答这两个问题，首先要选用合适的指标来对其进行度量。对于第一个问题，即巨型油田的产量将在何时开始递减，我们给出两个衡量的指标，第一个指标叫做耗竭率或者折耗率（Depletion Rate），其定义为每年的产量与 URR 的比例；第二个指标是累计产量与 URR 的比值。我们将通过分析峰值结束年对应的耗竭率（Depletion-at-peak）和峰值结束年的累计产量与 URR（Cum. Prod. /URR-at-peak）的比值来研究巨型油田产量何时出现递减。

对于第二个问题，我们则采用传统的递减率（Decline Rate）来进行分析，递减率是指对于那些已经过了峰值的油气田，其某一年的递减率是当年的产量和上一年的产量之间的差额与上一年的产量之比。从这一定义来看，递减率与枯竭率具有本质的不同，递减率仅仅是通过产量计算获得的。

在本部分，我们选用 331 个巨型油田的数据，其总的 URR 达到 1.1 万亿桶以上，这样能够保证其能够在很大程度上代表整个巨型油田的变化规律。在这些油田中，从地理分布来看，陆上油田为 214 个（约占总量的 65%），海上油田为 117 个（约占总量的 35%）；从是否已出现产量递减期来看，已进入峰值递减期的油田有 261 个（约占总量的 79%），在 261 个油田中，陆上油田为 170 个（约占递减期油田总量的 65%），海上油田为 91 个（约占递减期油田总量的 35%）；从政治隶属性来看，隶属 OPEC 的油田有 143 个（含 104 个陆上油田和 39 个海上油田），非 OPEC 的油田有 188 个（含 110 个陆上油田和 78 个海上油田）。

表 1-3 呈现了全部已过峰值且进入峰值递减期的 261 个巨型油田的生产行为数据。从表 1-3 中可以看出，峰值时的耗竭率的平均值为 8.1%，产量加权值为 7.2%；峰值时累计产量/URR 的平均值为

38.6%，产量加权值为36.8%，这意味着在URR的一半被消耗掉前，油田就已经进入产量递减期了。从进入峰值后的产量递减率来看，巨型油田递减率的平均值为-6.5%，产量加权后为-5.5%。

表1-3　全部巨型油田的特征数据

全部巨型油田	平均值	中值	产量加权	标准偏差
峰值时的耗竭率(%)	8.1	7.2	7.2	4.3
递减率(%)	-6.5	-5.3	-5.5	-4.9
峰值出现时的累积产量/URR(%)	38.6	38.3	36.8	16.9
石油发现到投产的年份(年)	5.2	3.0	4.2	5.7
石油投产到递减的年份(年)	17.7	13.0	18.7	16.1

注：未包括（截至2005年）尚未到达递减期的油田。这里总结了全世界的261个巨型油田高峰稳产后的情况。其中，中值是指将所计算的结果按从小到大或者从大到小的顺序排列时，位于中间的那个值。之所以也列出产量加权的结果是因为产量加大的油田倾向于有更大的影响。

表1-3虽然给出了总的巨型油田生产状况，但是没有给出不同类别巨型油田的各自特性。通过研究，我们发现陆上170个已过峰值的巨型油田峰值时的耗竭率为5.8%（产量加权），峰值时累计产量/URR为34.1%（产量加权），递减率为3.9%（产量加权）；而91个海上已过峰值的巨型油田的三个值分别为11%、44%、9.7%。可以看出，与陆上油田相比，海上油田峰值时的耗竭率更大，即开采速度快，但这种速度导致的是峰值后更高的产量递减率。此外，从投产到递减的时间来看，陆上油田为21年（产量加权），而海上油田仅为12.4年（产量加权）。这意味着海上油田的寿命更短。

对于OPEC油田和非OPEC油田而言，通过分析，非OPEC油田具有更高的峰值时的耗竭率（产量加权值：非OPEC油田为8.7%；OPEC油田为5.3%），更高的产量递减率（产量加权值：非OPEC油田为7.1%；OPEC油田为3.4%），更短的从发现到投产的时间（产量加权值：非OPEC油田为3.8年；OPEC油田为4.7年），更短的开采寿命，即从投产到递减的时间（产量加权值：非OPEC油田为17.9年；OPEC

油田为 19.8 年）。造成这种局面的原因之一就是 OPEC 组织实行的配额制相当有效地控制了生产水平并延长了油田的寿命，而不是以无限制的较高开采率来开采石油。

巨型油田历史递减趋势

正如前文所述，许多巨型油田的开采历史都很久远，在大量实施现代开采工艺之前就已过了高峰平台期，而之前的分析只显示了静态的巨型油田递减状况，不利于我们分析历史的演变、预言未来。因此，我们还需要对其动态的变动趋势进行分析。此外，对其动态趋势的研究也有利于分析现代新工艺、新方法的采用对油田生产行为的影响。为了便于分析，我们将油田产量开始递减的年份作为巨型油田年代分组的分水岭。例如，某一油田在 1950～1959 年开始递减，那它就是50 年代组。

表 1-4 和表 1-5 分别显示了陆上和海上巨型油田的动态演变过程。从表中可以清楚地看到，峰值时的耗竭率、峰值时累计产量占URR 的比例、峰值后的递减率和从投产到递减的时间都随着时间的推移而不断增加，而从发现到投产的时间则变得越来越短。这意味着，需求的增长和新的开采工艺的使用加速了油田的建产过程，提高了油田产量，延缓了产量下降的时间，增加了峰值平台期的时间。但是，一旦进入递减期，采取新工艺的油田倾向于更快地递减。认识到这一规律对油田生产者和国家政策制定者具有很大的帮助。

表 1-4　陆上巨型油田动态演变

油田数量	峰值时的耗竭率	平均值（%）	中值（%）	产量加权（%）	标准偏差（%）
23	20 世纪 60 年代前	6.2	4.7	6.6	3.3
19	20 世纪 60 年代	7.3	6.8	8.7	2.5
72	20 世纪 70 年代	6.4	5.6	4.9	3.4
25	20 世纪 80 年代	6.3	6.1	5.6	1.9
28	20 世纪 90 年代	7.8	7.0	6.9	4.5
4	21 世纪前 10 年	11.6	11.0	12.1	4.8

油田数量	峰值时累积产量/URR	平均值（%）	中值（%）	产量加权（%）	标准偏差（%）
油田数量	油田递减率	平均值（%）	中值（%）	产量加权（%）	标准偏差（%）
23	20 世纪 60 年代前	− 4.2	− 4.4	− 4.2	1.6
19	20 世纪 60 年代	− 5.1	− 5.5	− 5.9	3.0
72	20 世纪 70 年代	− 4.2	− 3.9	− 3.0	3.1
25	20 世纪 80 年代	− 4.4	− 4.1	− 3.9	2.6
28	20 世纪 90 年代	− 6.9	− 5.6	− 5.6	4.8
4	21 世纪前 10 年	− 10.7	− 9.8	− 10.1	3.5
23	20 世纪 60 年代前	37.5	36.1	31.1	13.9
19	20 世纪 60 年代	35.1	30.0	34.0	18.4
72	20 世纪 70 年代	36.3	34.2	31.1	19.3
25	20 世纪 80 年代	37.2	31.6	33.6	14.7
28	20 世纪 90 年代	44.9	40.2	44.7	16.4
4	21 世纪前 10 年	46.2	45.2	46.5	15.7

油田数量	发现到投产的年份	平均值（%）	中值（%）	产量加权（%）	标准偏差（%）
23	20 世纪 60 年代前	2.4	1.0	2.3	3.3
19	20 世纪 60 年代	1.7	1.5	2.0	1.6
72	20 世纪 70 年代	4.1	3.0	4.4	4.6
25	20 世纪 80 年代	4.7	2.0	3.2	6.2
28	20 世纪 90 年代	5.2	3.0	3.9	5.7
4	21 世纪前 10 年	1.5	1.5	1.5	1.7

油田数量	投产到递减的年份	平均值（%）	中值（%）	产量加权（%）	标准偏差（%）
23	20 世纪 60 年代前	18.2	17.0	38.3	10.4
19	20 世纪 60 年代	17.0	8.0	12.4	19.4
72	20 世纪 70 年代	19.9	14.0	19.8	15.6
25	20 世纪 80 年代	23.6	16.0	22.1	18.8
28	20 世纪 90 年代	27.8	21.5	28.9	24.2
4	21 世纪前 10 年	26.3	25.5	25.9	23.5

注：不同年代的已过高峰平台期的油田被分成了不同的小组。标准偏差是根据样品给定的。

表 1 - 5　海上巨型油田动态演变

油田数量	峰值时的耗竭率	平均值（%）	中值（%）	产量加权（%）	标准偏差（%）
0	20 世纪 60 年代前	—	—	—	—
2	20 世纪 60 年代	5.3	5.3	5.9	2.4
17	20 世纪 70 年代	7.7	7.9	8.1	3.0
16	20 世纪 80 年代	9.8	9.9	10.5	3.4
35	20 世纪 90 年代	10.9	9.6	11.2	5.2
19	21 世纪 10 年代	13.0	12.3	12.4	5.0

续表

油田数量	峰值时累积产量/URR	平均值(%)	中值(%)	产量加权(%)	标准偏差(%)
0	20 世纪 60 年代前	—	—	—	—
2	20 世纪 60 年代	-2.8	-2.8	-3.7	3.3
17	20 世纪 70 年代	-5.9	-6.1	-6.3	3.5
16	20 世纪 80 年代	-7.9	-7.5	-8.9	4.1
35	20 世纪 90 年代	-10.4	-11.4	-10.6	6.6
19	21 世纪前 10 年	-12.5	-12.6	-10.8	5.1
0	20 世纪 60 年代前	—	—	—	—
2	20 世纪 60 年代	29.8	29.8	33.4	13.7
17	20 世纪 70 年代	29.1	25.1	28.5	14.9
16	20 世纪 80 年代	39.3	39.6	40.4	12.5
35	20 世纪 90 年代	43.8	44.8	46.3	14.9
19	21 世纪前 10 年	41.2	40.4	49.8	17.3

油田数量	发现到投产的年份	平均值(%)	中值(%)	产量加权(%)	标准偏差(%)
0	20 世纪 60 年代前	—	—	—	—
2	20 世纪 60 年代	3.5	3.5	3.0	2.1
17	20 世纪 70 年代	3.8	3.0	3.2	1.9
16	20 世纪 80 年代	3.9	3.5	3.8	2.8
35	20 世纪 90 年代	5.7	5.0	5.2	3.9
19	21 世纪前 10 年	9.4	7.5	6.9	7.1

油田数量	投产到递减的年份	平均值(%)	中值(%)	产量加权(%)	标准偏差(%)
0	20 世纪 60 年代前	—	—	—	—
2	20 世纪 60 年代	13.0	13.0	14.1	4.2
17	20 世纪 70 年代	9.2	7.0	7.4	8.5
16	20 世纪 80 年代	8.3	8.0	8.1	4.3
35	20 世纪 90 年代	12.4	11.0	13.0	9.2
19	21 世纪前 10 年	11.0	8.0	15.8	9.2

注：不同年代的已过高峰平台期的油田被分成了不同的小组。标准偏差是根据样品给定的。

巨型油田将在未来加速递减

对巨型油田达到峰值时的递减规律的研究是十分有意义的。对一个处于高峰平台期的油田进行使用耗竭率分析，就可以估计出产量将在什么时候达到峰值并发生递减。达到峰值时的巨型油田的耗竭率取值分布在一个较窄的区间内，这就为还处于稳产期的巨型油田提供了一个合理的基础。我们认为在低耗竭率时发生的峰值是人为因素造成的，20世纪70年代石油危机后许多中东地区油田出现的峰值就是属于此种情况。

根据巨型油田动态特征的演变可以推知，未来再达到高峰平台期的油田产量将会比之前的油田递减得更快，而且在油田开始递减之前，累计产量占最终可采储量的比例将会提升。

87%的非OPEC巨型油田都已过了产量平台期，进入了递减期，而这些油田的最终可采储量又占到非欧佩克总储量的84%。值得庆幸的是，这些油田的产量占全球总产量的份额较小，对世界石油供应形势影响不大。

对欧佩克而言，其还有50%以上的储量蕴藏于产量尚未进入递减期的巨型油田中。因此，对这些油田开采战略的选择及这些油田以后递减率的变化都会给未来全球的石油供应带来巨大影响。这里我们仍需强调的是，延长高峰平台期将意味着一旦油田进入递减期，其递减速度将会大大加快。

计算全部巨型油田递减率的平均值是十分重要的，但其并没有正确地反映出新技术和新方法对油田所造成的动态变化。因此，不该把该值当做今后一段时间内即将度过高峰平台期的油田未来产量的递减率。现今人们更热衷于延长高峰平台期并提高其相应的开采率，随着新工艺的诞生，其动态特征在几十年内有了显著的变化，所以为了得到产量即将开始递减的油田的实际值，必须将其考虑进来。基于巨型油田动态的历史开采趋势，假定未来的油田将比以前的油田更快地递减是完全合理的。

虽说新工艺和新方法有大大提高开采率、增加峰值产量和暂时阻止产量递减的作用，但产量一旦开始递减，其递减率将会很高。正如前文指出的，在很多方面，用新工艺技术来增加峰值产量只是对日益突出的供给紧张问题的一种掩饰。因此，未来油田的生产管理者可以在相对较短的高峰平台期但产量平缓递减和较长的高峰平台期但未来产量高速递减这两种情况间选择。

全球油气的净能量产出快速降低

巨型油田产量的分析向人们展示了油田实际产出的状况，事实上，实际产出的变化并不重要，因为最终供人类使用的不是石油本身，而是石油所产生的能量。而我们知道，生产石油必须消耗一定的能量，产出的能量与投入能量的净值，即所谓的净能量或净能源才是真正对人类有用的。那么，来自油气的，可供我们消费的净能量在过去的几十年是如何变化的呢？

油气净能量的度量

要度量这种净能量的变化，首先要选用一个合适的指标。这里我们选用能源投入回报值（Energy Return on Investment，简称 EROI）。EROI 是指生产过程中的产出与投入之比。换句话说，是生产出来的能源与维持生产过程所需的能源投入之比。如果一种燃料的 EROI 值高，那么开采出的能源只需一小部分就可以用来维持生产，大部分则用来支撑整体经济的运行。相反，如果 EROI 值低，开采出的能源大部分用于确保后续的油气开采，只有剩下的极少的能源可用于有益的经济工作。所以高 EROI 值的燃料是促进社会发展和经济增长的主要动力。

那么，既然能源成本这么重要，应该有一个囊括所有开采能源信息的数据库。但遗憾的是，只有少数几个国家向公众发布了这些信息，而且其准确性更是难以保证。此外，我们还有一个更大的问题，即多数石油（大约一半）的产量是由国家石油公司（NOCs）所生产的，这些 NOCs 对公开相关信息毫无兴趣，更不用说将它们记录下来了。目前我们所拥有的资料包括：①美国方面的相关数据。美国保留了包括油气方面的，多年来各行业能源使用情况的统计数据。②英国方面的数据，时间相对较短。③由 John S. Herold Incorporated（JSH 公司）记录的数据，此数据库记录了大部分公开贸易油气公司的成本信息，还对 2006 年世界近 60% 的石油产量作出了解释说明。因此，可以把 JSH 公司的数据看成是一个相对较为全面的"世界油气生产样本"。JSH 公司数据库清晰地显示出，1999～2006 年，每消耗 1 美元所开采出来的油气量呈下滑趋势。

我们需要将美元形式的投入转换为能源形式的投入，然后推算出全球油气生产的 EROI 值变化的时间序列，以了解有多少能源以油气的形式流入了社会，以及这个比率在整个过程中是如何变化的。如果收益（产出）投资（投入）比是增长的，那么就能证明现在的新技术比能源枯竭的影响大，反之亦然。EROI 值的变化率还如警钟般地对收益（产出）投资（投入）比为 1∶1 的那一时刻进行着倒计时。

快速下降的全球油气 EROI 值

有关方面的测算发现，在 1930 年的时候，全球油气的 EROI 值还在 100∶1 以上，但之后急剧下降，1992 年全球油气的 EROI 值下降到 26∶1，之后又缓慢地波动上升，到 1999 年达到 35∶1，自此便又开始持续下降，到 2006 年降至 18∶1（如图 1－9 所示）。这里需要指出的是，这些数字是质量校正后的 EROI 值，即在考虑了石油和天然气不同能源品质差异的情况下，用采出油气中所含的能量值（能量产出）除以为了开采这些油气而在生产周期内所消耗的能量。没有经过质量校正的 EROI 值在 1992 年大约为 26∶1，1999 年为 33∶1，2006 年下降到 18∶1。

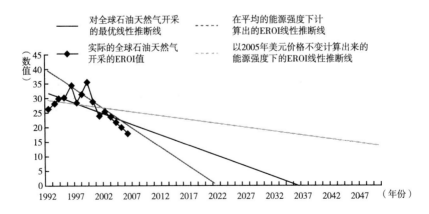

图 1－9　利用线性趋势外推得到的全球油气生产 EROI 值

我们的研究结果表明，在整个研究期内，生产油气的能源投入中的非直接能源消耗（即原材料和供应的能源成本）占总能源投入的平均值约为11%，其中，1992 年为11%，2006 年为9%。如果这种趋势的线性推断是合理的，且全球油气生产的 EROI 值都按照这种趋势持续下去的话，那么在30 年内，即2036 年前，全球 EROI 值将降至1:1。而根据美国路易斯安那州立大学海洋学名誉教授、生态学家约翰·戴的看法，如果某种燃料的 EROI 值小于5:1 时，该种能源就失去了最为值得追求的目标能源。那么意味着，按照上面的趋势，到2030 年，油气将失去其作为优势能源的地位。

全球油气开采的 EROI 值在1996 ~ 2006 年下降了近一半的事实令人关注。社会的可持续发展依赖对剩余净能源（也就是超过维持能源生产所需的那部分能源）的利用。

从历史来看，与煤炭等其他能源相比，石油生产的能源净值为我们提供了绝大部分能源，这是建设和维持基础设施、生产食品、政府和财政系统得以正常运作所必需的。如果 EROI 值继续下降，那么在世界范围内使经济实现持续发展的能源量也会随之减少。现在，油气与大部分替代品（除煤炭外）相比，EROI 值仍具有优势。Hall 等人最近的一篇关于社会最低 EROI 值的文章指出，即便是在最基础的参考情景中，社会也难以在井口 EROI 值低于3:1 的情况下运转，而这一比率却高于人们所预期的整个商品与服务业所需的比率。

油气资源枯竭是 EROI 下降的主因

EROI 值从1999 年开始下降的原因是什么呢？最重要的原因可能是能源枯竭对油气开采量的影响要远远大于对技术进步的影响。其次可能是钻井密集度的原因。之前的研究表明石油行业的勘探效率会随着勘探密集度的增加而减少。实际上，1999 ~ 2008 年随着油价的上涨，勘探的密集度也增加了。而这同时必定引起 EROI 值的扭转和下降，因此就不能如先前所期望的那样，增加输向社会的能源净值。资源枯竭的整体影响和钻井密集度的影响也可以解释美国和全球数据的复杂性，这些数据不仅显示了整个考察期内的长期增长趋势，还显示了钻井密集度减少期间 EROI 值基本不变或者增长的趋势，以及在 20 世纪 70 年代、90 年代晚期至 2006 年，油价和钻井密集度都急剧上升的这一情况。近几年油价和钻井密集度变化的复杂性使得评估变得更加困难。而全球 EROI 值在 1930～1960 年的急剧下降意味着指数形式的下降可能比我们所假设的线性形式的下降更切合实际，也更能对未来作出较为合理的预测，如果真是这样的话，那么未来 EROI 的下降就更为迅速。

事实上，除了油气的 EROI 值在降低外，煤炭的 EROI 值也在不断下降。在这种情况下，人类所面临的首要问题，可能已经不是一直以来都在激烈争论的石油峰值或者还剩下多少石油的问题，而是"具有潜在可利用的净能源还有多少"和"潜在替代品的 EROI 值是多少"的问题。然而，据有关测算，目前绝大多数的替代品，包括太阳能、风能等，其 EROI 值都比较低，与当前石油的 EROI 值还有较大差距，这意味着依靠这些能源来替代油气为时过早。这一切都表明，人类正在走向其"增长的极限"，唯有对当前的生存模式和发展目标作出巨大的改变，才能在新的时代生存。

人类最后的疯狂

曾经荣耀一时的石油帝国最后给人们留下的只是铁锈般的色彩。各种石油设备、输油管线在炎炎烈日之下静静地守候着，格外耀眼。不禁感叹，曾经如泉涌般喷射石油的油井，曾立下赫赫战功的"将军"在石油生产达到巅峰之后，如今已到了垂暮之年，它们都不再年轻，不再那么富有战斗力了。但是，它们仍然是石油工业中极受人敬仰的将帅。生锈的输油管道、废弃的油桶、一座座矗立在路旁装饰豪华的大楼已人去楼空，留下的只有物是人非的景象和悲伤的感叹。

石油资源丰富的地区或国家会引得石油公司纷至沓来，竖起"磕头机"，建设庞大的石油基础设施。当大部分石油被开采出来以后，这些油田的产量就到了递减期。当这些油田已经不再具有经济可采性的时候，这些石油掠夺者就会卷起铺盖卷，收起行囊，迅速赶往下一个石油"驿站"。随着石油勘探开发技术的进步，越来越多的隐藏着的油区被发现，石油公司不想错过每一处美食。但是，他们也难免有失误的时候，即使错过了一个作业区，那也只是世界石油产量中的沧海一粟。世界石油产量从 1900 年的每天 6663 万桶上升到 2011 年的 8357.6 万桶。产量的增长真是迅速，令人惊叹不已。当然，这些"丰功伟绩"都要归功于石油公司，若不是他们的火眼金睛，哪有今天石油产量的大幅增长。

2007 年 5 月 31 日，《经济学家》发表了一篇名为《怀俄明州的天然气：繁荣与没落》的文章。几年前，怀俄明州的 Pinedale（派恩代尔）就已经注定成为富人们的一个夏季避暑胜地。西部荒野地区的大街及其位于三列山脉之间壮观的地理位置吸引了众多的顾客纷纷来此抢购自己的第二家园。室内装潢公司以及小型酿酒厂陆续建立起来。随着钻井机和油井工人的到来，派恩代尔的命运和怀俄明州其他盛产石油和天然气的地区一起，在瞬间被改变了。

派恩代尔坐落于落基山脉的中部，从 2000 年起，那里开始盛产天然气。5 年后的卡特里娜飓风破坏了加勒比海的输气管道设施，迫使油价上涨，加速巩固了派恩代尔作为油气田中心的地位。派恩代尔南面的一个台地是怀俄明州最繁忙的一块区域，四周都是泥泞的道路，坑坑洼洼地分布着一些井眼和钻孔设备。区域经理凯文·威廉姆斯告诉我们，Questar 作为一家勘探公司，拥有 199 个生产用井。他们计划开掘 1000 口井。

油气产业的兴盛使 Sublette（索伯莱特）郡的人口激增，2002 ~ 2006 年人口增加了 24%，比怀俄明州其他任何区域都要高。按照分析家 Jeffrey Jacquet 的说法，数了一下所谓的"人造露营地"——停车场，那就是油气工人在经历很长时间的工作后，虚脱后倒下休息的地方——类似的区域自从油气产业开始兴盛后增加了至少 40%。仅拥有 7400 名常住居民的 Sublette（索伯莱特）依然是美国人口最为稀少的区域之一。但对当地居民来说，他们已经开始抱怨拥挤了。一名叫

Freddie Botur 的农场主说："你居住在怀俄明州的目的并不是想要善于社交。"

政府部门预算的膨胀要比预想中来得更快些。2001 年，Sublette（索伯莱特）郡在销售和其他税收方面的收入是 1600 万美金，2011 年为 5300 万美元。不动产税收的 3% 来自采矿公司，在 2005 年和 2006 年上升到 50%。资金流动的速度减慢，多亏去年通过的一项无记名投票法案，该法案要求怀俄明州资源丰富的公司要与资源紧缺的那些公司一起更多地分享成果，但大量的成果会被遗弃。2013 年，派恩代尔新的合格的教师将会得到最少 43000 美元的收入——这几乎和芝加哥的水平一样。

教师要比那些钻井工人赚得少，钻井工人中大部分人的学历不过是高中。2011 年的一项调查表明，算上加班在内，教师大概可以赚至少 49000 美元。薪水不错的工作的出现，虽然显得既艰苦又危险，但意味着失业现象几乎已经消失，因此有着季节性的波动。当雪天来临时，就业机会就会消失。但现在天然气钻探使得就业机会在冬季依然存在。

劳工市场十分紧张，怀俄明州的经济正遭遇着世界上最盛行的资源诅咒风。高工资水平加上财产税，意味着在这里做生意很困难，甚至想维持都显得很困难。对于那些与天然气没有直接联系的产业，Jacquet 先生将其描述成"处在瘫痪之中"。确实从 2001~2006 年，在可支配收入上升的前提下，索伯莱特的零售和娱乐业数量却在下降。

房地产经纪人玛吉·帕默说，靠近天然气区域附近的房价变得越来越高。但更宏伟、更漂亮、所处位置较为偏僻的房子却几乎没有升值。犯罪率的上升使当地人苦恼不已。油气产业所习惯的工作模式（12 小时工作，12 小时休息，持续 2 周，然后是 2 周的休息），鼓励了包括麻黄碱在内的刺激性药物的使用，也给人们在当地酒吧喝酒和打斗留下了时间。当地的代理郡长杰姆·惠特尼说，和当地的谣传相比，油气工人的犯罪率实际要低得多。但从 1995 年起，索伯莱特郡逮捕的人数却几乎增加了 4 倍，几乎与当地钻探设备增加的数量相当。

怀俄明州天然气的兴盛带来了很多问题，最严重的一个威胁就是天然气的兴盛总有一天会结束。落基山脉一度涌入大批的采矿者，进行银矿、铅矿以及铀矿的开采活动，而现在那里已是遍布垃圾，沦为城市的废墟。如果将来天然气的价格不断下降以至于开采活动已经无法承受的时候，派恩代尔失去的就不仅是经济的基础，同时也会丧失部分当地的美景。

再美好的食物或者景象都会有衰落的一天。因为，在世界上，所有事物或事件的发生、发展和变化都有其自身的主客观因素，也都会经历发生－发展－兴盛－衰减－消亡的演变过程，人类的创造性活动可以改变这个演变过程的时间进程，但无法改变过程本身。这是不以人的主观意志而改变的基本规律。石油是一种不可再生的资源，其地下储量也是有限的，其产量达到顶峰时，将不可避免地出现下降。但是，石油产量到达峰值并不意味着全世界不会有新的石油发现，也不意味着到达峰值后的产量下降阶段不会出现产量上升的波动，只是以后的产量无法再达到或超过峰值产量，石油生产的控制因素将从市场需求控制转化为生产能力控制。

对于产量峰值，更多的人喜欢用巅峰这个词来形容，即先是产量上升至最高点，之后产量开始不断下降，呈一条平滑的曲线。但是，在现实的世界中，产量并非如前面描述的那样，产量在下降阶段会出现上升，甚至会出现反复循环——下降上升，其中唯一确定的一点是即使产量出现回升，也不会超越峰值最高点。当石油产量即将达到顶峰时，油价就会飞涨，每桶 147 美元的油价根本不算什么，油价有可能会高得超乎人们的想象，200 美元、400 美元甚至是 1000 美元也许都不成问题。而这一关键因素将刺激石油公司和产油国的神经，他们会把整个世界翻个底朝天，寻找不曾放在眼里的或是依赖以前的技术开采不出来的石油。显然，他们煞费苦心的做法会带来一时的喜悦，石油产量在递减阶段出现了回升，或者峰值平台期被延长了，但是，这并不能缓解人们对石油短缺的担心、焦虑甚至是狂躁不安。实际上，当世界被翻个底朝天以后，石油产量的递减速度会更快的。

石油的形成经历了非常特殊的地质过程，石油地质学家们为弄清这一过程进行了大量的研究和探索。尽管有人提出过无机成因的观点并进行了理论分析，但迄今为止，为石油地质界普遍接受的是有机成因说。数百万年前地球上有生命的有机体在经历地球的地质变化后被深埋于地下，在缺氧和适宜的温度、压力条件下，发生物理化学作用，逐渐变成石油，这些石油可以穿透上部地层的裂缝或孔隙运移，慢慢散到大气中。如果遭遇高度致密、无法穿透的黏土或岩盐地层，石油将被储存下来，形成今天被我们找到的油田。足够的有机体在地质条件适合的地层——烃源岩中才能形成石油。形成的石油必须在具有阻挡功能的盖层保护下才能在储油层保存，也就是说必须有良好的生、储、盖组合。将今论古，尽管有数百万、千万年乃至数亿年的累积，有生命的有机体的总量仍是有限的，这一总量中只能有一部分通过地质变化被埋藏在地下，其在地下的空间分布是高度不均匀的。地质研究表明，具有生油条件的源岩在地下空间的分布也是有限的，盖层的地下空间分布更是有限的，如在我国南方不缺乏适宜生成油气的海相烃源岩，但缺乏保存油气的良好盖层，除四川盆地外，许多年的勘探努力并没有找到有规模的油气藏。石油形成的规律告诉我们地下的石油绝不是取之不尽、用之不竭的，而是有限的，预测的石油资源量也绝不是可以找到的石油储量。

第二篇

幽灵的"伴侣"
——气候变化

气候变化与石油峰值：后常规
科学中的两大主题[①]

后常规科学时代的到来

2010 年 3 月 5 日上午 9 时，国务院总理温家宝在第十一届全国人民代表大会第三次会议上的《政府工作报告》中，谈及国际、国内环境时特别提出，国际上气候变化、粮食安全、能源资源等全球性问题错综复杂，外部环境不稳定、不确定因素依然很多。在 2010 年 3 月 14 日答中外记者会上，温总理继续以"极为复杂"来形容中国面临的形势。事实上，不光是中国，全世界都面临着极为复杂的形势。

气候变化、粮食安全、能源资源，今天我们发觉任何涉及科学的政策问题，已处在一种远离"常规"的状态：科学问题不再源于抽象的科学好奇心或者对工业的需求，而是产生于那些事实不确定、价值有争议、风险巨大、决策紧迫的典型争端。那种根据实验数据得出正确的结论，然后依据科学推理制定合适且无争议政策的传统科学，在这里已经遇到挑战，科学正在进入某些国外学者所提出的"后常规时代"，复杂性与不确定性也随之而来。

---

① 该部分主要根据 Friedrichs J. , "Peak energy and climate change：The double bind of post-normal science." *Futures*, 2011 (43)：469 – 477 整理获得。

能源峰值与气候变化问题的显现

新马尔萨斯主义（Neo-Malthusians）和聚宝盆理论（Cornucopians）永远不会相互认可，因为他们没有共同语言。新马尔萨斯主义认为地球存在着一个不可逾越的极限——像马尔塞斯认为的不仅粮食生产和人口增长有极限，工业社会的可持续发展也有极限，这些"增长的极限"构成了一个不可避免的"人类的困境"。物质主义则提出一个相反的看法，即人类的聪明才智能推动我们的技术进入更高的水平。他们认为没有任何一个原因会使未来有何不同，而且他们常常信赖励志名言。

新马尔萨斯主义并不否认技术进步的力量，但是他们认为技术上的修补最终只能使情况更糟糕。在物质资源和环境的吸收能力都有限的世界里，工业社会对其的索取和排放是不可持续的。当工业社会耗竭了一种不可或缺的资源，如化石燃料或者对大气吸收能力过度施压，随后而至的崩溃只会由于更多的人口和紧缩的地球承载能力变得更糟糕。因此，未来的世界人口不可能像现在这样永无止境地增长下去，从而超过地球的"承载能力"（即在给定的科技和经济发展水平下，能够维持人类可持续生存的人口数量是有限的）。

假设"增长的极限"是合理的，那么最为直接和紧迫的限制可能就是一种不可再生、难以替代资源的消耗（碳源），或者是一种环境对有害物质的吸收能力（碳汇）。但严格来说，让我们完全确定哪个因素会使工业社会达到极限几乎是不可能的，因为工业社会发展依赖众多因素（即众多的源和汇），且并不是所有因素都是有限的或难以替代的。但是，我们可以推测的是，大概在全球石油产量达到峰值之后，工业继续发展面临着最被普遍认可的两个挑战，即气候变化和能源稀缺。但能源紧缺和气候变化这两个因素是否同时发生作用，人们的看法还不一致。

"能源峰值"是一个高热值的廉价能源迅速变得稀缺的相关假设。几十年来，支撑工业社会的主要资源就是石油。现在石油峰值理论预测世界石油产量将马上加速递减。如果他们是正确的，石油将无法满足世界经济发展的预计需求。天然气可能作为暂时的替代品，但是其他能源的吸引力并不大；煤炭虽然丰富且廉价，但是它并不能提供如此高的热量；铀能提供的热量虽然很高，但是其资源却并不丰富，且其产生的核能并不廉价；可再生能源在理论上来看是非常丰富的，但是其并不廉价，更为重要的是，其并不能提供高的热量。纵观石油的这些替代能源，目前还没有一个或者几个的组合能够满足经济增长对能源的需求。核聚变或许能够解决这个问题，但是其技术难以成熟。总而言之，短期内石油和天然气作为工业社会的主要能源很难被替代。

如果说能源峰值是最为急迫的资源约束的话，那么最为普遍和知名的排放约束（汇约束）就是气候变化。人类应对气候变化的第一次全球思想运动出现在 20 世纪 60 ~ 70 年代，当时许多环保主义者作出了显著努力，但他们多是区域性的，所采取的战略是转移一部分经济增长创造的财富来修复最严重的污染。经过他们的努力，许多工业化国家的空气和水质都变得干净了，许多濒危的物种也得以继续生存。但是，第一次运动并没有解决一个根本问题：持续的经济增长所产生的温室气体排放量并不能被有限的环境容量所吸收。持续的排放和有限的吸收能力造成全球范围内的气候变化。而之前环保主义者努力获得的局部的、区域性的收益也正受到全球气候变化的威胁：气温升高、海平面上升、极端气候现象、土壤沙化、饥荒等。这种情况的结果可能是，工业社会在其所需要的资源枯竭之前，就已经变得无法独立生存了。

我们已经指出，能源峰值和气候变化并非制约工业社会的唯一因素，而是最可能的两个主要因素。在石油峰值的背景下，最糟糕的一种情况就是人类转向碳强度更高的技术，而这必然将人为地加速气候的变化，并进一步降低地球的承载能力（大气对温室气体的吸收能力），使得气候变化变得更为严峻。紧接着发生的危机不仅是工业资本主义的终结，而且还有社会和政治灾难。

能源供应和 IEA： 一个常规科学的故事

能源供应的知识权威主要是位于巴黎的国际能源署 IEA。自从 1974

年成立以来，IEA 逐渐演变成为"全球能源政策的顾问"，并且表现得出类拔萃。它已经成为"一个编制全球数据资料、分析预测全球能源市场的主要机构"，它收集全球各地的能源统计数据，并且每年出版其年度官方旗舰刊物——《世界能源展望》（*World Energy Outlook*）。

然而，IEA 现在的功能并非其之前就预先确定的。事实上，IEA 最初的任务，也是最原始的任务是如同一种保险制度一样为 OECD 国家服务以便应对石油供应中断。它被授予的使命是确保那些富裕的石油消费国能够有能力应对诸如 1973～1974 年发生的石油供应危机，并且为可能出现的长期的供应风险做准备。

美国国务卿基辛格最早在 1973 年英国伦敦的一次演讲中就称："我们必须始终牢记能源危机的根源，不能简单地认为其是阿以战争的结果；事实上，它是世界范围内快速增长的需求超过供应增长的一个不可避免的结果。中东战争只是把一个慢性的危机恶化而已，而这种危机可能在任何情况下爆发。即使石油生产恢复到战前水平，全球石油生产如何满足其消费仍然是一个遗留的问题。"

在基辛格的倡导下，1974 年建立了反石油出口国（OPEC）卡特尔的组织——国际能源署 IEA。根据 IEA 的章程，最为紧迫的任务是建立和管理危机的响应机制。其成员国需要拥有相当于一定月份净进口的石油数量以便作为应对石油终端的紧急储备。如果出现一个大的石油供应中断（大的石油供应中断被定义为石油供应短缺在 7% 或以上），IEA 秘书处将有权宣布紧急令。这时，成员国则有义务分享他们的石油供应和实施需求抑制措施（自 20 世纪 80 年代起，IEA 要求成员国将自己的石油储备转移到短缺成员国的做法转向了要求成员国释放相同的库存到公开市场上以抑制油价的上涨）。

然而，从 IEA 建立之初到现在，其作为一个保险制度的作用在很大程度上一直是处于休眠状态的，因为世界很难出现一个独立的事件使全球供应出现 IEA 之前定义的那样的一个大的供应短缺，即发生 7% 以上的供应短缺（最大的供应短缺发生在 1979 年的伊朗革命期间，但当时也只是出现了 5.6% 的供应短缺；第二次较大的供应短缺事件是 1973

年的石油危机和 1991 年的海湾战争，但也只是出现了 4.3% 的供应短缺）。事实上，IEA 仅仅扮演过两次将石油储备作为额外石油投放到市场的角色，而且还是在自愿的基础上：一次是在 1991 年，为了应对海湾战争；另一次是在 2005 年，为了应对卡特里娜飓风（Hurricane Katrina）。

正如一个消防部门一样，IEA 必须随时保证自己处于一个应对紧急事件的状态。尽管到目前为止，其作为保险制度的角色从来没有被检验过，但是它却是一个相当大的国际官僚机构。根据其网站，IEA 有"200 多个热情的专业的雇员"。恰恰是由于 IEA 作为"消防人员"比较闲，因此，这些人可以被雇用来进行其他有益的研究。正是出于这一目的，IEA 的章程中还提到了其他的一些除了紧急响应机制的目标。在这些其他的目标中，最为重要的就是监视石油市场和减少对进口石油的依赖度。因此，IEA 已经由刚开始的单一目标演变为当前的两个目标：一是保持与国际石油市场的密切联系，以便及时提供预警机制；二是采取措施和提供建议以便使工业化国家减少对不可持续石油资源的依赖。

但事实并非如此。IEA 在早期更加关注第一项任务，而忽略了后一项任务。如果我们从更大的范围来看，IEA 在政策预见方面表现得并不好。IEA 的核心任务之一就是针对能源稀缺这一长期的供应风险为政府提供战略咨询，这要求 IEA 作为一个专家监视组织来对石油的可用性进行综合监视，并且为能源峰值之后经济的软着陆做准备。然而，受诸多因素的影响，这些任务并未完成。

第一，IEA 从来没有实质性地质疑过石油资源丰富性这一假设。相反，为了迎合其成员国的喜好，IEA 不断地向市场释放充满信心的态度。一个事实是，自 20 世纪 90 年代开始，一些成员国已经忙于"绿化"IEA。但是，还没有一个成员国催促 IEA 认真地调查潜在的能源峰值的危机。

第二，IEA 在实质上是附属于以巴黎为总部的工业国家俱乐部的，即 OECD 国家。1973 年，绝大多数石油净进口国都是工业化国家，包括美国，其国内石油产量在 1970 年就达到了峰值。因此，OECD 作为一种制度上的俱乐部（即资本主义制度）在过去的一段时间内总是不断地影响 IEA。OECD 组织的制度文化经常被描述为有坚定的信心相信市场有足够的能力来维护经济发展。OECD 的这种意识形态已经感染了 IEA。

第三（也是最紧密相连的一个），IEA 是以经济学家为主的机构。绝大多数的雇员是经济学家或是有经济学背景的公职人员。当然，也有一些律师。但是工程师、地质学家和其他的能源专家一直占少数，尽管其人数有一些缓慢的增长。经济学家这种长期占主导地位的情况已经对其预测的结果产生了很多的影响。对绝大多数经济学家而言，在一个有效的市场中，供应总能够满足需求，这是显而易见的。因此，在对产量的实际预测中，IEA 基本上会首先推测能源需求的变动趋势，然后假设未来需求将在市场机制下由相应的供应来满足。

然而，IEA 的结果是充满矛盾的。在 IEA 建立之初，其研究前提和成立宗旨就是认为石油供应不可能不受限制地增长。石油市场是可能被干扰并出现中断的，而中断的出现不仅仅是政治原因导致的政治稀缺，同时还有地质原因和需求等导致的资源的物理稀缺（Physical Scarcity）。从逻辑上来看，从分析和试图管理地缘政治风险（如 1973 年的石油危机）到考虑地质因素对石油和其他有限能源资源的限制并不难，只需要一小步的跨越。然而，奇怪的是，有关资源有限的想法却成为监视石油供应中断的 IEA 的诅咒。

在历次的 WEO 报告中，1998 年的 WEO 和 2008 年的 WEO 是为数不多的对能源资源物理可用性进行详细分析的报告。两份报告都显示，在随后的年份其成员国特别是美国会出现反弹。即使在"危言耸听"的 WEO（2008）中，IEA 基于未经证实的地质假设，作了供应将遵循需求的预测。

因此，能源稀缺这一问题已经成为后常规科学的一个非常好的典型例子。而未来的能源供应也来自那些"事实是不确定的，价值是有争议的，风险是极度高的，应对措施是紧迫的"油田的生产。而有关能源储量的数据也是不确定和有问题的。我们面临的工业社会的生存方式也处于很大的风险当中，而能源也与人类的基本价值观深深地交织在一起。伴随着能源峰值的到来，人类将不可避免地面临艰难而紧迫的抉择。

尽管如此，我们在能源供应领域所看到的仍是在官方常规科学和非官方的非常规科学间的分歧。一方面，IEA 的经济学家及其成员国的官方机构，如美国能源信息署（EIA），与一些在石油行业供职的工程师和地质学家共同保持着客观性和价值中立的心态。另一方面，IEA 与揭发其分析中存在弊端的那些揭发者以及持不同意见者进行着激烈的辩论和宣扬末世论思想。而绝大多数的公众则倾向于完全回避这些话题。在这种背景下，真理浮出水面的时间又被进一步推迟了。

气候变化与 IPCC：一个后常规科学的故事

气候变化方面的问题与能源供应方面的问题存在着显著的不同。在气候变化领域，我们观察到后常规科学正在积极采取行动。自 20 世纪 80 年代，气候科学家就与联合国（UN）合谋将他们科学的专家观点转变为政治行动。成立于 1988 年的政府间气候变化专门委员会（IPCC）对于解决气候变化领域的相关问题有着极大的意义和作用。1988 ~ 1992 年在里约热内卢出台联合国气候变化框架公约（UNFCCC），IPCC 在气候科学界和气候政治界之间扮演着一个战略连接者的角色。

基于科学的专业知识，IPCC 整理并出版了四份评估报告（分别是 1990，1995，2001，2007），这些报告显著地缓和了公众的争论和促进了国际的气候谈判。伴随着确信程度的增加（或者是更加危言耸听），评估报告认为现在的排放水平和趋势是不可持续的。基于此，决策者已经被敦促去制定措施以便使排放回到可持续的水平。

1990 年 IPCC 的第一份报告为之后在里约召开的全球气候高层谈判提供了非常好的谈判依据和前期准备。1995 年的第二份评估报告得出"人类活动对全球气候变化产生具有可辨识的影响"的结论。这一结论使得欧盟在全球气候谈判中强力推行具有量化约束的排放限额，并且最终促成 1997 年《京都议定书》的签订。世界上其他主要国家，如美国和日本，虽然也在当时对分析结果表现出一定的同情，但却并不信任那些科学的专业知识。

2001 年的第三份报告更为大胆地指出，近 50 年的全球气候变暖，主要是由大气中温室气体浓度的增加引起的。但是这一结论并未阻止美国抵制加入《京都议定书》的行为。欧盟于 2002 年批准了《京都议定书》，之后俄罗斯和日本也加入了《京都议定书》，到 2005 年，《京都议定书》正式生效。

2007 年的第四份报告提出了一个更为危言耸听的结论，20 世纪中叶之后观测到的全球平均气温的上升很可能是由温室气体人为排放的增加引起的。尽管如此，由科学专业知识到政治行动的道路仍然不平坦，正如在 2009 年 12 月哥本哈根气候谈判的失败那样。尽管 2010 年 12 月在坎昆国际气候会议上出现了一些有希望的声明，但是实际的情况并未改变多少，事实上，这种情况也不太可能在近期得到改善。

从 20 世纪 80 年代末到 2010 年 12 月的官方气候科学的历史来看，气候科学家已经在急切地拥抱后正统科学。首先，研究同行的队伍已经得到了很大的扩展。目前，从某种意义上来说，气候变化已经成为政治界人士、媒体界专家和社会公众团体都关注的事情。其次，气候变化问题的不确定性非常大，且已经远远超过了单纯的技术性（Technicality）。在 IPCC 的评估报告中，其一直以来依赖专家对某项事情的意见来创造和估计可信水平，从而使其预测的主要结论和预测结果变得真实。

气候科学家发现他们自己正处在后常规科学和标准的科学价值之间的进退两难的境地，这把他们推向了痛苦的角落。一方面，为了进一步增强各方对气候变化的了解和促使公众采取适宜的行动，他们需要像从事商业宣传的广告者一样普及气候变化产生的影响，从而影响政治决策。另一方面，作为气候变化信息的权威发布机构，他们要保证科学的客观性、准确性和严谨性，特别是面对这种"非常麻烦的、不确定性非常大"的事情。

IPCC 希望通过几种措施来保持其标准科学的外表。第一，IPCC 依赖科学同行的研究并谨慎地、严格地使用它们的结论。第二，尽管 IPCC 在选择科学同行的研究中综合了"硬科学"和相当数量的"模糊逻辑"来分析，但还是对其最终的报告成果冠以一定的置信水平。例如，在其 2007 年的报告中，采用了"极为可能"（Very Likely）一词表示可信程度在 90% 以上。这些统计技术的应用能够使人联想并传递其预测的科学客观性。第三，为了保持他们作为传统观念中的科学家的名誉，IPCC 相关的科学家倾向于实施价值中立，并且不愿意将他们的发现转变成政策建议。他们可以去模拟，甚至在某种程度上可以预测气候变化，但是他们并不愿意回答诸如究竟人类社会可以在多大程度上容忍气候变化，或者我们应该采取什么具体的行动这类问题。

这些故作姿态的行为或许可以暂时地使气候科学家们远离那些隐性宣传者的主张，但是在长期内起不到任何作用。毕竟，后常规科学的一个关键点就是去影响政治决策。然而，许多的气候学家或许还会坚持他们的价值中立，但是，政治决策者需要必要的处方和策略来支撑他们的政策选择。尽管有些虚伪，但是气候学家必须为政策制定者提供科学的决策点以推动政府行动。例如，当对 2℃ 作为全球温度增加的一个最高的可容忍点达成共识之后，讨论就变得简单多了。气候学家并没有积极地推动这一武断的目标，但是当人们把这一目标得出的错误结论归因于他们的专业知识时，他们却表现出很不在乎的样子（欣然接受）。现在，他们正在为此付出代价，因为这个武断的 2℃ 的目标正在破坏他们的信誉。

主流的气候学家坐在一个四面是玻璃的屋子中，任何一个扔进来的石头都有可能对他们的专家权威造成极大的伤害。一些孤立的事件〔如东英吉利大学（University of East Anglia）的邮件泄露事件使得人们相信气候变化有被人为操纵的嫌疑〕和一两个在 2007 年评估报告中过度自信的看法（如有关喜马拉雅山冰川融化的观点）已经足够使人们质疑其科学性。截至目前，气候学家与政治学家共谋的一些问题已经严重地影响了他们的科学名声。在气候恐慌时期，如 2008 年和 2009 年，对气候科学的警示受到了许多来自社会和政治决策者的关注。但是，这种关注并没有持续多长时间。在此之后，人们又回到了自身情感和认知的偏见中，并以此来对抗这种"消极的"的世界观。

气候变化的问题向我们展示了后常规科学的边缘性。即使专家的知识是可用的，并且被广泛地传播，但是它并不一定能够转化为实际的行动。从政治的角度来看，这是不足为奇的。首先，针对科学的专业知识所提出的问题，对其的解决存在着许多严重的分配问题（碳减排限额分配）和多种行动路线（碳减排路线）。其次，从某种程度上来说，气候科学驱动气候政策基本上只是一种理念或信仰，然而在实际中，并非如此。不同国家的政府和民众都有选择相信某种观点和政策的权利。因此，当德国和其他欧洲国家对气候减排达成一致时，在布什总统掌管下的美国却对气候变化不以为然。

简而言之，主流的气候科学已经清晰地转向后常规科学，但是后常规科学仍然难以解决这种百年一遇的难题，而气候变化正是这种问题。正相反，有关此类行星风险的后常规科学本身就带有自我毁灭的种子。政府当局会把这些问题继续归结为常规的和专业的科学问题。拓展研究同行的结记和降低科学标准既不会获得更多的支持，也不会得到更好的预期结果，但是它却能够逐渐地破坏科学权威。主流气候科学的名誉正在遭到严重地破坏。那些对气候变化持怀疑态度的民粹派会认为气候科学已经被政治所左右和污染，特别地，他们会强调，气候专家和积极的推动者的党派将控制气候变化。

否定和自我欺骗的心理

正如我们看到的，能源科学和气候科学之间有一个有趣的对比。主流能源科学拒绝承认后常规科学，因此，未来能源稀缺这个紧迫的问题一直在公众议程之外。而气候变化已被承认，但其固有的后常规科学的模糊性将气候科学推入了合理性危机的深渊。

　　为什么后常规科学（气候变化和能源峰值）不被看好？最主要的原因是否定和自我欺骗的社会心理复制机制上的问题。进一步的原因有两个：第一，他们是现实存在的困境，不容易被解决；第二，他们有升级和失控的倾向。

　　公众认为气候变化和能源峰值是陷入困境得不到解决的问题，只能老老实实地被承认，或许会有所缓解。虽然大多数人都愿意支持解决具有挑战性的问题，但是他们的耐心是有限的。如果一件事情被认为是可以解决的问题，他们则觉得抵赖是毫无意义的。但如果这件事被当成一种困境，即使科学家付出最大的努力，也可能最终无法解决，那么，无论是常规科学还是后常规科学，都注定被社会否定和被自我欺骗的心理所排斥。

　　气候科学是一个很好的例子。科学家们已经工作了几十年来说服决策者和公众承认气候变化问题，并采取行动来应对气候变化。但是哥本哈根首脑会议的破裂使他们失去了信心，他们认为大气中碳浓度的进一步增加是不可避免的，气候变化是一个现实存在的困境，并不能得到解决。

　　能源峰值和气候变化问题不仅是棘手的，而且是一个不断失控的问题，不管人们是否承认，这两个问题最终会达到其容量的极限。在这种情况下，公共的否定和自我欺骗的心理开始滋生。他们觉得应避免承认困境，最大限度地减少在绝望的情况下产生的痛苦。

隐藏的巨大灾难性后果

　　图 2 - 1 显示了传统的"宿命论"者的思考模式。由于承认问题会带来更大的社会痛苦和更高的心理成本，因此，在任何一个给定的时刻，人们否认问题的总成本要小于承认问题的总成本 [$Cost_{否认}$（t）< $Cost_{承认}$（t）]。因此，在问题扩大的早期阶段（t_1），人们更倾向于否认问题。但是，如果不否认问题，则容忍极限会在 t_2 时刻到达，而如果否认问题，则容忍极限则在 t_3 时刻到达。因此，否认问题虽然减少了当期的成本，但是却付出了时间的代价。

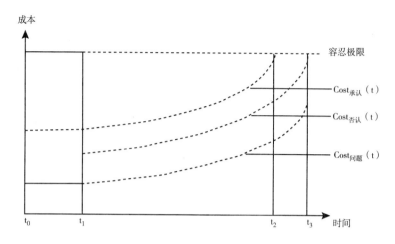

图 2 – 1 宿命论者否定

这不正是当前气候变化问题上所呈现的局面吗？有关增长的极限的争论早在 20 世纪 70 年代早期就已经出现，并且在卡特政府期间达到顶峰，当时很多公众都关注此事。截至 20 世纪 80 年代中期，持续的工业化生存方式的改变已经超过了人类控制这一事实，但是，里根总统的"在人们自由地追求梦想面前是没有增长的限制的"讲话却使该问题再次陷入低谷。正是对这种疯狂的格言的信奉，导致对增长的实际限制一直不被人们所承认。

但是，否定和自我欺骗会产生意想不到的长期不利影响。图 2 – 1 表明，尽管短期内有减少不适的效益，但是宿命者否认问题却有三种长期的潜在风险。第一，该模型表明否认的累计成本可能高于承认的累计成本；第二，否认会给人们留下一个更大的烂摊子，拒绝承认问题的后果是产生一个成本更高的问题，即 $Cost_{问题}(t_3) > Cost_{问题}(t_2)$；第三，即使是棘手的问题，承认后也可以得到缓解，人们选择否认的同时就无法利用这种减缓的潜力。

在否认的时候，人们至少能在短期内尽量减少伤害，将个人主观感觉调整到最佳状态并以此作为他们的最佳利益选择。在面对棘手的问题或者问题不断升级的时候，人们往往会这样做，这些行为或许有些目光短浅而且在道德上备受质疑，但它绝不是非理性的。

然而，长此以往，其后果可能是灾难性的。当我们运用否认和自我欺骗来考虑气候变化和石油峰值的问题时，更是显而易见的。否认和自我欺骗也许可以增加全球工业化社会几十年的寿命，然而越晚研究增长的制约因素，世界工业化进程就中断得越晚，气候变化的影响也越糟糕，可供开采的能源储量也越少。

石油峰值的镜子——人类对气候变化的认识历程

当前，世界石油工业正在发生着深刻的变化：世界经济的持续发展使人类对石油的需求日益增加，有关石油峰值的研究正在世界范围内兴起，受到越来越多的关注，这也引起了很多关于石油峰值的争论。然而，任何理论从提出、兴起、发展和最终被接受都需要一个过程，石油峰值也不例外。与石油峰值相似的一个全球性的话题就是全球变暖，然而与石油峰值相比，气候变化已经得到了主流机构的认可。气候变化好比是石油峰值的一面镜子，通过研究人类对气候变化的认识历程，可以反观人类对石油峰值的认识。

两个密切相关的话题

当今世界，石油资源利用及其带来的环境问题日益突出，因此，与此相关的石油峰值和全球变暖都受到了广泛的关注。

石油峰值研究协会（ASPO）创始人 Campbell 早期对石油峰值的定义是：由于资源的有限性，任何地区的石油产量都会达到最大值，即石油峰值。经过几十年的发展，石油峰值理论无论是在深度上还是在广度上都有了很大的发展，Campbell 近期又对石油峰值重新进行了定义：由于石油是不可再生的资源，任何油田、国家、地区乃至世界的石油产量在逐渐增加到最大值后都会开始递减，这个最大值即为石油峰值。

全球变暖的定义是：大气中温室气体浓度的增加将导致全球地表温度的升高。大气中温室气体的增温效应最早是由法国数学家 Jean

Baptiste Joseph Fourier 在 1827 年提出的，他认为地球确实将大量的热量反射回太空，但大气层还是拦下了其中的一部分并将其重新反射回地球表面。

作为两个复杂的热点问题，石油峰值和全球变暖之间有着密切的联系。

首先，石油峰值和全球变暖关注的重点都是能源的可持续发展和对环境的保护。在现阶段，石油仍是工业的基础性原料，世界经济的发展依赖对石油的消耗。但是作为一种不可再生资源，石油储量有限，石油产量必然会在达到峰值后逐渐减少，如何实现石油的可持续发展是全世界都必须关注的问题，此外，石油的消耗也会对环境保护问题提出很大的挑战，而全球变暖正是环境问题恶化的结果之一。

其次，石油峰值和全球变暖都与化石燃料的消耗密切相关。工业发展消耗了大量不可再生的化石能源，这一方面将不可避免地导致各种能源的峰值来临，包括石油峰值；另一方面，这些化石能源在消耗过程中释放出大量的温室气体，在很大程度上加剧了全球变暖的进程。

再次，石油峰值和全球变暖的发展是一个相互影响的过程：石油燃烧所排放的大量温室气体是导致全球变暖的重要因素；而全球变暖逐渐演变成现实的过程也让人类开始关注温室气体所带来的危害，进而会采取一些措施来减少对化石燃料的使用，在某种意义上也影响了石油峰值的到来时间和峰值产量。

最后，石油峰值和全球变暖都与人类活动密切相关。人类的发展是以资源的耗费为基础的，特别是进入工业化阶段以后，资源的消耗量更是增长迅猛。人类对资源的攫取，必然会导致包括石油峰值在内的资源峰值的来临，在这个过程中，也会对环境造成很大的危害，全球变暖便是这一过程的必然产物。

全球变暖和石油峰值理论最初都仅仅是作为科学问题提出的，然后逐渐受到关注，演变成一个热门话题而备受争议。理论的支持派和反对派也对这两种理论进行了激烈的争论，在发展过程中，诸多气候现象证明了全球变暖是一个全球公认的现实问题。关于石油峰值的争论也很激烈，但目前只有一小部分人开始研究其影响和对策。

两种理论当前所处的发展阶段

任何理论，从提出到被公众接受，必然要经过一系列过程。理论发展的流程以及全球变暖和石油峰值理论所处的阶段如图 2-2 所示。

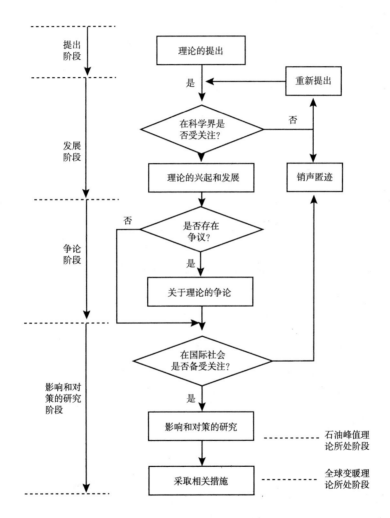

图 2-2　两种理论发展流程示意图

全球变暖理论至今已经历了近两个世纪的发展。近几十年来的诸多气候现象为全球变暖理论的发展提供了佐证，使其得到了大部分人的认可，国际社会也已经采取了很多措施来应对全球变暖所带来的危害。综合来看，全球变暖理论现在正处在理论发展的第四阶段——影响和对策的研究阶段。目前，关于石油峰值理论的争论仍十分激烈，但是已经有少数国家开始采取措施来应对石油峰值到来的影响，可以认为石油峰值理论正处在争论阶段向影响和对策的研究阶段过渡的时期。

两种理论发展历程的相似点分析

全球变暖和石油峰值理论的发展历程，在很多方面都有相似之处。

从理论的提出方面看，全球变暖和石油峰值在最初被提出时都被认为是有悖当时的常理的，受到了来自各个方面的质疑。

1820 年，法国数学家 Jean Baptiste Joseph Fourier 开始研究地球如何保留阳光中的热量而不将其反射回太空的问题。他得出的结论是：尽管地球确实将大量的热量反射回太空，但大气层还是拦下了其中的一部分并将其重新反射回地球表面。他于 1824 年发表论文《地球及其表层空间温度概述》，但是当时这篇论文没有被看成是他的最佳之作，直到 19 世纪末才被人们重新记起。

石油峰值的重点是石油的枯竭问题，研究内容主要是石油峰值来临的时间和峰值产量。美国著名地质学家 Hubbert 开创了石油峰值理论的模型研究。1949 年，他在 *Science* 上发表文章 "Energy from fossil fuels"[①]，提出矿物资源的产量服从 "钟形曲线" 规律，认为石油是不可再生资源，任何油田、国家、地区乃至世界的石油产量都将经历 "开始 – 鼎盛 – 衰退" 这样一个生命周期，逐渐增加到最高峰后就会不可避免地逐步减少。

虽然，全球变暖和石油峰值理论在提出之初并没有引起很多关注，但是随着时间的推移，这两个理论逐渐得到关注，并且越来越多的人开始对其进行相关的研究。

从全球变暖理论的发展来看，19 世纪 20 年代，Jean Baptiste Joseph

① M. K. Hubbert., "Energy from fossil fuels." *Science*, 1949, 109 (2823)：103 – 109.

Fourier 开创了全球变暖研究的先河，但是在之后很长一段时间内并没有人关注他的研究成果，直到 19 世纪末期，关于全球变暖的研究才逐渐兴起。1895 年，瑞典物理学家 Svante Arrhenius 在 Fourier 的研究基础上，研究出了第一个用以计算二氧化碳对地球温度影响的理论模型，并于 1905 年提出人类的工业活动会极大地影响地球气候的观点。1938 年，美国科学家 George Callendar 发表题为"人为生成的二氧化碳及其对气温的影响"的文章，计算出当时地球的气温已经升高了 0.55℃，并预计 21 世纪气温将会上升 1.1℃。在全球变暖研究中很有影响力的是美国加利福尼亚理工学院的 Charles David Keeling，他对大气层中的二氧化碳浓度进行了长时间的观测，得出了著名的基林曲线（Keeling Curve）。1957 年，美国斯克里普斯海洋研究所的 Roger Revelle 和 Hans Suess 在前人的研究基础上发现：人类正在从事大规模的地球物理实验，要将几亿年来沉积在地下的有机碳在几个世纪的时间里返还到大气层中去。在此后的 20 年里，Charles David Keeling 的测量结果证明了 Roger Revelle 和 Hans Suess 的观点，基林曲线从 1956 年的 315ppm 稳步上升到 1997 年的 365ppm。1975 年，哥伦比亚大学的 Wallace S. Broecker 预测，在下个十年间，全球气候变暖的趋势将会大幅度增长。

20 世纪 80 年代以后，天气的变化应验了人们之前的预测。中纬度冰川融化的速度从每年 30 米增加到 40 米；1979～1994 年，阿拉斯加北坡布鲁克斯岭脚下图利克湖的水温上升了 5.4℃，北极的冰盖萎缩了 6%，雪线也持续退缩。种种气候变暖的迹象使越来越多的人承认了全球变暖这个事实，对全球变暖的研究的重心逐渐开始转移。人们开始侧重于研究如何解决全球变暖带来的影响。

从石油峰值理论的发展来看，1962 年，Hubbert 利用实际资料拟合了 logistic 曲线，得到了可以预测石油产量的 Hubbert 模型[①]，该模型在国外得到了广泛的应用。1970 年前后，在 Hubbert 关于美国本土 48 个

---

① M. K. Hubbert. 1967，"Degree of advancement of petroleum exploration in the United States." *AAPG Bulletin*, 52 (11)：2207-2227.

州的石油产量的预测得到证实之后，关于石油峰值的研究便开始在世界范围内逐渐兴起。1984 年，中国著名地质学家翁文波出版专著《预测学基础》，他提出"任何事物都有'兴起 – 成长 – 鼎盛 – 衰亡'的自然过程，油气的发现也有类似的规律"，基于此理论思想，他又提出了泊松旋回（Poisson Cycle）模型。1997 年美国学者 Al-Jarri 和 Startzman 基于石油年产量与累积产量之间的一元二次方程，完成了对 Hubbert 模型的理论推导[①]。关于峰值论的研究，最有影响力的人是石油峰值研究协会（The Association for the Study of Peak Oil and Gas，简称 ASPO）的创立者 Colin J. Campbell 教授。1998 年，Campbell 教授与 Jean H. Laherrere 合作，发表了题为 "The End of Cheap Oil" 的论文，在油价还十分低迷的情况下得出了廉价石油时代必将终结的结论，近来油价的持续高位运行证明了他的观点。此外，Campbell 还对 Hubbert 模型进行了改进，他认为 Hubbert 模型只有在无管制的地区才适用，但是对于大多数地区，石油产量曲线并不服从"钟形曲线"规律，而是可能有多个峰值。1999 年，Al-Fattah 和 Startzman 将 Hubbert 模型由单循环发展成多循环。2003 年，Campbell 与美国西雅图能源及人类研究所的 Richard C. Duncan 教授进行合作研究，研究表明在全球 44 个重要产油国中，已经有 24 个明显跨越产量顶峰。2004 年，在石油行业颇具影响力的咨询机构 PFC 能源公司董事长 Robinson J. West 发表研究报告，指出石油峰值将在 2010 ~ 2015 年来临。2006 年 5 月，美国在华盛顿大学举办了以"石油峰值和环境"为主题的可持续性能源论坛，来自大学、研究所和工业界的 200 多位知名人士参加了论坛，共同探讨石油峰值问题。石油峰值问题已经受到各国科学家越来越多的关注。

两种理论所引发的争论

任何理论的兴起和发展都必然会引发各个方面的争论，全球变暖和

---

① Al – Jarri A S, startzman R A. 1997. "Worldwide Petroleum-liquid Supply and Demand," *JPT*, 49（12）: 1329 – 1338.

石油峰值也不例外，关于二者的争论也有一定的相似之处。二者的反对派都没有否认问题的真实性，而是对问题的某些方面存在争议。全球变暖的反对派不否认全球变暖这个事实，只是对其原因存在不同的看法；而石油峰值的反对派也承认石油峰值肯定会来临，与支持派争论的焦点主要是峰值到来的时间。

关于全球变暖的争论焦点主要是其成因，科学界一般认可温室气体论，即人类燃烧化石燃料排放的大量温室气体是导致全球变暖的主要因素，但是也有科学家持不同的观点。1991 年，丹麦气象学会的资深科学家 Eigil Friis-Christensen 决定记录 20 世纪的太阳黑子点数，并且把它与同期温度记录作比较，发现它们具有惊人的相似性；此外，他还研究 400 年的气候记录及太阳黑子记录，再一次论证太阳活动和地球温度的变化之间的关系。温室气体论的反对者中最有影响力的是麻省理工学院的气象学家 Richard S. Lindzen，他于 1994 年发表论文 "On the Scientific Basis for Global Warming Scenarios"[1]，指出温室气体只是引起全球气温升高的很次要的因素，他预言最主要的原因是由于大气层对热量的反射，影响热量反射的很重要的因素是高层大气层中水蒸气的含量。美国杜克大学和美国陆军研究所的科学家 N. Scafea 和 B. J. West 博士对太阳黑子的活动和地球温度变化之间的联系进行了研究，他们将太阳黑子的活动特征和地球温度的涨落用莱维分布（Levi Distribution）来描述，在这个基础上，将描述太阳黑子活动与地球温度涨落的数学方程中的系数进行比较，得出结论：地球上温度的变化不受人类控制，它的变化受太阳活动影响。

关于石油峰值理论的争论同样激烈。2004 年 5 月，意大利学者 Leonardo Maugeri 在 *Science* 上发表其研究成果，指出石油峰值是虚假的警报，石油时代远没有结束；同时，他也指出了 Hubbert 模型的缺陷，认为该模型没有考虑技术进步、成本、价格等作用，因而不能很好地反

---

[1] Richard S. Lindzen. 1994, "On the Scientific Basis for Global Warming Scenarios." *Environmental Pollution*, 83（1－2）：125－134.

映世界石油储量和产量的复杂性。他认为该模型之所以能够成功预测美国本土的石油峰值，主要原因是美国是世界上石油勘探程度最高的国家。能源和经济战略研究机构（Strategic Energy and Economic Research）的主席 Michael C. Lynch 也对 Hubbert 模型及其追随者的观点提出了质疑，他认为 Hubbert 模型的研究过程不透明，其观点没有充足的经验和理论支撑，其最大的错误就是将地质因素作为影响油气勘探、损耗和生产的唯一因素。

在反对石油峰值的研究机构中，最为有名的是剑桥能源研究会（Cambridge Energy Research Associates，简称 CERA）和美国联邦地质调查局（United States Geological Survey，简称 USGS）。2003 年 4 月 22 日，CERA 的负责人 Daniel Yergin 在《旧金山纪事报》上发表评论，认为石油供应总量并不是定量，石油的总储量总在不断变动[①]；2006 年 11 月 Peter M. Jackson 等在 CERA 报告中指出，世界石油峰值应该是 2030 年以后人们要考虑的事；USGS 的世界能源工程项目主任 Thomas Ahlbrandt 坚持高产稳产概念，不相信石油峰值即将来临。

两者的影响及对策研究

全球变暖和石油峰值归根结底都是实际问题，如何解决问题才是所有研究的最终落脚点。全球变暖理论由于得到了诸多气候现象的支撑，逐渐受到国际社会的关注，之后很多研究组织和国际机构逐渐成立，促成了一些国际公约的达成，全球变暖理论的现实意义已经逐渐显现。关于石油峰值理论的争论依旧激烈，尽管已经有越来越多的人开始关注这个问题，但是关注范围还不够广，关注程度也不够深；尽管已经成立了一些相关的研究组织，但是至今还没有成立相关的政府机构，关于石油峰值的研究还是停留在学术层面，很少涉及石油峰值的影响及应对措施。

---

① D Yergin. 1991, *The Prize. The Epic Quest for Oil, Money and Power*. New York: Simon & Schuster, p. 194.

对于全球变暖,从 20 世纪 70 年代起,标志气候变暖的种种迹象频频出现,引起了科学界、各国政府和国际社会的普遍关注,并开始被列入国际政治议程,各种研究全球变暖的研究机构和政府组织逐渐兴起。1973 年,联 合 国 环 境 规 划 署 (United Nations Environment Programme,简称 UNEP) 成立,目前 UNEP 在世界各地设有 7 个地区办事处和联络处,共拥有约 200 名科学家、事务官员和信息处理专家具体实施计划。UNEP 自成立以来,为保护地球环境和区域性环境举办了各项国际性的专业会议,召开了多次学术性讨论会,协调签署了各种有关环境保护的国际公约、宣言、议定书,并积极敦促各国政府兑现这些宣言和公约,促进了环保的全球统一步伐。研究全球变暖最权 威、最 有 影 响 力 的 机 构 是 政 府 间 气 候 变 化 专 门 委 员 会 (Intergovernmental Panel on Climate Change,简称 IPCC)。目前该组织拥有 1500 多名资深科学家,他们对全球变暖的原因、危害等各方面进行了广泛而深入的研究,证实了气候变化问题的重要性,并呼吁国际社会关注全球变暖问题。此外,随着全球变暖问题影响力的扩大,世界气象组织 (World Meteorological Organization,简称 WMO) 也开始关注这个问题,并且认为全球变暖已成确定趋势。国际社会对全球变暖问题的主要关注进程见表 2 - 1。

对于石油峰值,近几年,世界石油市场需求增长强劲,而供应增长相对乏力,油价长期高位运行。由争夺石油资源引发的冲突、战争和恐怖活动时有发生,石油安全问题引起了各国政府、国际组织的空前关注,以石油产量预测和石油危机为研究内容的石油峰值研究组织在不断兴起,并逐渐发展壮大。其中最典型、最有影响力的研究组织是 ASPO,目前该组织的成员已包括全球 36 个国家和地区,遍布欧洲,并且也扩展到了亚洲、北美洲、大洋洲等其他地区,中国也于 2007 年 10 月加入该组织。截至目前,ASPO 已经召开了六次世界性的石油峰值问题研讨会,最近的一次会议于 2007 年 9 月在爱尔兰召开。此外,ASPO 的各分支机构也积极组织各种研讨会,探讨有关石油峰值的最新问题。

表 2 - 1　国际社会关注全球气候变化的主要进程

时间	关于气候变化的主要事件
1988 年	联合国大会首次讨论气候变化问题并通过 43/53 号决议；IPCC 成立
1989 年	UNEP、WMO 与荷兰政府共同组织"大气污染和气候变化"环境部长会议，发表了《诺德威克宣言》
1990 年	联合国大会决定发起气候变化框架公约（FCCC）的谈判
1991 年 1 月至 1992 年 5 月	历时 15 个月的谈判达成了联合国气候变化框架公约（UNFCCC）
1992 年	联合国环境与发展大会（UNCED）期间，UNFCCC 开放签约
1995 年	在柏林召开 UNFCCC 第一次缔约方大会（COP1），达成《柏林授权》
1997 年	在京都召开了 COP3，达成《京都议定书》，首次定量发达国家排放温室气体的限额（2008～2012 年排放量比 1990 年的水平至少下降了 5.2%），并提出帮助发达国家以低费用实现限排目标的 3 个"京都机制"（ET、JI、CDM）
1998 年	COP4 通过了《布宜诺斯艾利斯行动计划》，要求到 COP6 时完成实施《京都议定书》规划的谈判并实现履约的平衡进展，争取使议定书在 2002 年生效
2002 年 10 月	在印度新德里举行第八次缔约方大会（COP8）；会议通过的《德里宣言》，强调应对气候变化必须在可持续发展的框架内进行
2003 年 12 月	在意大利米兰举行第九次缔约方大会（COP9）；这些缔约方温室气体排放量占世界总量的 60%
2004 年 12 月	在阿根廷布宜诺斯艾利斯举行第 10 次缔约方大会（COP10）
2005 年 2 月 16 日	《京都议定书》正式生效
2006 年 11 月	第 12 次缔约方大会（COP12）召开，前联合国秘书长安南指出全球变暖的趋势"已危险地接近无可挽回的临界点"，并宣布启动"内罗毕框架"（Nairobi Framework）
2007 年 12 月	在印尼巴厘岛召开第 13 次缔约方大会（COP13），会议通过了"巴厘岛路线图"

　　石油峰值问题在全球范围内的兴起，也促使一些国家的政府部门重视这个问题：瑞典是 ASPO 组织总部所在地，而瑞典政府也是世界上第一个承认石油峰值并认真采取对策的政府；作为世界头号石油消费国，美国也开始采取一些行动，美国能源部已经委托美国石油委员会对"石油峰值论"展开研究，并依此制定长期能源战略。美国曾在 2005年邀请 ASPO 现任主席 Kjell Aleklett 到白宫作题为"一个依赖于石油的世界"的演讲；澳大利亚于 2005 年 11 月成立了 ASPO 分支机构，至今已经向澳大利亚能源会议（The Australian Institute of Energy National Conference）提出了 200 多条有价值的建议。国际社会对石油峰值的主要关注进程见表 2 - 2。

表 2 − 2　国际社会关注石油峰值的主要进程

时间	关于石油峰值的主要事件
1949 年	美国著名地质学家 M. K. Hubbert 在 *Science* 上发表文章,提出矿物资源的产量服从"钟形曲线"规律
2000 年 12 月	ASPO 组织成立
2002 年 3 月	ASPO 在瑞典乌普萨拉大学召开第一次研讨会,就资源的有限性及石油枯竭所带来的影响展开了广泛的讨论
2003 年 5 月	ASPO 在法国巴黎召开了第二次国际研讨会
2004 年 5 月	ASPO 在德国柏林召开了第三次国际研讨会,工作重心从峰值本身转到了由于油气产量下降所产生的可能影响上
2005 年	美国白宫邀请 ASPO 现任主席 Kjell Aleklett 做了题为"一个依赖于石油的世界"的演讲
2005 年 5 月	ASPO 在葡萄牙里斯本召开了第四次国际研讨会,就石油出口国的现状、油气枯竭对石油进口国的影响、常规油与非常规油的储量、政治行动、第一个石油时代的结束等议题展开了激烈讨论
2006 年 7 月	ASPO 在意大利比萨召开了第五次国际研讨会,讨论矿物资源的枯竭及其对社会和经济的影响
2007 年 9 月	ASPO 在爱尔兰科克召开了第六次国际研讨会,呼吁采取针对石油峰值的措施

两种理论发展历程未来可能相似点分析

石油峰值和全球变暖的研究历程,有很多的相似之处。全球变暖和石油峰值的研究历程的对比见表 2 − 3。

作为两个热门的话题,全球变暖已经得到大部分人的认可,国际社会已经采取诸多措施来应对全球变暖的影响;石油峰值理论也在逐渐受到国际社会的关注,已经有国家开始重视并采取相应的应对措施,例如瑞典、澳大利亚,但是和全球变暖相比,受重视程度还很低。目前,全世界石油需求依旧旺盛,而供应增长乏力,国际油价持续高位运行,让国际社会更加关注石油峰值问题。相信未来石油峰值也会和全球变暖一样,得到国际社会的高度关注,并且会有越来越多的国家采取措施,减少石油峰值可能带来的负面影响。

表 2 - 3 全球变暖和石油峰值研究历程对比

	全球变暖(Global Warming)		石油峰值(Peak Oil)	
起始研究	1820 年,Jean Baptiste Joseph Fourier 开始研究地球如何保留阳光中的热量而不将其反射回太空的问题		M. K Hubbert 于 1949 年提出了矿物资源的"钟形曲线"问题,随后又发现了矿产资源的枯竭规律	
研究进程	从 19 世纪开始,关于全球变暖的研究逐渐深入,有科学家开始长期跟踪空气中二氧化碳浓度的变化,并研究与地表温度变化的关系; 关于全球变暖的研究范围逐渐扩大,对引发全球变暖的原因进行了多方面的研究; 20 世纪 80 年代以后,全球变暖的危害逐步显现,对这个问题的研究的重心也逐步转移,侧重于研究全球变暖的危害以及解决方法		从 20 世纪 70 年代开始,石油产量预测模型的研究越来越多,最初是在纵向有所发展,例如从单循环模型发展到多循环模型; 在接下来的发展中逐渐向横向拓展,不仅可以预测单井产量,还可以预测油田、地区、国家,甚至世界的石油产量; 20 世纪末以后,逐渐有人开始研究石油峰值的影响问题,并提出一些相应的解决办法	
争论	支持派	反对派	支持派	反对派
①焦点	双方都承认了全球变暖问题,但是对引起全球变暖的原因存在分歧		双方都认为石油峰值终会来临,但是对来临时间和峰值产量存在分歧	
②代表	以 Hans Suess 为代表的支持派	以 Richard S. Lindzen 为代表的反对派	以 Campbell 为代表的支持派	以 USGS 和 CERA 为代表的反对派
③观点	二氧化碳浓度的增加是导致全球变暖的主要因素	太阳的活动,例如太阳黑子的数量、太阳的明暗等是全球变暖的主导因素	对石油峰值到来的时间存在差异,但基本都认为会在 2020 年以前到来	对 Hubbert 模型提出质疑,认为至少在 2030 年前不会出现石油峰值
④组织	IPCC	无	ASPO	USGS、CERA
发展现状	气候变化已逐步由一个科学问题演变成一个全球性的实际问题;对于全球变暖的危害和解决方法的研究已经成为研究重点		石油峰值目前还是一个科学问题,其研究重点还没有上升到影响和对策研究方面	
社会关注程度	社会关注程度高,已经出台很多相关法规、公约		目前只有少数国家开始采取行动应对石油峰值,但是逐步受到越来越多的关注	

资源约束与气候约束：
谁是决定峰值的主要因素

我们知道,有限的资源能够对化石能源未来的供应产生约束,然而,正如我们所阐述的,化石燃料与气候变化有着密切的关系,已有多项研究证明，化石燃料的消耗是过去几十年全球大气二氧化碳浓度增加的一个主要因素。如果不采取显著的政策和实现巨大的技术变革，全球化石燃料的燃烧将导致未来二氧化碳的浓度进一步大幅增加。在这种背景下，国际气候谈判中认为如果要维持社会的可持续发展，则必须将全球温度上升控制在 $2°C$ 以内（相对于工业化前的水平）。这就形成了一个人为的气候约束，这一气候约束自然也会对化石能源消费产生约束，进而对化石能源供应产生影响。那么，资源约束与气候约束到底谁能够成为决定化石能源供应的主要因素呢？

工业代谢： 一个关于碳汇和碳源的故事

生态经济学的文献建立了工业代谢的概念，用其来描述生活经济与自然界的内在相互作用关系。与其他的生物体一样，人类活动将消耗来自自然环境中的资源，也会将一些残余和垃圾丢弃回自然环境中。这种源（即自然资源，如石油、煤炭等）－汇（即接受残余或垃圾的自然环境）的概念对于我们讨论石油峰值和气候变化是很有帮助的。

从外界获得的能源资源是工业经济发展中不可获取的重要原材料（往往作为主要输入量），而这些消耗的外部能源中绝大多数是化石能源。根据热力学第一定律，化石能源在燃烧的过程中其内部所包含的成分（如碳氢化合物、O_2 和 N_2 以及其他的一些物质）并不会消失，而是转变成一些其他的烟道气体（N_2，H_2O，CO_2，NO_x，SO_2，未燃烧或未充分燃烧的碳氢化合物、微粒及其他一些物质）和灰尘。在一个确定的燃烧过程中，总的投入和产出是平衡的。

19 世纪，这一热力学基本定律就被人们所熟知。然而，直到 20 世纪的工业化阶段，这一定律才使人们开始关注来自化石燃料燃烧过程中的废气的运移，起初是由于其导致的酸雨和对人类健康的影响（戴奥辛和未充分燃烧的产品），而现在则主要是因为长期的人为排放二氧化碳。

在源－汇模型中，化石燃料的勘探和燃烧与二氧化碳排放直接相关。石油峰值关注的是二氧化碳排放的源这一方面（即石油消耗会产生二氧化碳，成为碳源），而 IPCC 则关注的是二氧化碳排放的汇这一方面（即大气能够吸收二氧化碳，成为碳汇）。那么问题就是哪一方将最有可能成为制约我们未来经济活动的主要变量。这一问题的答案对于气候政策的制定是极为重要的，特别是在"碳定价"时。如果化石能源供应的限制在大气对温室气体承载能力达到极限之前来临，那么温室气体排放也将随着 Hubbert 曲线描绘的化石燃料供应下降一样减小。然而，如果温室气体的汇必须在化石能源供应限制到来之前就关闭[①]，这就要求我们采取积极的气候变化政策。因此，我们需要了解化石能源资源中的碳源和填补大气吸收能力的碳汇数量。

蕴藏在化石能源中的碳有多少？

图 2-3 向我们展示了地球地质圈和生物圈内的碳富集量。化石能源中的碳富集量是根据德国联邦地学与自然资源研究院（BGR）估计的化石能源资源量乘以 EIA 公布的每种燃料的碳强度计算出的。从结果中可以看出，整个化石燃料中的碳含量极为巨大（石油为 559GtC，天然气为 1081GtC，煤炭为 10933GtC），而目前通过消耗向大气中排放的碳含量非常少（石油为 114GtC，天然气为 40GtC，煤炭为 157GtC）。与常规油气储量和资源量中的碳富集量（405GtC）相比，非常规油气储量和资源量中的碳富集量非常巨大（为 1081GtC）。可见，如果大规模地消耗非常规化石燃料的话，势必会造成大气中的碳排放量大大增加。而在碳氢化合物中，煤炭储量和资源量中的碳富集量最为巨大。

目前，大气中大约包含接近 8000 亿吨的碳量。而在 2005 年，大气二氧化碳的浓度大约在 380ppm，而工业革命之前大约为 280ppm。这种二氧化碳浓度的变化是复杂碳循环的结果，但是这 100ppm 的增长主要还是由人类消耗 3110 亿吨的化石燃料，并进行碳排放引起的。而在未来，如果我们想把全球气温的增加控制在 2℃ 以内（即全球碳排放引

---

① 超量汇在这里定义为超过 IPCC 在 "Stabilization Scenarios" 情境下所允许的量。当然，这种限制并不是单纯的物理上的限制。

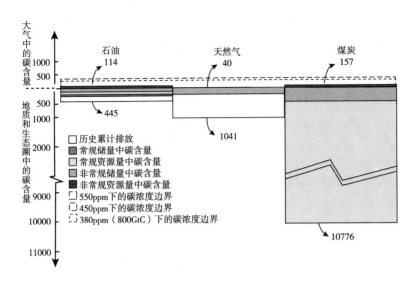

图2-3　地球地质圈、生态圈以及大气圈中的碳富集量

起的二氧化碳的浓度应控制在450ppm），我们就不能再向大气中排放如此多的二氧化碳了。

气候变化将成为决定供应的主要因素

基于上述分析，一些学者认为，现在人类面临的真正问题并不是资源什么时候出现短缺（即我们现在所探讨的石油峰值、天然气峰值和煤炭峰值），而是现在全球所能承受的最大碳汇已经达到顶点了。我们已经很难想象由化石能源资源短缺导致的峰值及石油产量下降对世界的影响。更大的问题是我们是否应该在很大程度上用非常规石油来替代常规石油。

因此，我们不能对全球气候变化抱有一种轻松的心态，认为石油峰值的到来就将减少人类对化石能源的大量消耗，从而迫使碳排放的下降。大气对温室气体的运移和消化能力才是问题的真正所在，并非石油资源的枯竭。当碳捕获与封存还没有大规模发展，没有被广泛地应用于石油燃烧厂时，石油生产高峰的出现是可能的。这种峰值的到来将会被峰值主义的信徒们看做是对其预测的证明。然而，这种证明可能会是错误的，因为峰值的出现可能并不是由储量和资源量短缺引起的，而是由大气已经无法再承受更多的二氧化碳排放所导致的。

在这种观点的指引下，稳定气候变化的重点就是控制化石能源消耗。而 2008 年的高油价冲击对化石能源消耗产生的明显抑制作用让环境保护者看到了希望，正如历史上所记录的 1973 年和 1979 年的石油危机那样。20 世纪 70~80 年代，油价冲击在短期内达到了调整市场供需的目的。因为高油价刺激了人们提高能源利用效率和开发可替代的能源资源的行为。当然，在可替代的能源资源中，也包括那些高成本的非常规石油资源。

因此，对气候政策而言，其制定者应当更为关注高的能源价格。然而，能源价格的实施也充满了挑战和机遇，一个重要的挑战就是如果石油公司在获得高油价的利润之后，转而生产更多的、含碳量更高的能源，如非常规化石能源、煤制油、气变油，则高能源价格不仅不能够解决气候变化问题，反而会加速气候变化，特别是在碳捕获与碳封存技术尚不成熟的情况下。而对挑战而言，一个很好的"机遇"则是高的能源价格将促使人类提高能源利用效率和发展可再生能源，增加可再生能源的供应水平，从而降低碳排放。

尽管上述的分析得到了很多学者的支持，但同时也受到了很多学者的质疑。质疑者认为，尽管地下的化石能源资源总量非常大，但绝大多数是开采不出来的，因此，用这些巨大的资源总量来简单地阐述气候问题，无疑夸大了气候问题的影响程度。此外，质疑者也声称，上述的分析本质上与主流机构 IEA 的分析没有多少差别，都是在一个很大的资源量的假设下，从需求的角度分析气候约束对化石能源供应的影响和化石能源消耗对气候变化的影响，而这一点正受到越来越多的批判。

资源约束下的气候变化挑战 IPCC 的评估

正如前所述，绝大多数研究气候变化和化石能源的问题都是从需求侧角度而非供应侧角度研究化石能源与气候变化的关系的，缺乏对化石能源资源的分析。然而，如果资源没有 IEA 和 IPCC 等假设的那样丰富，那么气候变化是否还会如 IPCC 预测的那样严重？

IPCC 的碳排放情景

1988 年，世界气象组织（WMO）和联合国环境规划署（UNEP）成立政府间气候变化专门委员会（IPCC）。它的任务是通过评估科学、技术和社会经济等的相关信息以帮助理解人类活动对气候变化的影响。IPCC 的结果通过其定期的气候评估报告和一些特殊报告对外发布。IPCC 通过一系列情景描述的方法来描述未来社会发展和排放趋势，据此来评估未来的气候变化。IPCC 的第一份碳排放情景特别报告是在1990 年发布的，随后在 1992 年和 2000 年也发布了类似的报告。然而，随着时间的变化，其研究方法、分类、假设等也都发生了变化，这些变化也体现在其研究报告中。IPCC 最新的有关碳排放情景的报告是 2000年出版的第三份碳排放情形特别报告，全名为"Special Report on Emission Scenarios"（SRES）。在 SERS 中，IPCC 假设全球化石能源资源丰富，因此，对化石能源的消耗并不用考虑资源的约束，而是直接根据经济社会发展对化石能源的需求设定，并假设供应能够满足需求，据此获得对全球化石能源供应的预测（如图 2 - 4 所示）。

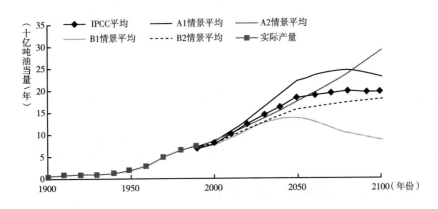

图 2 - 4　SRES 对全球化石能源（油气煤）供应的假设

供应侧考虑碳排放问题的兴起

Hoel 和 Kverndokk 在 1996 年从化石能源供应侧角度（即化石能源开采角度）分析全球变暖问题，但其当时的分析主要集中在如何采用经济手段（碳税）对化石能源开采产生影响，并进一步影响全球变暖。在此后的 2001 年，Grub 指出，虽然通过持续的勘探和开发能够在一定程度上增加储量和拓展储量范畴，但是常规石油储量的耗竭已经成为不争的事实，在这种情况下，未来长期的能源供应状况将对稳定大气浓度的任务有着重要的影响。然而，以往的气候政策的制定都是从需求侧出发的，而忽略了供应侧的影响。因此，Grub 提供了一个有益的补充，从供应侧的角度分析气候政策，以确保有关投资和创新的气候政策能够向低碳化而非高碳化转移。为了实现这一转移目标，一个首要的任务就是先阻止当前高含碳的非常规油气资源和技术的发展，以便确保现有的能源资源多样化趋势得以继续和扩展。

Vernon 等人在 2011 年的研究中也指出，在分析化石能源对气候变化影响的绝大多数的情景中，碳排放情景的设置都是基于需求侧因素的，化石燃料资源被假设是非常丰富的，供应侧因素被认为不会对未来的碳排放情景产生影响。然而，对不可再生资源开采状况和对全球化石能源资源的实证研究显示，资源极为丰富这一假设是不切实际的。由于化石能源资源将在未来变得越来越稀缺，因此，供应侧因素被期望能够对未来化石燃料的开采状况以及随后的二氧化碳排放产生重要影响。在可预见的 21 世纪，有理由相信供应侧因素将决定未来二氧化碳的排放趋势。然而，绝大多数的情景分析中都忽视了这一点，使这些情景变得很狭窄，参考性也比较低。在这种狭窄的情景分析下，UNFCCC 达成了仅从需求侧因素阻止危险的气候变化目标，而把供应侧因素排除在外。但由于供应侧因素将在未来变得越来越重要，因此，气候变化应对政策应从需求侧因素转向供应侧因素。

资源约束对气候变化影响研究的发展

真正定量化地研究资源约束对气候变化的影响是在 2008 年之后出

现的，且观点和研究结论存在巨大的争议，研究也有很多的不足。
Kharecha 等在 2008 年指出，全球石油产量峰值或许会对未来大气二氧化碳排放和气候变化产生重要影响，这种影响的程度将取决于我们选择使用哪种能源来替代石油。其研究显示，如果美国能源部信息署（EIA）估计的油气储量是真实的，那么将大气二氧化碳浓度稳定在不超过 450ppm 的水平是可行的，但是对煤炭和其他非常规化石能源的勘探将使得这一目标的实现变得很困难，因此未来对这两类资源的开发必须在 CCS 技术的前提下进行。那些现有的以煤为燃料的火力发电厂，必须在 21 世纪中叶之前全部关闭，以便限制大气二氧化碳的浓度上升。Nel 等在 2009 年从供应侧的角度考虑了化石能源供应对气候变化的影响，结果显示，即使所有可用的化石燃料都按照 21 世纪潜在的最大可能的燃烧率被燃烧掉时，全球温度上升也不会超过 2000 年 1℃ 的水平。这意味着在资源约束的情况下，未来气候变化将会在可接受的范围内变动。

然而，Zecca 等比较了上述两份研究，发现这两篇文章对大气中的二氧化碳水平的研究有着相似的结论，但是对未来的气候变化得出了完全不同的结论；通过分析认为 Nel 等人的结论显著地低估了未来的全球变暖形势；指出根据 Nel 等人所作的化石燃料的密集开采的假设，全球气温将会在 2100 年达到足以产生长期的严重破坏性影响的程度。

就在这一质疑发生不久后，Ward 等人也对 Zecca 等人的分析提出了质疑，指出 Zecca 选用的方法是错误的，与历史观察到的二氧化碳浓度相比，Zecca 等人采用的方法明显高估了大气中二氧化碳排放。Ward 进一步指出，考虑到化石燃料的约束，未来的碳排放都是无法实现 IPCC 中高的碳排放情景的。这种看法正在被越来越多的认为全球石油产量和煤炭产量将在未来几十年内下降的学术文章所支撑。

Hook 等人的研究发现，由二氧化碳排放引起的全球变暖与未来的能源供应有着密切的关系。一系列的证据显示未来能源供应将受到限制，但是以 IPCC 为首的主流研究机构却一再忽视这一问题。Hook 等人在对 IPCC 的排放情景特殊报告（SRES）中所用的资源基础和未来产量假设进行分析后指出，SRES 不仅乐观地估计了化石能源资源量，而且与当前的产量水平相比，其对未来化石能源产量的预测也极为夸张。最后，Hook 等人指出希望 IPCC 在未来的气候排放情景评估中能够包含更多的资源专家。但可惜的是，Hook 等人并没有从定量的角度实证其结论。总体来看，尽管资源约束对气候变化的影响仍处于初级阶段，对一些观点的争论也依然存在，但一个不争的事实是，资源约束确实会对未来碳排放产生很大的影响。在此我们根据国际主流机构对全球化石燃料最终可采资源量的预测结果（高情景）以及各学者的预测结果（低情景），分析未来化石能源供应，并与 IPCC 在 SRES 中的假设进行对比，发现即使高情景下的预测结果也略低于 IPCC 的预测，这意味着资源约束导致的化石能源峰值将对未来气候变化产生重要影响（如图 2 - 5 所示）。

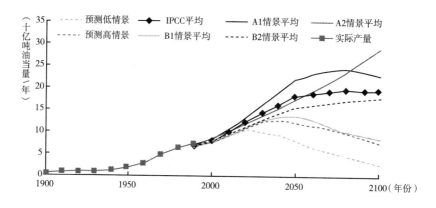

图 2 - 5　资源约束下的化石能源供应与 IPCC 的假设对比

石油峰值的来临可能加速气候变化

全球变暖已失控

防止气候变暖方面的努力正在进行，但是进度太慢，气候变化也许正在滑向危险的边缘。

上一次各国领导人谈论制止全球变暖还是在 1997 年的京都，但他们未能达成共识，美国参议院以 95：0 的投票否决了会谈成果，使得当时世界最大的二氧化碳排放国美国失去了发挥领导地位的机会。而很快将成为最大的二氧化碳排放国的中国，则免于痛苦地自主减少排放量。在 2009 年 12 月的哥本哈根新会谈中，关键国家似乎首次参与进来。在美国，众议院通过了积极限制与减少温室气体排放的《维克斯曼－马尔凯（Waxman-Markey）法案》，并将其提交参议院表决。现在最大的担心是，地球可能无法经受住外交时间表的冗长。

对气候而言，重要的是不仅是人类如何减少温室气体的累积，还要看地球如何回应。目前，被我们释放到大气中的二氧化碳有一半被陆地和海洋吸收，大部分是由植物通过光合作用吸收的。这个循环过程随时可能被改变，其后果可能令哥本哈根会议上达成的任何制止气温上升的协议相形见绌。问题的关键是两种自然现象之间的平衡，有利的一种是：随着空气中二氧化碳含量升高，植物生长得更快，也就需要吸收更多的碳。科学家可以在实验室对此进行测量，但他们不知道碳增强后的新环境富含营养的程度。不利的一种是普林斯顿大学环境科学家 Stephen Pacala 所谓的"黑暗中的魔鬼"：随着气温的升高，内含死亡植物而锁住巨量碳的永久冻土往往变干，使植物腐烂并释放二氧化碳至大气中。如果这种被称为"出气"的现象开始发挥作用，它可能以二氧化碳淹没大气，也许比过去一个世纪人类工业的影响还要大一倍或两倍。

出气是"危险的人为变暖"的后果之一，哥本哈根首脑会议将试图阻止。没有人确切知道哪些因素可能触发它，但防止全球气温上升超过 2℃ 被认为至关重要。为了低于这一限制，一致的意见是我们应该设立大气中碳含量的极限值，并尽一切努力使大气中的碳含量保持在极限值的下方。几年前科学家认为，二氧化碳浓度比工业化之前增加一倍至 550ppm（ppm 是百万分之一），是一个合理的水平。最近几年他们已经向下修订至 450ppm，这正是哥本哈根会议（以及《维克斯曼－马尔凯法案》）的目标。但是为了达到这一目标，在 21 世纪中叶需要大幅度削减80%的排放量。由美国航天局专家詹姆斯汉森领导的少数科学家认为，浓度极限应为350ppm，而我们已经处于387ppm的水平。与此同时，尚未有结论的观察指出我们所面临的错误方向：极地温度上升很快，北极冰盖正在退却，冻土显示出令人不安的变化迹象，洋流可能会削弱摄取碳的能力。

目前的科学研究表明，化石燃料的使用与气候变化之间存在着明确的因果关系。气候系统的不稳定信号随处可见。季节在发生变化，气温的最高或最低纪录也在被不断打破，越来越多且越来越严重的极端天气事件不断发生，例如热波、飓风等突发事件以及诸如北极正在融化等可预测的事件。目前，很多科学家在"临界点"问题上有着激烈的讨论：大气中二氧化碳的含量达到多少将会使"不回归点"回归及导致气候突然发生改变？一项统计显示，全球温度已经比工业时代初始的水平上升了2℃，这将导致不可逆转的改变。气候条约的商讨中规定，大气中二氧化碳的最高含量为450%。一些科学家，包括美国航天局Goddard太空研究所所长吉姆汉森认为，大气中二氧化碳的含量超过350%就会引起严重的气候变化。对南极洲的海底岩石进行钻探，为我们提供了未来气候变化的更准确的信息。因为约400万年前，大气中二氧化碳含量约为400%，而未来几年内，这一数据将再次出现。实际上，大气中二氧化碳含量已从两个世纪以前的280%升至386%[1]。

石油在勘探、生产及燃烧过程中会产生大量的二氧化碳，这对气候变化有着巨大的影响。我们在总结以往的经验时，得出一个显而易见的结论：石油产量的大幅下降意味着这些变化因素中占主导地位的因素发生了变化，由主导地位退居到次要地位。然而，不幸的是，这个结论过于简单。当一个油田的产量下降后，开采出来的石油品质也会变化。与廉价石油时代的油田相比，后石油时代的油田产出的石油品质通常较差，含硫更高、黏度更大，这意味着这些石油在开采、生产和燃烧过程中，会释放出更多的二氧化碳，导致空气中二氧化碳的浓度增加。由于

---

[1]　http：//sciam.cpcwi.com/bbs/redirect.php？tid=44765&goto=lastpost.

后石油时代世界石油产量达到峰值之后便开始下降，为了满足日益增长的需求，产油国或者石油公司会将非常规能源作为弥补世界石油产量下降的有力武器，加上那时的高油价会使非常规能源的开采具有较大的经济价值，届时非常规能源将得到大规模的开发与利用。同时，煤炭作为廉价的能源，尤其是煤变油会受到消费者的青睐，而在非常规能源的开采、生产和燃烧过程中，释放的二氧化碳量会更大。据估算，每桶这些非常规石油资源（包括油砂、重油、油页岩以及煤变油等）的开发、生产与燃烧，产生的二氧化碳排放量要比同等量的常规石油的二氧化碳排放量高出很多。

来自气候变化的观点：了解石油在开采、生产和燃烧过程中释放的二氧化碳的量在常规石油达到峰值后是否会下降是很必要的。常规石油排放的二氧化碳的量的下降将与非常规石油排放的二氧化碳的量的增长相互抵消。石油可能会被其他能源资源所代替。一方面是煤的使用量的增加、另一方面是其他对二氧化碳排放量产生广泛的不同影响的一系列能源资源的使用量的增加。目前要在这一点上作出准确预测是不容易的。

2008年4月22日国际能源机构（IEA）在国际能源论坛上发布研究报告，指出世界能源消费无限制地增长对环境的影响令人担忧。在2030年之前，全球矿物能源消费量将不断增长，这将使与能源相关的二氧化碳排放量不断增加，导致二氧化碳浓度增加、全球气温上升以及气候变化问题。近年来，某些政府政策，包括那些旨在解决气候变化、大气污染和能源安全的政策，确实减缓了某些国家的排放增长速度，但却没能制止其增长。在"参考情景"中，2005～2030年，二氧化碳排放量将增加57%。世界上二氧化碳排放量最高的五个国家分别是美国、中国、俄罗斯、日本和印度，这五个国家带来了二氧化碳排放量2/3的增长。到目前为止，中国对二氧化碳排放量增加的贡献最大，超出了2007年世界上二氧化碳排放量最大的美国。整个预测期内，煤炭（2004年超过石油成为二氧化碳排放的首要来源）仍然是三种矿物燃料中对全球二氧化碳排放量贡献最大的燃料。

"参考情景"和"高经济增长情景"下的能源预测中，全球大气中的温室气体浓度都长期稳定在 855ppm～1130ppm 二氧化碳当量（或 660ppm～790ppm 二氧化碳当量）。根据政府间气候变化专门委员会（IPCC）最近的评估，这一水平的温室气体浓度对应的平均气温比工业化前的水平提高了 4.9℃～6.1℃。

从 IEA 的预测中可以看出，自 2004 年以来，世界二氧化碳排放量的增加主要来自煤炭，石油已经排在煤炭后面的位置了。然而，我们不得不重新审视后石油时代煤炭重要的能源地位，也许只有石油峰值过后，我们才能得出石油峰值是否加速气候变化的结论。

气候变化对世界经济产生的影响正在逐步加深。不论目前遏制气候变化的战略是否成功，这种影响都将持续下去。能源生产者也要为应对气候变化做好准备，大部分国家和地区的工业也将受到影响。未来的气候变化，例如墨西哥湾飓风强度的上升，永久冻土在西伯利亚、加拿大和阿拉斯加解冻，世界范围降水量增加等，将会导致大量地区生产设施停工以及由水灾而临时关闭矿井和基础设施造成的磨损越来越多。这将导致更高的成本费用，需要额外的投资以应对再次出现气候变化事件。在某些情况下，破坏并不等于重建，或许是彻底地取消。如果基础设施受到毁坏导致石油产量下降，并进一步导致收入减少，就不会有多余的资金来重建它。

由于化石燃料的生产商正在做远景规划，大量地区的气候将有所改善，最明显的例子是在北极地区的石油和天然气的开采活动将越来越多。

气候变化也会影响能源需求。西部温和的冬天和东部极其寒冷的冬天之间的能源消费量可以形成强烈的反差。虽然他们都有比较温暖的夏天，但是这也会影响天然气和电力的需求。在某些年的冬天，住房和办公取暖的化石燃料需求降到平均水平以下，而在其他年的冬天，则上升到顶点。夏天空调的电力需求也正在上升。同时，虽然消费者的消费意识没有太大的变化，但是人们对气候变化的认识正在逐步提高，并且在试图减少能源需求来应对气候变化问题。现在已经确定的是：近年来石油、天然气以及煤的价格变得越来越不稳定，而科技进步对各种化石能源需求的影响正日益加大。在未来较长的一段时期内，气候变化对一个国家或者一个地区造成的影响不可忽视，它甚至会导致经济震荡从而减少人们对石油的需求。

气候变化和常规石油产量达到峰值在许多重要方面相互影响。油价上涨使得人们开发非常规石油资源的兴趣越来越大，同时，也会增加二氧化碳的排放量。气候变化的加速将对后石油时代产生既积极又消极的影响。

常规石油产量达到峰值后，在未来几年或者十几年就会开始下降。如果要将石油峰值的平台期延长至 2020 年，那么，从现在开始就要大规模开发非常规石油资源，来替代常规石油下降的部分。但是，即使目前的非常规石油产量增长一倍，到 2030 年产量达到每天 2200 万桶，也不会弥补石油需求与石油供给之间的巨大缺口。

来自非常规石油的二氧化碳排放量要大大高于常规石油的二氧化碳排放量，例如，即使石油总产量从 2016 年 9600 万桶/天减少至 2030 年 7300 万桶/天，非常规石油产量的生产增长至 2200 万桶/天，也将意味着来自石油的二氧化碳排放量几乎没有任何减少。在这种情况下，非常规石油在总产量中所占的份额将从 2008 年的 4% 增长到 2030 年的 30%。

世界石油产量达到峰值将不可避免地导致严重的两难境地。无论是制定以获取更多石油消费来保障经济和社会发展的二氧化碳宽松排放量政策，还是制定严格的限制二氧化碳排放量的气候政策，都将使石油产量越来越少，即使有非常规石油作为产量的部分补充。为了摆脱这种困境，需要强有力的政策鼓励替代能源的发展，以弥补常规石油产量的下降。

气候专家委员会在 2000 年召开了石油生产现状及发展趋势的研讨会，由于没有意识到廉价易采的常规石油和昂贵难采的非常规石油的区别，他们没估计到这一严重的两难境地。气候专家委员会运用了一个生产模型来测算不同情况下的二氧化碳排放量。在这个模型中，他们假设化石燃料品质的下降不会对化石燃料的生产产生任何影响，不考虑技术因素、水资源以及开采化石能源所投入的其他能源，最后得出的结论是，昂贵难采的非常规石油在开采过程中释放的二氧化碳要比廉价易采的常规石油多得多。

气候变化也将使极端天气事件发生的频率更高、强度更大，进而造成石油的开采、运输及其他成本上涨。例如，墨西哥湾地区的海水温度上升，将带来更大强度的飓风；美国近几年发生的两次飓风，对石油生产造成了很大的影响，很多石油基础设施受到了破坏，导致石油生产能力下降，也使得该地区的石油生产成本显著上涨，从 2003～2005 年的每桶 50 美元上升至 2004～2006 年的每桶 70 美元。

全球变暖的加速会使得北极地区的冰川融化得比以往任何时候都快，很可能到 2017 年夏天，北冰洋将不再有任何冰块。一些咨询机构和专家声称，世界剩余石油储量的 25% 在北极地区的这一论断是错误的。伍德·麦肯锡和罗伯逊的一份深入的研究报告显示，北极地区的剩余石油储量为 500 亿桶，到 2030 年左右，北极地区的石油产量将达到每天 200～300 万桶。然而，北极地区的大部分能源是天然气，储量大概为 1800 亿桶油当量，其中 70% 分布在俄罗斯。

北极地区夏季冰川融化，对在这些水域上的石油生产将是一个十分严峻的挑战。冰川融化还会带动永久冻土的融化，而永久冻土的融化不仅威胁现有的能源基础设施，还会导致石油生产成本的上涨；永久冻土带的融化，会使道路、建筑和管道遭受损害。但是，由于缺乏相关的历史数据，人们很难对未来永久冻土地带融化给人类带来的影响进行量化。

第三篇 | 幽灵的"看客"

"自知而不自见"的 OPEC

OPEC 拥有 3/4 以上的世界探明剩余储量的石油，供应世界石油总消费量的 42%。与其他产油国不同的是，OPEC 成员国的石油生产实施"配额制"，目的是在确保世界石油供需平衡的前提下，保证油价在合理区间内波动。如果非 OPEC 国家的石油产量达到峰值或开始下降，事实上也是如此，那么未来只有 OPEC 充分增加产量才能满足持续增长的世界石油需求。

在石油峰值问题上，OPEC 一直保持沉默，只是宣称探明储量是足够的，但是需要多年大量的投资来建设产能。OPEC 的沉默并不是因为对石油峰值缺乏兴趣而不闻不问，相反 OPEC 拥有自己高水平的研究队伍，定期发表年度《石油展望》和月度《市场报告》，且学术界对石油峰值的讨论早已兴起，各大国际石油公司也在预测未来石油产量何时达到峰值，许多商业期刊和大众媒体都对石油资源和石油峰值问题进行了广泛讨论。按理来说，OPEC 必然已经知晓了这些讨论，但是没有公开对关系自身利益的世界石油峰值问题进行辩论，这显然不符合逻辑。

OPEC 成员国拥有巨额财富，却没有重大的工业基地。一般情况下，OPEC 总是被强大的邻国接管或者与全球强权达成协议；极端情况下，OPEC 可能会受到全球强权的公然军事干涉。全球强权通过与地方派系合作，达到幕后操作的目的。如果非 OPEC 石油产量即将达到峰值，OPEC 的石油储量就会更有价值，成为更具诱惑的战利品。

例如，2002 ~ 2007 年，OPEC 年均一揽子价格从 24 美元/桶上升到

69 美元/桶，上涨了近 2 倍（如图 3 - 1 所示）。2008 年 5 月 20 日，OPEC 的一揽子价格已经超过 100 美元。在此过程中，世界经济发展只是略微放缓，同时油价的持续攀升也没有激起消费者大规模的抗议。

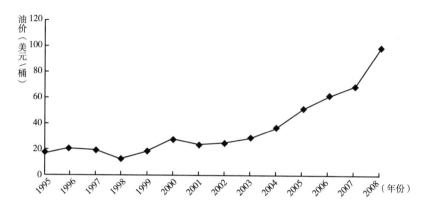

图 3 - 1　OPEC 年均一揽子油价

从上面的简要分析中可以看出，OPEC 现在依然有能力控制石油市场，无论是在实际储量上还是在心理效应上。

OPEC 对石油峰值问题的沉默不是因为无知或缺乏理解，而是出于更深层次的战略考虑。OPEC 成员国政府缺乏现代工业资源和军事实力，而且清楚地知道这背后隐藏的危机甚至外国公然的攻击或干涉。因此，对 OPEC 而言，必须要找到能够防御这种危机的方法，那么控制石油资源就是其最好的武器。

OPEC 认为不断攀升的油价是石油真正价值的体现，长期以来石油的大部分价值被欧洲消费国政府夺取了。2002 年以前 OPEC 相当于在捐赠自己的原油。

图 3 - 2 表明欧洲消费者支付的汽油价格最高。但是，他们支付的每加仑汽油价格中，政府的税收所得却比 OPEC 销售原油的所得还多。不同国家消费者支付的汽油价格有很大的差距，但是即使支付最高价格的消费者也没有放弃消费石油。这表明消费者甚至愿意支付更高的价格换取自己的方便。

基于这些因素和发展中国家持续增加的石油需求，可以预期石油价

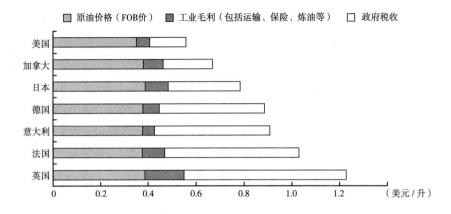

图 3 - 2 2007 年世界主要发达国家的汽油价格比较

资料来源：OPEC 网站。

格将继续上涨；未来美国消费者可能支付和欧洲消费者一样的汽油价格。价格上涨可能伴随巨大的波动，但明显上升的趋势是不可否认的。

高油价不仅可以让 OPEC 成员国在短期内获得更多的实际价值，还可以保证 OPEC 成员国在不削弱本国经济的情况下，可以在更大的范围内降低产量。但是，OPEC 也希望保持市场稳定，避免出现石油短缺。石油短缺将对消费国的经济活动和必要的服务产生消极影响，这可能挑起石油消费国对 OPEC 成员国的军事行动。因此，缓解高油价的可行措施似乎是减少石油需求，而进一步减少需求的有效途径是以极高的价格提供服务，并宣布 OPEC 资源对未来巨大的石油需求来说是有限的。但是，以中国和印度为代表的国家进入工业化发展阶段需要大量的石油支持其经济的发展。它们快速发展的经济决定了在世界范围内降低石油需求是不现实的。

OPEC 已经认识到石油消费国的石油资源正在消耗殆尽，但出于长远战略的考虑，OPEC 对后石油时代保持了沉默。

"故作乐观" 的国际能源署（IEA）

国际能源署（International Energy Agency，简称 IEA）每年出版的《世界能源展望》（*World Energy Outlook*，简称 *WEO*）被许多国家和组

织视为权威报告，并作为制定能源政策的指南。《世界能源展望》（2008）预测到 2030 年，世界石油需求将达到 1.064 亿桶/天。届时石油生产是否会按照 IEA 的参考情景来发展，还是会因石油峰值的出现而改变？我们不得而知。但我们要严肃面对石油生产能否满足日益增长的石油消费，进而保证经济可持续发展的问题。这就需要我们对 IEA "未来石油供给能满足需求"的一面之词保持清醒的头脑。进入 21 世纪以来，IEA 发布的历年《世界能源展望》都预测世界石油产量将在未来持续增长，而《世界能源展望》（2008）也被认为是众多《世界能源展望》中相对较为保守的估计。IEA 在《世界能源展望》（2008）中首次提到了石油峰值。然而，尽管如此，世界石油峰值研究会（ASPO）也认为《世界能源展望》（2008）高估了世界石油供应能力，依然保持乐观的姿态[①]。

对原油供应的质疑

现在我们通常所说的石油供应或消费，其实已经不是最开始的意义上的石油了。目前的石油供应和消费准确地说应该是液体燃料的供应和消费，因为其不仅包括最典型意义上的原油，还包括非常规液体燃料（由油砂、超重油等非常规石油以及气变油、煤变油等液体燃料构成）和天然气液等。然而，在这些所有的构成中，原油仍然占据着主导地位，世界上绝大多数的液体燃料供应仍然来自原油生产。在《世界能源展望》（2008）中，IEA 将原油的来源划分为四个部分：已投产油田、待开发油田、待发现油田和通过提高石油采收率而来的原油。

对于已投产油田，IEA 的估计结果与其他学者和机构的分析也基本一致，是合理的。但是，要弥补现有产量的减少必须开发新产能，但这要面临巨大的挑战。

对于待开发油田，首先我们找一个典型的开采油田的例子——北海油田。北海油田的开采始于 20 世纪 70 年代，并在 2000 年达到产量峰

---

① Aleklett K., Hook M., Jakobsson K., Lardelli M., Snowdwn S., Soderbergh B. 2010. "The Peak of the Oil Age: analyzing the world oil production Reference Scenario in World Energy Outlook." *Energy Policy*, 38 (3): 1398–1414.

值。与陆上石油生产相比，海上石油生产速度比较快，产量上升也比较快，因此，其资源耗竭率①的上升速度也是最快的。通过对北海油田的分析，我们发现，其产量达到峰值时的资源耗竭率为 5.6% 左右，整个开采过程中最高的资源耗竭率为 7% 左右，这一比率是非常高的。而对于存在大规模油田的其他区域，其资源耗竭率是要低于 7% 的。

需要强调的是，7% 仅仅是历史经验数据的最大值，而不是绝对的或者理论上的最大值。如果一个油田拥有足够的资金且被充分利用，那么其资源耗竭率在未来很可能等于或超过历史最大值，但这也仅仅是在理论上成立。最大值可能仅是一个假设。

实际情况是目前油田投资不足，特别是像 OPEC 这样的石油生产者不可能以极高的速率开采石油。因此，未来油田保持 7% 的资源耗竭率是一个较为合理的上限。

我们根据《世界能源展望》（2008）提供的各类待开发油田的储量数据得出了其资源耗竭率的趋势图（如图 3 - 3 所示）。可以看出，《世界能源展望》（2008）对资源耗竭率的假设基本上是不科学的，其假设的耗竭率都远超过北海油田。以 OPEC 海上油田为例，IEA 预测在 2015 年耗竭率就将达到 4%，然后一直保持稳定。这一假设是不科学的，英国北海油田的开采是不受约束的，在这种情况下，其达到 4% 的耗竭率用了 20 多年的时间，而产量在 OPEC 限制（即倾向于降低剩余可采储量的耗竭率，从而延长油田寿命）下的海上油田却更快地达到 4%，这显然是不太合理的。我们认为 2% ~ 2.5% 是比较合适的。可见，《世界能源展望》（2008）的预测存在很大的问题。IEA 在没有任何根据的前提下，寄希望于以历史上从没有出现过的石油开采速度进行快速生产。从理论上讲，如果得到合理的投资，那么油田如此快速的消耗是可能发生的。但以现实情况来看，根据 OPEC 的生产政策和最近的世界金融形势，剩余可采储量的递减率显然会很低。未来的产量很难达到 IEA 的预期值。

---

① 本书中的资源耗竭率定义为：产量与剩余可采储量的比值。该值越大，表明对地下剩余资源的开采速度越快。

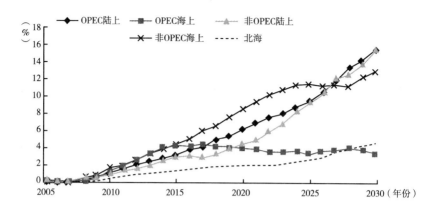

图 3 - 3　《世界能源展望》（2008）预测的各类待开发油田的不同递减率

注：以北海油田的剩余可采储量的递减率作对比。

对于待发现油田，在《世界能源展望》（2008）的参考情景当中，预计 2030 年全球待发现油田将发现 1140 亿桶原油。届时待发现油田的产量将达到 1900 万桶/天。海上待发现油田的产量大约 1100 万桶/天，非 OPEC 国家的产量占主要部分，陆上待发现油田的产量为 870 万桶/天，以 OPEC 国家的产量为主（如图 3 - 4 所示）。

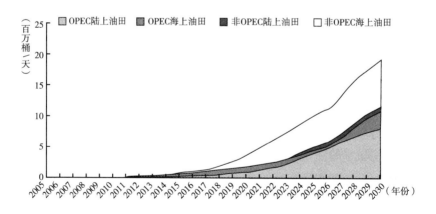

图 3 - 4　IEA 预测待发现油田产量

对于上述预测，我们不得不质疑其真实性。我们在对比北海油田与 IEA 预测的未来待发现油田的耗竭率的变化情况后发现，两者有很大的差异（如图 3 - 5 所示）。

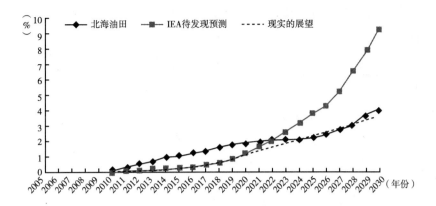

**图 3 - 5　北海油田和《世界能源展望》（2008）中待发现
油田的剩余可采储量递减趋势**

注：递减率的实际预测值在 2019 年以前与 IEA 待发现油田的递减率保持一致，随后与
北海油田的递减率保持一致。

IEA 预计 2019 年前，全球待发现油田的资源耗竭率要比北海油田
的耗竭率低得多，我们认为这一假设较为合理。但随后，IEA 预计全球
待发现油田的资源耗竭率将迅速增加，这远远超出了历史最大值。因
此，我们用北海油田的耗竭率作为 2019 年后未来待发现油田的递减率
进行产量预测得出，2030 年全球待发现油田的总产量仅为 870 万桶/
天，这还不到 IEA 预测的 1900 万桶/天的一半。但还需指出的是，北海
油田的开发速度之快远超过世界平均值，将其作为待发现油田的整体产
量预测参数，其结果难免过于乐观。

IEA 以超出历史经验范围的高递减率为重要参数计算出待发现油田
的产量：到 2030 年将会达到 1900 万桶/天。尽管我们利用北海油田的
相关数据得到了十分乐观的结果（即 2030 年待发现油田产量为 870 万
桶/天），但仍远远低于 IEA 的预期。对此，不得不让人怀疑 IEA 是故
作乐观。

对提高采收率技术获得的石油产量而言，在《世界能源展望》
（2004）中，IEA 预计通过提高采收率将使 2030 年的石油产量增加大
约 2500 万桶/天。但在《世界能源展望》（2008）中，这一预测值降至
640 万桶/天。我们相信，随着现有油田产量下降情况的日益严重，整

个石油工业都将努力地使用各种可能的方法以提高老油田的产量。所以我们认为 IEA 对该部分的展望是合理的。

综上，不难看出，未来石油产量将会缓慢下降，石油峰值可能已经或正在到来。IEA 运用相同的数据却得到了与我们截然不同的结果，即石油总产量还会不断增加，这是十分可笑的。虽说 IEA 对上述四类原油的预测部分是合理的，但为了得到期望的石油产量结果，IEA 故作乐观，将《世界能源展望》（2008）中所使用的资源耗竭率值设置得非常高，但这并不是一个现实的假设。

对非常规石油供应的乐观估计

IEA 将非常规石油定义为：油砂、超重油、气变油（GTLs）、煤制油（CTLs）以及化学添加剂。IEA 在《世界能源展望》（2008）中，预计非常规石油产量将从 2007 年的 170 万桶/天增长到 2030 年的 880 万桶/天。尽管如此，由于常规石油产量降幅巨大，即使最乐观的估计，非常规石油产量也需要在未来 20 年内以每年超过 10% 的速度增产，才能满足未来的能源供给。

对油砂而言，目前，世界上绝大部分的油砂是由加拿大生产的。《世界能源展望》（2008）预测 2030 年加拿大油砂产量将会达到 590 万桶/天，其中，露天开采 140 万桶/天，矿藏开采 450 万桶/天。而瑞典乌普萨拉大学 Söderbergh 等人的"加拿大油砂工业应急方案"得出，到 2030 年加拿大的油砂产量仅为 450 万桶/天，其中，露天开采 200 万桶/天，矿藏开采 250 万桶/天。通过比较可以看出，IEA 对露天开采产量的预测较为合理，但对于矿藏开采产量的预测值过高，反而是"应急方案"中的数据更为合理。为什么《世界能源展望》（2008）会作出如此高的预期呢？如果不是故作乐观，则很难解释 IEA 的数据。经过分析，我们认为 2030 年的油砂产量为 390 万桶/天，其中，露天开采 140 万桶/天，矿藏开采 250 万桶/天。

对超重油而言，我们认为 IEA 的估计是较为合理的，即到 2030 年，超重油的产量将超过 70 万桶/天。全球除委内瑞拉外，科威特也计划生产超重油，巴西、越南和意大利也将会有少量生产。

对气变油而言，IEA 预计到 2012 年液化气生产能力将达到 20 万桶/天，到 2030 年达到 65 万桶/天，对于这一预测我们无法作出准确的判断，但是随着生产成本的升高以及天然气需求量的不断增长，一个可能的情况是 2030 年气变油的产量会低于 65 万桶/天。

对煤制油而言，IEA 预计到 2030 年煤制油产量将达到 100 万桶/天。然而，煤制油的过程中不仅会产生大量的污染，而且还会消耗大量的煤炭。根据相关数据的统计，一吨煤炭只能够生产 1 ~ 2 桶石油，这意味 100 万桶/天的煤制油产量需要消耗相当于 2007 年世界煤炭产量的 5% 的煤炭，这是十分困难的。要实现其预期产量，全球必须进行大规模投资，且要研发相关的控污转换技术，这一点能否实现仍然是一个未知数，特别是在全球经济形势下滑的情况下。

对化学添加剂而言，IEA 在《世界能源展望》（2008）中并没有对其产量进行详细的描述，整篇报告很少提到化学添加剂。我们认为该类非常规石油的产量将保持稳定，2030 年的产量仍为 20 万桶/天。《世界能源展望》（2008）对化学添加剂的定义过于模糊，希望在未来的版本中能够看到更多的细节。

通过综合分析，我们认为未来各类非常规石油（2030 年）的一个合理产量分别为：油砂 390 万桶/天、超重油 70 万桶/天、气变油 65 万桶/天、煤制油 100 万桶/天、化学添加剂 20 万桶/天，总计 645 万桶/天。这与《世界能源展望》（2008）的预测相比减少了 235 万桶/天。

对天然气液供应的估计真实吗？

《世界能源展望》（2008）第 11 章指出："天然气液是一种存在于地下的轻质烃，是伴随着天然气一同产出的，其可通过装置被分离出来。受到天然气工业快速发展的带动，全球天然气液的产量预计将会翻番，从目前的 1050 万桶/天增加到 2030 年的将近 2000 万桶/天，其主要来自于 OPEC 国家。以上预测是以生产过程中天然气液产量占天然气产量的比重保持不变为前提的。"

通过历史数据看出，在过去的 40 年中，天然气液产量一直占天然气产量的 15%，并且两种资源的相关度高达 0.99，如图 3 - 6 所示。这说明《世界能源展望》（2008）的假设，即未来天然气液产量占天然气产量的比重保持不变似乎是比较合理的。但这也意味着，若全球天然气液的产量要翻番，天然气的产量也应相应地增长一倍。

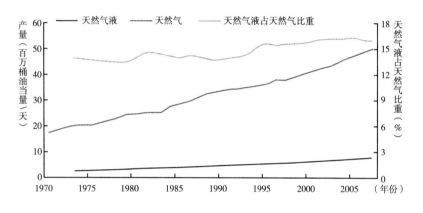

图 3 - 6　1970 ~ 2005 年世界天然气液与天然气产量

但是 IEA 预测天然气产量到 2030 年为 44340 亿立方米，与 2007 年的 30000 亿立方米相比仅增加了 47.8%，而 2030 年的天然气液产量却增长了 90%。这与之前的假设存在明显的冲突。要么到 2030 年天然气液的产量只增长 47%，即 1550 万桶/天；要么天然气液产量占天然气产量的比重增长一倍。但根据历史数据以及 IEA 的解释得知，天然气液产量占天然气产量的比重增长一倍的可能性微乎其微，因此，我们可以预计 2030 年天然气液的产量将仅为 1550 万桶/天。此外，从能量上来看，1 桶天然气只能替代 0.7 桶石油，但《世界能源展望》（2008）直接用体积来计算天然气液的产量，显然忽略了能源之间的质量差异。如果按照能量单位（桶油当量/天）来计算，那么 2030 年的天然气液产量将一下子减少大约 600 万桶油当量/天，即减少 25% ~ 30%。

IEA 的态度正在改变？

通过上述分析可以看出，《世界能源展望》（2008）中预计 2030 年的全球石油产量将达到 1.015 亿桶/天。然而，根据我们的预测，未来石油产量将会缓慢下降，到 2030 年只有 7580 万桶/天（如表 3－1 所示）。

表 3－1 2030 年世界石油产量

单位：百万桶/天

IEA 在 WEO 2008 中对石油的分类	2030 年石油产量 [WEO(2008)]	2030 年石油产量 (ASPO 预测)
原油－正在生产油田	27.1	27.1
原油－待开发油田	22.5	13.6
原油－待发现油田	19.2	8.7
原油－提高石油采收率	6.4	6.4
原油－总计	75.2	55.8
非常规石油	8.8	6.5
天然气液（NGL）	14.9	11.5
总 计	98.9	73.8
加工盈余	2.6	2.6
世界石油供给	101.5	75.8

注：其中 WEO（2008）对于天然气液的统计量由 1980 万桶/天转换为 1490 万桶油当量/天。

由此可以看出，《世界能源展望》（2008）的预测结果仍然比较乐观。但是这一预测是 IEA 在不断下调未来产量预测结果的情况下估计出来的。事实上，IEA 在 20 世纪末，即 1998 年的《世界能源展望》中，并不是不承认石油峰值，相反，其也认为石油峰值会到来。在 IEA 的参考情境中，其假设全球常规石油的最终可采资源量为 23000 亿桶，据此预测全球常规石油产量峰值将在 2014 年到来。然而，在其随后的报告中，IEA 却一改《世界能源展望》（1998）中的论断，矢口不提石油峰值，并预测石油产量将在未来快速持续增长。发生这一转变的原因很多，一个可能的原因是 IEA 的研究人员从地质人员向经济人员的转变。目前供职于 IEA 的分析师绝大多数是经济学家或有经济学背景的人，而经济学家和地质学家对资源的看法是有很大差异的。经济学家认为价格和技术可以解决一切稀缺，因此未来石油供应的数量不取决于资源量，而取决于需求量，这就导致了其在预测石油产量的时候只是从需求的角度出发，先根据经济发展预测石油需求，然后让产量等于需求。

而地质学家则更多地从资源角度去考虑，但并不承认技术和价格的作用，只认为其对资源的解决程度有限。

然而，虽然 IEA 在其随后的报告中否认石油峰值，但其并不能因此改变石油供应的乏力。自 2004 年开始，全球石油产量基本处于停滞期，在这一过程中，IEA 也不断调低其对未来石油产量的预测（见图 3 - 7），并且在《世界能源展望》（2008）中首次提到石油峰值，并在随后的 2010 年的《世界能源展望》中发出疑问——"石油峰值将会是客人还是盛宴中的幽灵"。从这一系列举措中可以看出，IEA 对待未来石油供应方面的态度似乎已经出现了一些转变，但是由于其特殊的性质（即为发达国家俱乐部 OECD 服务，特别是美国）使其无法明确地表明态度。但是，IEA 首席经济学家 Dr. Birol（比罗尔）在 2009 年 8 月 3 日的公开表态（指出占全球石油储量 3/4 的 800 多个大油田中的绝大多数已过峰值，全球石油枯竭速度已远超预期，未来 10 年左右全球石油生产就可能达到峰值。他的预测比此前大部分国家的预期提前了至少 10 年）让我们可以预见，IEA 最终会承认石油峰值，而现在是其承认前的最后哀嚎。

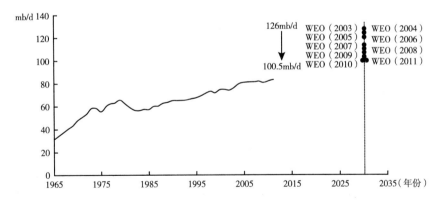

图 3 - 7　IEA 历年《世界能源展望》对 2030 年石油供应的预测结果

"不断徘徊" 的石油公司

国际大石油公司，理所当然地成为争论石油峰值的主角之一。随着全球经济一体化进程的加快和国际竞争的日趋激烈，各大跨国石油公司积极进行结构调整，纷纷采取兼并、重组等手段，形成了强强联合的国际大石油公司，使世界石油资本更加集中，垄断程度更高。因此，他们的态度和行为尤为令人关注。面对石油峰值问题，国际大石油公司态度不一，既有实事求是的理性分析，也有利益驱动的非理性思考。因此，国际大石油公司面对石油峰值的态度是"真相"与"谎言"并存。

埃克森美孚 （Exxonmobil）

埃克森美孚曾在 2006 年 3 月的广告中宣称：与理论相反，石油产量没有显示出任何峰值的迹象。石油理论与实际不符，虽说石油是有限资源，但因为其储量非常丰富，所以峰值不会在今年、下一年甚至在几十年后出现。丰富的石油资源使我们看不到峰值产量。

埃克森美孚认为，全世界并没有处在石油耗竭的风险中并且石油峰值的说法也并不新鲜；从 20 世纪 20 年代开始就已经产生了石油峰值这一说法，并一直持续到今天，特别是在高油价时期。当专家纷纷预测世界石油供应将达到尽头，即"常规石油"时代即将终结时，埃克森美孚却认为从来不会有所谓"常规石油时代"的终结，因为他们拥有该行业最先进的技术，所以从来就不存在"常规石油时代"。

虽说埃克森美孚承认，像其他化石燃料一样，石油确实是有限的资源，但他们关心的问题不是正在来临的石油峰值，而是生产和使用石油及其他化石燃料是否达到了最高的技术水平。变化多端的条件、不断增长的需求和环境要求的不断提高都在考验着最新的技术，并要求石油行业不断深入改革。埃克森美孚还认为[1]，之前被界定为开采具有挑战性的资源现在变成了所谓的"常规石油"，这应该归功于不断发展的技术。所以其强调，真正的问题不在于石油峰值到底什么时候到来，关键是如何提高技术水平以获取更多的石油资源。

---

[1] Rex W., Tillerson., "The State of the Energy Industry: Strengths, Realities and Solutions," *CERA Week*, 2007 (2).

埃克森美孚发布的《2030 年能源展望报告》描述，由于经济和人口的增长，能源需求势必要增长，预计全球能源需求在 2000~2030 年将增长近 60%。面对这样的需求形势，埃克森美孚意识到了严峻性，其在斯坦福大学已建立了一个大型研究中心——全球气候变化与能源项目（GCEP），主要研究新能源技术以满足全球不断增长的能源需求。近几年，埃克森美孚在热电联产方面、太阳能等可再生能源项目上也有很大的发展。

英国石油公司 （BP）

BP 认为，石油供应的峰值还没有到来，而对石油峰值时间的预测，将会受到生产者、消费者、政治和整个行业各种因素的影响。

首先，BP 认为从资源角度来说世界上并不缺少石油和天然气，已经发现的石油和天然气储量可用数十年，将来还会有更多的待发现资源。加拿大油砂、委内瑞拉重油已得到确认并有待进一步开发，这些石油未来将会以合理的价格推向市场。

其次，世界已证实的油气储量从 1980 年的 1.2 万亿桶持续增长到今天的 2.5 万亿桶。尽管需求一直在增长，但在过去 50 年的生产中储量与产量的比值却一直保持平稳。虽然 BP 宣称不是资源峰值论者，但他们称自己是"能力峰值论者"，因为限制这个行业能力增长的基本因素是人与设备将资源与产品联系起来的能力。石油峰值的准确到来时间受众多因素的影响，应该为产量下降的那一天做好各种准备。

最后，BP 认为石油供应的峰值还远没有到来，但我们会面临需求峰值。目前限制石油供应是由政治因素造成的，排除政治影响，世界日产量在 9500 万桶到 1.5 亿桶之间是可以实现的，而且非常规石油的开发利用将持续一段时间。生物燃料、天然气和煤炭液化将成为新的液体碳氢化合物资源。

BP 侧重发电行业，自 2004 年以来其太阳能电池的制造能力翻了一番，其潜在的总发电能力约 15000 兆瓦。到 2015 年，公司的目标是要生产足够的低碳电力，使预测的温室气体排放量减少 2400 万吨。BP 加大了对可再生能源和替代能源的开发力度，于 2005 年 11 月成立了 BP 替代能源公司（BPAE），主要开发太阳能、风能、天然气能源技术和项目，并于 2006 年并购了 Orion 能源公司和 Greenlight 能源公司。BP 预计未来 10 年该领域的投资翻一番，达到 80 亿美元。目前，在太阳能业务方面，BP 每年在近 100 个国家生产超过 200 兆瓦的太阳能；在美国、越南、西班牙和韩国建有高效率的天然气发电厂站，它们一共可以产生多达 120 亿瓦的电力。

壳牌公司 （Shell）

壳牌认为，石油峰值理论在全球的蔓延，是因为人们充分认识到了石油的有限性。"常规"石油天然气供应量的增长将很难满足需求的加速增长，世界上很多传统意义上的油田产量已开始下降。壳牌认为"常规石油"时代已经接近终点。

在目前高油价的形势下，对全球石油产量下降的担忧成为人们的焦点。如果石油产量已经达到高峰，我们将面临一个资源越来越少、价格越来越高的时代，而且很有可能因为争夺资源而发生赤裸裸的国际冲突，因此谁也不能低估能源风险。壳牌认为若"常规石油"已经过了峰值，那么再通过传统生产手段找到"常规"、可采石油和天然气的机会就很渺茫了。但那些难开采的新油气资源仍有足够的储量，还远未达到峰值。石油行业必须要探索新的领域，开发新的碳氢化合物能源并能很好地解决二氧化碳问题，因此壳牌公司正面临着向难度和风险日益加大的区域要油的选择。

壳牌认为在某种程度上石油峰值并不是最重要的，产量和需求方面的差距才是真正重要的，终究需求会超过可利用的资源。到 2050 年，整个世界所用的资源可能会是今天的 2 倍或 2 倍多，这主要归因于亚洲人口的增长和经济的快速发展。常规石油产量峰值的来临表明，我们已不能单一地依靠"常规石油"来满足需求了[①]。

---

① Jeroen Van der Veer., "Wanted! Oil and Gas," *Royal Dutch Shell*. 2007 (10).

壳牌公司也组建了可再生能源公司，对非常规能源项目进行了大量长期的投资，自 2000 年起在替代能源领域就已投资超过 10 亿美元。另外，壳牌还花费了 90 亿美元的资金购买其子公司将近 100% 的股票用于增加对非常规资源（阿萨巴斯卡油砂）的投资。这些用于非常规资源的投资大约占壳牌市场资本总额的 22%。壳牌 CEO 认为，把壳牌一大部分资产投资于长期工程项目将会比花费同样的钱用于勘探得到更多的收益。到目前为止，壳牌公司已经有成熟的风能业务，并在太阳能、氢能领域也取得了长足进步。

道达尔公司 （Total）

道达尔坚信石油峰值的存在，并积极预测峰值的到来时间，他们认为人们不应对石油产量过于乐观，要积极地采取有效措施缓解供应的紧张状况。从地质学来看，道达尔确实拥有丰富的石油储量，但目前的形势使其不能单纯从地质角度来看待问题，要满足现在的需求会受到方方面面的制约。面对峰值时间的争论，道达尔公司内部也有不同的观点，主要集中在 2010 ~ 2040 年。

2003 年道达尔勘探与生产主席 Yves-Louis Darricarre 认为，石油峰值出现的时间是 2020 ~ 2030 年。2005 年道达尔董事会主席 Thierry Desmarest 认为石油产量将在 2020 ~ 2050 年达到峰值，油气产量将会在峰值后 15 年左右达到峰值，很有可能在 2040 年左右。2006 年，Thierry Desmarest 又修改了其结论，认为石油产量能够多于 1000 万桶/天或者 1100 万桶/天，但超不过 1200 万桶/天，石油峰值的来临时间在 2020 年左右。但道达尔的另一位高层管理人员认为这是个乐观的看法，并且大家对于技术的进步也过于乐观，提高石油产量能力并不是一件非常容易的事情[①]。

道达尔虽然承认石油峰值也对峰值的时间进行了预测，但他们明确表示石油峰值并不是石油的结束，它只是表明在峰值过后石油产量将会逐渐下降。要满足不断增长的需求没有万能的方法，只能发展多种能源

---

① Ed Crooks., Total Chief Warns on Oil Output, 2007.

并确保每一种资源都被合理使用，同时还要克服之前廉价能源时代所养成的浪费习惯。

虽然道达尔承认石油峰值，但是他们没有放弃对石油资源的投资力度。近年来，道达尔公司每年将 70% 左右的资本投向上游业务，油气产量已增加了 23%，成为增长最快的世界大石油公司之一。大型、低技术成本的勘探项目是其开发的重点，在 2006 ~ 2009 年，每年的投资预算都增加 10 亿美元，用于增强加拿大油砂项目的勘探力度。不仅如此，道达尔于 1992 年就开始研究生物燃料，至今已经投入了巨额的研发经费，相继开发出了第一代和第二代生物燃料。2006 年道达尔又成功研究测试了燃料电池和氢燃料技术，并已建立起两个氢燃料站。道达尔对地球上最丰富的可再生资源——太阳能的研究也已长达 20 多年。近年来道达尔还参与了多项具有前瞻性的研发项目，如提高太阳能电池板的外观、开发第二代硅游离电池和第三代将太阳能转化为化学能的电池等。除此之外，道达尔在风能和海洋能方面也进行了大量投资。

雪佛龙公司 （Chevron）

随着石油峰值争论的白热化，雪佛龙从不表明自己的立场到承认石油峰值的存在经历了一段漫长的过程。现在，雪佛龙不仅承认了石油峰值而且认为峰值会经历一段平台期，只要我们能够采取一定的技术手段，石油峰值就不是一场灾难。

2005 年之前，雪佛龙没有明确表明对石油峰值的立场，但是他们认为石油行业建立在一种有限的但不可或缺的资源之上。世界上很多油气田正在枯竭，从自然、技术、经济和政治方面来说，新能源的开发将会主要发生在资源很难被开发出来的地方。直到 2005 年雪佛龙才承认石油峰值的存在。2006 ~ 2007 年，雪佛龙针对峰值是一个点还是一个平台期进行了研究，其研究结果认为石油产量将会在很多年内保持稳定，是一个平台期[①]。虽然承认了石油峰值，但雪佛龙并没有失去信

---

① George L. Kirkland., "The Greatest Challenge," *CERA Week Remarks.* 2006 (2).

心，其认为人们不仅要看到常规石油，还要跳出这个范围看到整个资源领域。资源的储量是十分丰富的，而我们要做的就是如何利用先进的技术，经济地把地下资源转化成可以利用的产品。

为了增强油气供应能力，在高油价下实现公司的高利润，雪佛龙公司在连续多年减少投资规模的情况下，开始加大勘探开发投资力度，在替代能源和可再生能源上加大投资力度。自 2002 年以来，雪佛龙已经在替代能源和可再生能源技术与节能服务上投资了约 20 亿美元，2007～2009 年的投资更是突破了 25 亿美元。

在气变油方面，雪佛龙在尼日利亚兴建了气变油（GTL）工厂以实现公司下游的燃料供应多样化；在生物质燃料方面，其也在加紧投资，加快科学、技术和商业上的突破，并与美国可再生能源实验室、得州 A&M 大学、加州大学、佐治亚技术学院和科罗拉多生物燃料中心建立了战略研究联盟，使第二代生物燃料实现大规模商业生产；在地热能方面，雪佛龙是世界上最大的、专门的地热能源生产者，世界上一多半的地热发电都来自该公司；在太阳能方面，雪佛龙投资 1190 万美元在加州州立大学建立太阳能电站项目，并先后与美国 Energy Conversion Devices 的子公司太阳能系统公司、美国邮政服务（USPS）合作；在氢能方面，雪佛龙投资数百万美元发展技术，使氢能更具竞争力，以促进氢能的应用，2007 年雪佛龙又在加州和佛罗里达州开设了两个新的氢燃料站，进一步体现了氢能作为运输燃料，以安全、符合成本效益的方式生产、储存及分配的能力。除此之外，雪佛龙在海洋能和燃料电池方面也进行了大量投资。

矛盾的石油公司

对石油公司来说，石油峰值是一个兼具战略和战术的问题，他们对峰值的态度大不相同。埃克森美孚虽说认为石油资源是有限的，但从来就不承认石油峰值。BP 虽承认了石油峰值，但欲言又止，在承认峰值的基础上又扭转语调，认为峰值离我们还很遥远，我们首先要面对的很可能是需求峰值，可是也要为产量下降的那一天做好准备。壳牌认为常规石油已达到峰值，但还有丰富的油气储量有待开发。道达尔不仅承认石油峰值，而且在近几年对峰值到来的时间进行了预测。雪佛龙经历了一系列的变化，从认为石油资源的有限性到承认石油峰值，再到认为石油峰值会在多年内保持不变，但是总体上是乐观的，认为石油峰值的出现并不是一场灾难。

比较来看，这五大公司有的承认石油峰值，有的只承认"常规"石油峰值，有的从来没有承认过，但是他们在替代能源和可再生能源方面都有不同的发展。埃克森美孚不承认石油峰值理论，但成立了新能源研究中心，并在热电联产上取得了很大的成绩。BP承认石油峰值，但却认为峰值时间还远没有到来，同时也发展了替代能源。壳牌认为"常规"石油产量很可能达到峰值，但讨论石油峰值时间为时尚早；他们在非常规资源上进行了大量的投资，大力减少了石油勘探开发活动。道达尔承认石油峰值，并预测了石油峰值到来的时间，不仅投资大量资金进行勘探开发，而且发展生物燃料、氢能、风能等。雪佛龙公司不但承认石油峰值的存在，而且积极地采取有力措施，加强技术与多种能源的开发。各大石油公司对石油峰值的态度如表3-2和图3-8所示。

表3-2　国际大石油公司的态度、行为对比

公司	态度	行为	小结
埃克森美孚	不承认石油峰值，不存在"常规石油"时代；强调技术的重要性	成立新能源研究中心，并在热电联产上取得一系列进展	只做不说
BP	承认石油峰值，认为还有大量储量，峰值还没有到来，并且峰值时间受很多因素的影响	成立BP替代能源公司，大力发展太阳能、风能和天然气能源，并取得很大成绩	多做少说
壳牌	认为"常规"石油产量达到峰值，但石油储量还更多，应探索新的领域来减小供应和需求的差距	在非常规资源上进行大量投资，大幅减少勘探活动	先做后说
道达尔	承认石油峰值，但不意味着用尽；强调应合理使用资源、防止浪费	投资大量资金进行勘探开发；发展生物燃料、氢能、风能等	先说后做
雪佛龙	承认石油峰值，"常规石油"时代已经结束；强调应采取技术手段，发展多种能源	大量投资替代能源和可再生能源：天然气制油、生物质燃料、地热能、太阳能、海洋能等	又做又说

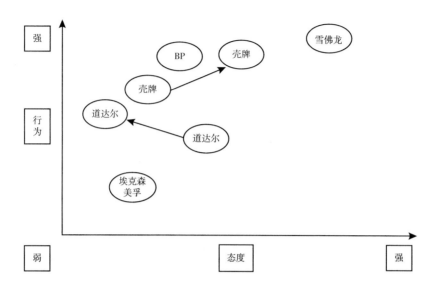

图 3 - 8　国际大石油公司的态度、行为简要对比

注：横轴为国际大石油公司应对石油峰值的态度，程度由弱到强；纵轴为开展替代能源和可再生能源的行为，程度由弱到强。

"真相"是石油公司面临的严峻形势：整体石油产量在近几年出现最高产量，而且到目前为止还没有超过这个产量数值；石油公司原油储量接替率近几年小于1，新增探明储量小于开采量，石油安全程度较低。不仅如此，"真相"也是在各石油公司面对石油峰值理论言不由衷的情况下表现出来的。与此同时，"谎言"也伴随"真相"产生了，一些石油公司表面上隐约承认或是不承认峰值问题，却在大力发展替代能源和可再生能源。但是，"谎言"又是有原因的，股价、公司形象、未来发展等多种利益驱动使得一些石油公司不能言行一致，或许他们将会是石油峰值理论的最后堡垒。不管是"真相"还是"谎言"，我们认为世界石油资源是有限的，世界石油峰值是客观存在的，不能盲目乐观。技术的进步、新勘探领域的开拓、能源利用效率的大幅度提高、替代能源的大力发展等或许能让我们看到乐观的前景，但是这些方面能维持多久、效果如何等，都值得我们深入探究，也值得石油公司从战略高度超前谋划、三思而行。

对石油峰值的研究，有助于科学预测未来石油工业的发展趋势，无论对石油输出国组织、能源机构，还是对大石油公司的发展都起到了有利的作用。因此，不管是保持沉默还是故作乐观，甚至是"真相"与"谎言"并存，只要朝着石油峰值的方向迈进一步，这对人类未来的发展都是大有益处的。虽然大家面对石油峰值时各抒己见，但最终还是达成了初步共识：石油资源是有限的、不可再生的，峰值必然会来临，只是在具体时间上存在分歧。这里的微妙关系还需我们细细品味。

强力的"挺峰派"——ASPO

当前，世界范围内专门研究石油峰值的组织主要是位于瑞典乌普萨拉市的石油峰值研究协会（ASPO）。作为一个国际性组织，ASPO 已经成为石油峰值研究的倡导者，是世界石油峰值研究的一面旗帜。

ASPO 组织的起源与发展

美国著名地质学家 Hubbert 的预言在 1970 年得到证实之后，他的研究就受到了不少学者的关注。虽然 Hubbert 在 1989 年就去世了，但是专家学者们从来没有停止对该话题的探讨和研究，并不断地根据最新掌握的世界石油储量资料来推算全球石油产量的高峰，探讨应对措施。

在 Hubbert 的继承者中，Campbell 教授的影响力最大。为了扩大研究的影响范围，Campbell 教授发起成立了 ASPO 组织，呼吁全世界的人们都来关注石油峰值问题及其影响。

ASPO 起源于德国，它的成立分为两步：第一步，2000 年 Campbell 教授在德国 Clausthal 大学作了一次关于石油峰值的演讲，随后他决定成立一个由科学家组成的专门关注世界石油枯竭问题的机构，同时他将这个想法告诉了 Wellmer 教授——德国地球科学与自然资源研究所（BGR）在 Hannover 地区的负责人，并得到了 Wellmer 教授的大力支持；第二步，2002 年 3 月乌普萨拉大学的 Aleklett 教授在瑞典乌普萨拉大学组织了第一届世界石油峰值问题研讨会，与会专家对 ASPO 进行了明确的定义，为 ASPO 确立了实质性的框架，也为 ASPO 注入了新的活力。会议还选出了一个委员会来管理他们的共同基金，为筹集资金提供方便，这些资金都被用于研究以及召开会议等活动。这是 ASPO 的奠基会议。在乌普萨拉会议之后，Aleklett 教授建立了一个关于 ASPO 的网站——http：//www.peakoil.net，并安排了一系列国际研讨会，从此 ASPO 正式成立。

ASPO 的现任主席是瑞典乌普萨拉大学的 Kjell Aleklett 教授；名誉主席是 Campbell 教授，即 ASPO 的创始人；秘书是 Mikael Höök，瑞典乌普萨拉大学的年轻教师。

自此以后，ASPO 不断发展壮大，至今已经拥有 26 个成员国和地区，包括阿根廷、澳大利亚、比利时、加拿大、中国、法国、德国、中国香港、爱尔兰、以色列、意大利、韩国、科威特、墨西哥、荷兰、新西兰、葡萄牙、瑞士、南非、瑞典、英国、美国、西班牙、印度、莫桑比克、印度尼西亚和委内瑞拉。会员遍布欧洲，同时也扩展到北美、大洋洲等世界其他地区，发展势头良好，极大地提高了石油峰值研究的影响力度。

ASPO 组织的任务与使命

ASPO 自成立之日起，就确定了组织的任务与使命：①评估世界油气资源量；②在考虑经济、需求、技术和政策的基础上对油气枯竭过程建立模型，探讨石油峰值问题；③提高人类对油气枯竭所产生的严重后果的警惕。作为一个国际性组织，召开世界石油峰值问题研讨会是 ASPO 完成组织任务和使命的一个重要手段。截至 2012 年 6 月，ASPO 已经召开了十次世界石油峰值问题研讨会，每次研讨会都得到了众多专家学者、政府官员和新闻媒体的关注。

2002 年 3 月 23～25 日，ASPO 在瑞典乌普萨拉大学召开了第一次世界石油峰值问题研讨会，来自挪威、丹麦、英国、爱尔兰、德国、法国、美国、俄罗斯、澳大利亚等国的专家学者参加了此次会议。专家们就资源的有限性及石油枯竭所产生的影响展开了深入的讨论。该会议为 ASPO 的正式建立奠定了基础。

2003 年 5 月 26~27 日，ASPO 在法国巴黎召开了第二次世界石油峰值问题研讨会，共有超过 20 个国家的 150 名代表参加了这次会议。会议的目标是增进理解与交流，激发新思想，与会专家还强调了油气资源将会不可避免地枯竭。

2004 年 5 月 25~26 日，ASPO 在德国柏林召开了第三次世界石油峰值问题研讨会，共有 350 多名代表参加了这次会议。在这次会议上，ASPO 将今后的工作重心从峰值本身转到了由油气产量下降所产生的潜在影响上。

2005 年 5 月 19~20 日，ASPO 在葡萄牙里斯本召开了第四次世界石油峰值问题研讨会。这次会议引起了人们的高度关注，共有 30 多个国家的 300 多名代表出席了会议。这次会议就石油出口国的现状、油气枯竭对石油进口国的影响、常规石油与非常规石油的储量、政治行动、第一个石油时代的结束等议题展开了激烈讨论。

2006 年 7 月 18~19 日，ASPO 在意大利比萨召开了第五次世界石油峰值问题研讨会。本次会议的主题是矿产资源的枯竭及其对社会和经济的影响，会议目标是唤起人类对石油峰值的注意，并提醒人类枯竭这一现象普遍存在于各种矿产资源中。

2007 年 9 月 17~18 日，ASPO 在爱尔兰科克召开了第六次世界石油峰值问题研讨会。本次会议的主题是"到该应对的时候了"（Time to react）。会议分为四个部分：业界专家对世界能源供给前景的分析与预测；讨论能源的需求前景；讨论风险管理和缓解话题；讨论如何从政策和环境层面适时行动、应对挑战。参加会议的代表超过 350 人，分别来自 24 个国家。

2008 年 10 月 20~21 日，ASPO 在西班牙巴塞罗那召开了第七次世界石油峰值问题研讨会。本次参加会议的代表超过 200 人。会议的主题是地下和地上问题（Below Ground and Above Ground）。会议从地质学、动力学、地缘政治学和其他方面对每个问题进行了激烈的讨论。

2009 年 10 月 11~13 日，ASPO 在美国科罗拉多州丹佛市召开了第八次世界石油峰值问题研讨会，共有 400 多名代表参加了这次会议。会议的主题是我们应该如何面对石油峰值、环境的变化和正在进行的金融危机这三个挑战。会议的报告人员一致认为世界石油峰值似乎在 2008 年就已经出现了，目前我们正在经历石油市场的平台期，在不久的将来，石油价格的变化将更加反映出石油的稀缺性。

2011 年 4 月 17 ~ 29 日，ASPO 在比利时的首都布鲁塞尔召开了第九次世界石油峰值问题研讨会。本次会议的主题是"欧洲面对昂贵能源时代的能源政策"（European Energy Policy in an Era of Expensive Energy）。会议讨论了化石燃料耗竭率、替代能源资源、能源模型（Energy Modeling）和欧洲的政策方针，并讨论了能源价格上涨带来的影响。最后，就如何维持经济的稳定发展提出了相关的对策建议。

2012 年 5 月 30 日至 6 月 1 日，ASPO 在奥地利首都维也纳召开了第十次世界石油峰值问题研讨会，共有来自 24 个国家和地区的 250 多名代表参加了此次会议。此次会议探讨的主题有：未来能源供应与需求、常规油气资源产量递减、欧洲页岩气发展前景分析、化石能源资源可用性、能源供应及其基础设施的地质角度分析、后石油时代对经济和社会的影响、未来能源战略选择、石油峰值与城市建设。

ASPO 通过召开世界石油峰值问题研讨会的方式来探讨众多与石油峰值相关的话题，比如石油产量达到峰值后，是立即下降还是在一段时间内保持稳定？石油峰值会带来什么样的政治后果？石油峰值会引发战争吗？对各个国家而言，石油峰值意味着什么？政府为什么没有采取适当的应对措施来缓解石油供应紧张所产生的后果？政府在制定能源政策时会持什么样的立场？什么时候才能大量利用可再生能源？可再生能源能够在多大程度上替代石油？

ASPO 组织的影响与关注

ASPO 是一个非正式的松散组织，尽管预算金额有限，但其影响力和受关注程度却越来越大。这一方面是由于 ASPO 对互联网的良好利用，另一方面在于它独特的组织结构。ASPO 不附属于任何政治团体，也不是任何环境协会、工业组织的拥护者，而是定位于研究，进行科学判断，发布专家的意见，致力于提供准确的评估和预测，探讨石油枯竭对社会、经济和政治的影响并制定对策的组织。

目前，与 ASPO 有关的网站主要有 8 个，分别是：www. peakoil. net、www. peakoil. com、www. globalpublicmedia. com、www. postcarbon. org、www. energybulletin. net、www. oilcrisis. com、www. odac - info. org、www. oildrum. com，其中 www. peakoil. net 是 ASPO 的官方网站。ASPO 利用互联网这个平台，可以快捷地研究和宣传石油峰值的相关问题，比如 ASPO 网站经常提供一些与石油危机会议的召开时间和地点相关的信息，并提供搜索引擎，可以帮助人们找到周围的石油集会组织。通过网络，ASPO 迅速引起了人们的关注，大大扩展了 ASPO 的影响力，也使得石油峰值这个话题得到了越来越多人的关注、理解和支持。

ASPO 每年都举办有关石油枯竭的世界石油峰值问题研讨会，讨论石油峰值所产生的影响以及人们针对这一问题应采取的行动，以此来提高公民对石油危机的认识；同时，ASPO 不断发布 *Newsletter* 时事月刊，它汇集了很多有价值的思想和言论，内容涉及宏观（国家和政府）与微观（企业和个人）两个层面。ASPO 在提高人们对石油峰值的认识、促进人类对有限的石油资源进行科学合理的利用方面作出了巨大贡献，在国际上也越来越受到关注。

ASPO 组织与中国的联系

中国是世界第二大石油消费国，对世界石油市场的依赖和影响都很大，中国的石油资源和石油安全问题已经引起了世界的关注。作为石油峰值研究的中坚力量，ASPO 也对中国的石油峰值问题给予了极大的关注，并与中国的峰值研究人员保持密切联系。ASPO 国际组织前秘书长 Roger Bentley 教授，ASPO 澳大利亚分会主席 Bruce Robinson 先生，ASPO 国际组织的主席 Kjell Aleklett 教授，ASPO 组织成员、法国道达尔公司教授团成员、道达尔石油公司前副总裁 Pierre Rene Bauquis 教授，美国 ASPO 成员 Gail Tverberg 等先后访问中国；中国也已经派代表连续参加了 2005 年、2006 年、2007 年、2009 年的世界石油峰值问题研讨会和 2010 年的美国石油峰值问题研讨会，双方不断地进行交流和学习。

中国能源峰值研究小组成立于 2005 年 2 月，秘书长为冯连勇教授。ASPO – China 的成立有着重要的历史意义和现实意义，它的成立意味着中国与世界峰值研究小组的联系进一步加深。ASPO – China 同时也具有自己的特点，从研究能源发展历史与现状出发，以翁文波院士开创的信息论等理论方法为基础，来研究世界及我国经济发展过程中的能源问题。主要成果有：将国外的最新研究成果引进中国，给中国的学者们提供了一个学习和交流的平台；对中国的化石能源峰值及相关问题进行了全面详细的研究，通过研究给中国政府和石油公司提供了大量的建议；通过学术期刊、报纸、新闻媒体等向公众宣传石油峰值的理念。

如今，世界上许多大油田的石油产量都已经过了峰值，其产生的不良影响正在向人类逼近。在这种大背景下，ASPO 各国组织之间必将有更加密切的联系，共同致力于该问题的研究，为世界和平与发展作出贡献。

传统经济学家所信奉的"商品逻辑"

自 1949 年美国地质学家 Hubbert 提出石油峰值理论之后，社会各界对石油峰值的争论就没有停止过。支持石油峰值论的学者认为地球上的石油资源是有限的，因此石油的开采总会达到一个最大值，在这个最大值之后，石油产量不会再继续增加，从而不能满足经济发展对石油的需求，最终导致经济的衰退，这就是传统意义上所说的石油峰值。反对峰值论的学者和机构则认为，世界石油资源丰富，且技术和油价的上升将带来更多的石油产出，石油峰值是不存在的，即使存在，那也应该是很遥远的事情。

经济学的"失灵"

在反峰值论者的支撑观点中，有一个重要点就是认为油价对石油供应的作用。正如我们所述，IEA 是乐观派的代表，也被认为是全球能源市场的权威,然而,其绝大多数的成员却是经济学家或有经济背景的专家。在他们看来,石油虽然重要,但却依然遵循经济学中的"商品逻辑",即今天的油价反映了明天的市场供应。如果当前的石油价格比较低,则会导致上游投资减少和产能萎缩,从而带来供应下降,供应下降将导致油价上涨,形成高油价;高油价将促使石油公司加大对上游勘探开发活动的投资力度,勘探开发活动增加将带来产能扩张;产能扩张将带来供应增加,供应增加又会反过来使价格降低。因此,不存在石油短缺一说,石油峰值被认为是"一场嘘头"而已。

然而,事实的情况真如 IEA 经济学家所认为的那样吗?我们知道,IEA 的年度旗舰刊物《世界能源展望》中不仅有对石油供应的预测,还有对未来价格的预测,其价格和供应是相互匹配的,这给我们提供了一个考察 IEA 对供应预测的准确性的判断依据,即通过价格视角的分析来判断其对供应的预期。国际油价从 2002 年之后开始不断走高,在这一形势下,根据经济学中的商品逻辑,高涨的油价将使得上游投资增加并引起供应增加,进而促使价格下降。因此,在《世界能源展望》(2004)中,IEA 预测原油进口价格将从 2003 年的 27 美元/桶下降到 2004 年的 22 美元/桶,之后由于供应的增加将使得价格稳定在 22 美元/桶的水平,直到 2010 年后,价格开始缓慢增长,到 2030 年才达到 29 美元/桶。然而,事实的情况是价格仍然不断上升,并没有出现丝毫的下降趋势,这迫使 IEA 在随后的预测中整体提高了对油价的预测结果。以 2030 年为例(如图 3-9 所示),《世界能源展望》(2005)预测大约在 40 美元/桶,比《世界能源展望》(2004)的预测高出 11 美元/桶,然而,IEA 并没有改变其所信奉的"商品逻辑"。在《世界能源展望》(2005)中,其依然认为历史的油价高涨将带来产能的扩张和供应的增加,因此,油价将在未来下跌。根据其预测,油价将从 2005 年的 47 美元/桶左右下降到 2010 年的 35 美元/桶。然而,事实再一次证明了 IEA 预测的失败。尽管如此,在《世界能源展望》(2006)中,IEA 仍然利用其"商品逻辑"来预测结果,但油价似乎"故意"与 IEA 的预测为敌,一路高涨的油价似乎完全失去了"逻辑"。经济学中的价格与商品供应的关系似乎在此"失灵"了。

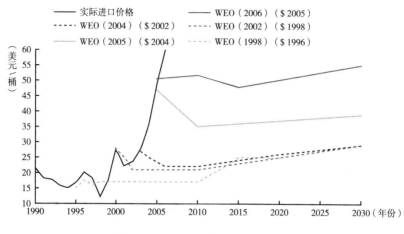

图 3 - 9　IEA 预测的原油进口价格

经济学 "失灵" 的背后

那么，经济学是否真的 "失灵" 了呢？我们知道，经济学中的供求及价格理论的应用必须依赖很多的假设，而脱离这些假设再谈这些理论就毫无意义。对于那些可获得性比较充分的商品，经济学是适应的。对于那些供应受限于资源本身的矿产资源，在产品开发早期以及局部的区域市场运用经济学理论也是可行的，但是如果在整个资源行业开发的后期，对全球市场应用经济学理论可能就会出现失灵的状态。因为，不可再生性的矿产资源在产品开发后期的时候其资源特性就会明显地显现出来，且随着时间的推移，这种特性就更加明显。价格虽然能够刺激石油公司，但是石油公司却不能刺激地球产生更多的油气资源，因此，石油公司付出很大努力所能获得的资源在油气工业的后期必然呈现不断减小的趋势，有时甚至一点发现也没有。在这种情况下，就会出现全球性的供不应求状况。如果人类的消费模式不发生革命性的转变，对油气的需求仍然保持之前的增速，这种供不应求的状况就会愈演愈烈，最终导致全球性的资源型供应短缺，从而导致价格的飞涨。

现实是否就是上述的那样呢？首先我们来看国际油价的变化，从图3 - 10 可以看出，国际油价在 2003 年之前基本保持平稳，但是在 2003

年之后，世界石油价格开始进入历史上首次长期大幅度的上升阶段，唯一的大幅度的下降出现在 2008 年下半年，这主要是由金融危机导致的。对于金融危机的产生，我们将在后续的篇章中阐述。世界从此告别廉价石油时代，步入高油价时代。如果我们按照经济学的"商品逻辑"，石油价格如此大幅度的增长应当带来石油供应的大幅增加，从而使油价大幅下跌，然而，现实并非如此。

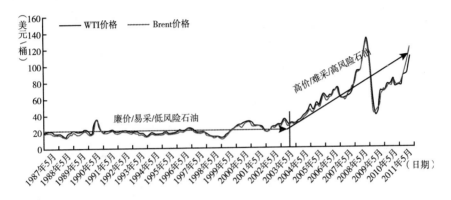

图 3 - 10　世界石油价格走势分析

图 3 - 11 显示了世界石油产量的变化，可以看出，世界石油产量的增速在不断降低，特别是在 2004 年以后，世界石油产量基本保持平稳，增速仅在 0.4%，然而，国际油价则在 2003 年开始就已经大幅上涨了。看来油价的上涨似乎并没有通过所谓的"商品逻辑"传递到供应端，引起石油供应的增加。

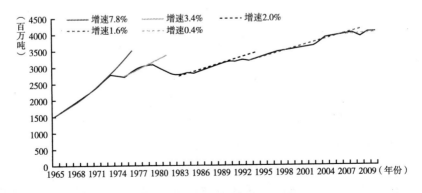

图 3 - 11　世界石油供应趋势分析

"先知先觉"——有关国家
开始应对峰值

近年来，石油峰值的观点和理念已逐渐被一些国家所接受，并且其中一些国家已经采取了应对石油峰值的有关对策。瑞典、挪威和澳大利亚是率先采取对策的国家，其中澳大利亚政府在此方面公布的资料最为详细，ASPO 的澳大利亚分支机构（ASPO – Australia）的运作也比较成功。

澳大利亚

ASPO – Australia 的成立

澳大利亚的石油产量长期小于消费量，特别是国内产量在 2000 年到达峰值之后，供需缺口不断增大，石油净进口量和对外依存度也迅速上升。2010 年，澳大利亚石油净进口量已经达到 1930 万吨，对外依存度攀升至 44.1%，未来这一比例还将进一步增长。这使得澳大利亚越来越关注石油安全问题。

早在 2001 年，澳大利亚就成立了可持续交通委员会（The Sustainable Transport Coalition），旨在降低空气污染和减轻人们对汽车的依赖。从 2003 年起，该委员会就有意识地让公众了解本国的石油形势及可能面临的严重后果。2005 年 10 月，可持续交通委员会和澳大利亚高级研究会（IAS）邀请石油峰值研究会主席 Kjell Aleklett 教授到澳大利亚珀斯的西澳大学作关于石油峰值的讲座。在这一事件的推动下，2005 年 11 月 21 日，ASPO 在澳大利亚的分支机构 ASPO – Australia 在珀斯由 ASPO 主席 Kjell Aleklett 主持成立。它由一组对石油峰值感兴趣的专家和研究人员组成，主要研究澳大利亚石油峰值的来临时间、影响以及缓解措施。ASPO – Australia 将其成立宗旨定为：促进石油峰值的研究，特别是石油峰值对澳大利亚影响的研究；增进公众对石油峰值的认识，帮助个人、工业部门以及商业部门准确评估和降低各自的石油风险；保持组织独立，为商业公司、政府、社会公共组织提供与缓解石油峰值对其影响相关的建议和计划。

ASPO – Australia 的研究内容

澳大利亚地域广阔，交通运输在联系各地区中起到了重要的作用，所以 80% 的石油在交通领域被消耗。同时，在短期内发展并推广能够大量替代石油的交通燃料极不现实。因此，澳大利亚的石油峰值研究主要集中于交通领域，其研究内容不仅包括石油峰值的来临时间，还包括石油峰值来临后人们的应对措施。

通过研究，ASPO – Australia 对澳大利亚的交通运输在三个层次上提出了要求：节俭（更少使用汽车运输）、效率（使用小型汽车或使用公共汽车）和替代能源（发展乙醇汽车等）。与此同时，ASPO – Australia 还倡议建立一个个性化市场，尽可能地为每个人都设计出其感兴趣并且可行的交通方案，尽可能地降低人们对汽车的使用，从而缓解石油峰值。目前，德国慕尼黑的一个组织已经采取了这个方案，并取得了一定成效。

在有重点地研究石油峰值的同时，ASPO – Australia 也对石油峰值的其他方面进行了广泛研究。该组织将石油峰值所产生的影响从不同角度进行了多层次细分，从地域上分为全球层、全国层、区域层、城市层、社区层、家庭层；另外，还从经济角度对其进行分层，评估石油峰值所产生的影响。

ASPO – Australia 的组织运作

为了更好地进行研究，澳大利亚对 ASPO – Australia 进行了积极运作。目前，ASPO – Australia 下设九个独立部门，如财务部门、健康发展部门、石油天然气部门等。各部门分别负责不同的事务，如健康发展部门专门研究石油峰值的来临和石油脆弱的供应给社会环境发展所带来的影响；财务部门负责组织的筹资事务。各个部门彼此相互独立又相互联系。

ASPO – Australia 在横向划分九个部门的同时，还在纵向上进行有效运作。ASPO – Australia 在澳大利亚的主要地区都设有分支机构，分别是 ASPO – Sydney（悉尼）、ASPO – Brisbane（布里斯班）、ASPO – Adelaide（阿德莱德）、ASPO – Tasmania（塔斯马尼亚）、ASPO – Melbourne（墨尔本）等。各个分支机构独立运行、自由发展，受总部的制约较少。其中，ASPO – Sydney 运行得最好，已经独立建立起自己的网站——http：//www.sydneypeakoil.com，还有四个自己单独的部门，分别是交通部门、资金部门、计划部门和能源部门，每月定期召开一次会议，并及时向公众发布相关消息。

ASPO – Australia 的各个部门和地方分支机构都有各自的主要负责人和联络人。总部的联络者积极活动，必要时会去地方分支机构进行访问，一般情况下主要通过网络进行联系和汇报。ASPO – Australia 通过自己的网站 www.aspo – australia.org.au 发布各种信息。ASPO – Australia 还每三个月出版一份简讯，总结近三个月组织的活动，包括组织的学术交流情况、分支机构的活动、未来三个月的工作展望等。迄今为止已经出了四份简报。

ASPO – Australia 的活动及成果

ASPO – Australia 积极参加与石油相关的各种会议，不断扩大机构的影响力，如参加澳大利亚上议院的听证会、澳大利亚能源会议（The Australian Institute of Energy National Conference）等，该组织已经向上议院提出了 200 多条有价值的建议；另外，ASPO – Australia 还通过网络、广播和电视使公众更多地了解与石油峰值有关的知识和信息，如通过澳大利亚国家电台向公众讲解石油消耗议定书，并强调互动；为了鼓励公众参与讨论石油峰值，该组织创造了有效的途径与石油峰值爱好者进行交流，如建立一个全国性的网站。

ASPO – Australia 认为，应对石油耗竭，首先应公开承认石油峰值来临的紧迫性；其次应尽快实施旨在降低石油消耗的措施，而在这个过程中，政府和媒体的作用尤为重要。因此，在研究石油峰值的同时，ASPO – Australia 一方面对政府官员加强宣传，无论是中央政府还是地方政府，ASPO – Australia 都与其进行积极的联系，并要求各会员都要准备一份简短的关于石油峰值的介绍，这样就可以在适当的场合让政府官员在短时间内了解石油峰值的精要；另一方面 ASPO – Australia 也加强与媒体的联系，尽量让主流的媒体机构及地方报纸杂志把石油峰值作为重要主题，以此来扩大影响力。

通过有重点地广泛研究和积极运作，ASPO – Australia 得到了社会各方的积极响应。ASPO – Australia 自成立之初到现在，研究队伍不断壮大，还吸引了广大志愿者的积极参与。由于 ASPO – Australia 的努力和建议，2007 年 2 月澳大利亚上议院举办了一个关于澳大利亚未来石油供应的会议，把石油峰值问题提上了议事日程。

ASPO – Australia 在成立短短几年的时间内就取得了以上成绩，其中有许多经验值得我们借鉴，比如结合本国实情来确定石油峰值的研究重点，高效地进行组织运作，充分发挥互联网的作用，与政府官员和媒体进行有效沟通以及积极地向民众宣传等。

瑞典

政府率先承认石油峰值，努力降低对石油的依赖

在 20 世纪 70 年代第一次石油危机中遭受重创后，瑞典政府采取了严格的措施以摆脱对石油的严重依赖，较早地对石油峰值进行了研究，提出了应对峰值的措施。2005 年瑞典前首相佩尔松创建了由工业、农业、林业、科学和能源方面的专家组成的石油独立委员会。2006 年 7 月，可持续发展部部长萨赫林称，瑞典将在 2020 年大幅度摆脱对石油的依赖，房屋供暖不再依靠石油，交通工具逐渐摆脱汽油等燃料。

制定 2020 年应对石油峰值的具体目标及措施

2006 年 6 月石油独立委员会发布了《建立"无油"社会》报告，报告中规划了 2020 年要达到的总体目标和四个阶段目标。其总目标为：到 2020 年，居民供热系统不再使用石油，农林渔业和建筑业的汽油及柴油使用量较 2006 年减少 40% ～ 60%，工业用油量减少 25% ～ 40%。四个阶段目标为：预测石油峰值来临时间；研究农业与林业作为生物燃料的前景；研究如何减少交通部门对油气及其他燃料的依赖；研究如何减少房屋建筑和电力部门对油气资源的依赖。为了实现以上目标，瑞典

政府主要采取如下四大措施：一是加大宣传，促进可再生能源的使用力度；二是提高居民的能源使用率；三是减少交通部门对石油的消耗；四是加大工业部门对能源的综合使用。

美国

深刻意识到石油峰值的影响，已经发布多个报告

2005 年 2 月，美国能源部发表《世界石油生产峰值：影响、缓解和风险管理》的报告，认为石油生产峰值会在 2025 年甚至更早到来。2006 年，美国政府委派石油委员会对石油峰值理论展开了研究。2007 年 2 月，美国政府责任办公室发布《原油》报告，认为未来石油供应的不确定性使得制定一项解决石油生产峰值的战略变得极为重要。虽然联邦政府层面并未制定明确的措施，但美国已意识到石油峰值的影响，一些地方政府采取了行动，如加利福尼亚州圣布埃纳文图拉县与加州理工大学合作发布《后石油时代城市改造计划》，印第安纳州布鲁明顿市在 2007 年年末成立了石油峰值小组，制定发布《再论繁荣——能源减少与社会发展》的报告。

有关州郡正在采取应对措施

加州的《后石油时代城市改造计划》报告，将整个计划分为三个阶段：2007～2015 年，建设后石油时代城市中必要的基础设施；2015～2025 年，研究项目实施过程中出现的问题并改进；2025～2050 年，完成各项改进工作，达到预期的节能水平，如图 3－12 所示。

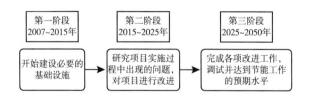

图 3－12　美国加利福尼亚州圣布埃纳文图拉县城市变革项目流程图

布鲁明顿市石油峰值小组的 7 名成员从 2008 年 3 月起每两周会面一次，在他们的积极努力下，制定了《再论繁荣——能源减少

与社会发展》的报告，指出能源市场不断变化会引起社会的脆弱性，现在必须研究和制定战略措施，以减轻石油峰值对城市的不利影响。

上述两个城市都各有侧重地制定出了应对石油峰值的计划，实施方案有很多相似之处，如大力发展本地食品生产加工链、建设低油耗交通网络、建设高密度节能建筑、降低生活和服务系统的成本。表3-3总结了两地应对石油峰值的策略。

表3-3 圣布埃纳文图拉与布鲁明顿石油峰值应对策略对比

地区	圣布埃纳文图拉	布鲁明顿
主要措施	大力发展本地食品生产加工链	发展本地经济
	建设低耗油量的交通系统	增加本地食品生产量
	提高住房的建筑密度和节能水平	降低交通量和提高运输效率
		提高土地使用率
	建立新型企业	鼓励房屋改装
		降低生活和服务成本

英国

英国工业界开始意识到石油峰值的影响

在应对石油峰值方面，英国工业与能源安全小组十分积极，并在2008年和2010年分别编制了两份报告，认为全球石油产量峰值将会在2011~2013年出现；指出世界五大石油公司已出现石油产量递减迹象，雪佛龙公司于2002年开始递减，荷兰皇家壳牌公司于2003年开始递减，道达尔公司于2004年开始递减，BP公司于2005年开始递减，埃克森美孚公司于2006年开始递减。此外，英国政府也开始意识到石油峰值的重要性，并制定了《缓解气候变化应对方案》，其主要目的是减少能源的使用，特别是针对石油使用、提高能源使用效率、降低碳排放量提出了策略。

英国工业界制定有关措施应对石油短缺

英国工业应对峰值和能源安全小组编制的《石油短缺——英国未

来能源安全》和《石油短缺——唤醒英国经济》报告,都认为石油价格与天然气等其他资源价格是联动的,在制定石油峰值战略时要考虑到包括石油、天然气、煤炭在内的整个能源系统。第一份报告指出政府需要加深对石油峰值危机的认识,提前实施各种措施。第二份报告在第一份报告的基础上,提出了新政府需要注意三个问题:全球经济的复苏可能会使油价产生新的波动,油价甚至可能达到每桶 120～150 美元;油价的波动和石油峰值叠加可能会使石油供应出现中断;全球气候变化带来的一系列问题。两份报告中所提出的建议较为相似,都以推广可再生能源发电、利用可再生能源供热、提高交通效率、改用可再生燃料的交通工具和制定适合石油峰值的零售业及农业政策为主,如表 3-4 所示。

表 3-4　英国工业与能源安全小组编制的两份报告简要对比

报告	《石油短缺——英国未来能源安全》	《石油短缺——唤醒英国经济》
主要措施	推广可再生能源发电	制定适合石油峰值的零售业和农业政策
	利用可再生能源供热	鼓励使用热泵生热
	改用可再生燃料的交通工具	提高交通效率

另外,英国政府发布的《缓解气候变化应对方案》预计到 2020 年本国石油消费量可以减少到 2007 年的 46%,煤炭减少到 79%,天然气减少到 29%,进而促使英国二氧化碳排放总量减少到 47%;可再生资源占运输部门能源使用量的 22%,占发电能源使用量的 53%,消耗的可再生能源在一次能源中所占比例将达到 15%,到 2050 年最终实现能源部门的零排放。

第四篇 ｜ 幽灵的终结？

历史会不幸证明：非常规
能源拯救不了世界

自 2003 年以来，虽然油价持续上涨，但世界石油需求依然强劲，尤其是以中国、印度为代表的发展中国家，石油需求迅速增长、规模巨大，对外依存度不断提高。在石油峰值背景下，世界将逐渐进入石油产量持续递减期，面对如此强劲的石油需求，供给显得脆弱无力，跟不上需求快速增长的步伐，最终导致供需缺口进一步加大。很多人认为，非常规油气资源丰富，足够弥补世界石油产量的下降，下面就从三个方面来揭开非常规石油（包括油砂、重油、煤制油、气变油、生物质燃料以及油页岩和未识别来源的非常规液体燃料）的神秘面纱。

非常规能源贡献有限

世界非常规燃料（包括油砂、重油、煤制油、气变油、生物质燃料以及油页岩等）的产量的确会在未来几十年有大幅的增加，但是，这仍解决不了世界石油产量持续下降以及供需缺口加大等问题。EIA 的 *International Energy Outlook 2011* 显示，2010～2035 年，全球非常规能源产量将保持快速增长。2008～2035 年，全球石油产量将从 8057 万桶油当量/天增长到 11220 万桶油当量/天，增长 39.26%；非常规石油产量将从 400 万桶油当量/天增长到 1310 万桶油当量/天，增长 227.5%，其中油砂产量将从 150 万桶油当量/天增长到 480 万桶油当量/天，煤制油、气变油、生物质燃料三者总产量将从 180 万桶油当量/天增长到

670 万桶油当量/天，超重油产量将从 70 万桶油当量/天增长到 150 万桶油当量/天（如图 4 - 1 所示）。虽然非常规能源的增长率明显高于世界石油产量的增长率，但非常规能源产量占世界石油产量的比例却仍然较小，将从 2008 年的 4.67% 上升到 2035 年的 11.67%。

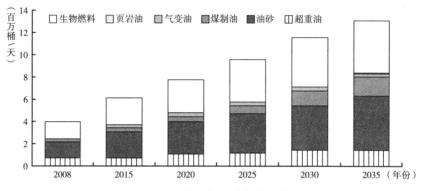

图 4 - 1 2008 ~ 2035 年全球非常规能源产量

资料来源：EIA，International Energy Outlook 2011。

随着技术的进步，煤制油、气变油、生物燃料开发利用成本将进一步降低，其产量增长较快。2008 ~ 2035 年，煤制油产量将从 20 万桶油当量/天增长到 170 万桶油当量/天，增长 750%；气变油产量将从 10 万桶油当量/天增长到 30 万桶油当量/天，增长 200%；生物燃料产量将从 150 万桶油当量/天增长到 470 万桶油当量/天，增长 213%。但就其产量而言，煤制油、气变油、生物燃料的快速发展并不能取代常规石油的能源主导地位，截至 2035 年，非常规石油总产量仅占世界石油总产量的 11.67%。可见，非常规能源不能大规模替代石油，对能源消费增长只能起到补充作用。

非常规能源开发的巨大隐性生产及环境成本

尽管油砂、油页岩、重油的储量较为丰富，但是从它们之中提炼出的石油的成本费用巨大且工期较长，同时也会耗费大量的能源资源。加拿大阿尔伯塔省目前正在开发焦油砂。这一始于 20 世纪 80 年代初的项目，现在每天生产石油 100 万桶，足以满足美国 5% 的石油需求。然而这样得到的石油并不便宜，并且会对环境造成大规模破坏。加热焦油砂提炼石油需要大量使用天然气，而北美的常规天然气产量已经达到峰值[①]。目前的产量增长主要来自美国的页岩气，虽然页岩气的生产改变了北美的生产形势，但其也存在巨大的问题，并将成为制约页岩气未来生产的重要因素，这一点将在随后的篇章中谈到。

近年来，随着国际油价持续攀升及常规石油供应能力的不足，为了快速补充常规石油供应的缺口，与传统的石油化工行业联系最为紧密的气变油（GTL）和煤制油（CTL）项目备受关注。目前，煤制油、气变油等正进入新一轮的快速发展时期，市场规模不断扩大。各国也纷纷采取相应的扶持政策来鼓励煤制油、气变油业务的发展。随着煤制油、气变油市场环境的成熟，一些 20 世纪 80 年代以来发展缓慢甚至停滞的煤制油、气变油技术，也开始重新得到重视和发展，技术研究应用进展迅速。但是，从经济可行性的角度分析，高昂的技术转让费和巨大的前期投入曾使各国企业对这些项目持审慎态度。以煤制油为例，首先，煤制油项目投资成本巨大。煤制油未来的增长依赖庞大而复杂的基础设施，包括运输、存储、生产和分配。目前，很多预测没有考虑基础设施的投资成本问题。例如，一个日产能 2 万桶的煤制油装置，投资额约为 15 亿～40 亿美元；一个日产能 8 万桶的煤制油装置，投资额约为 60 亿～240 亿美元；一个日产能 100 万桶的煤制油装置，投资额约为 600 亿～1600 亿美元，可谓投资成本巨大。其次，生产成本巨大。一般来说，一家世界级的间接煤液化工厂每年需要 1500 万～1900 万吨煤来生产约 450 万吨柴油、石脑油及液化石油气。换言之，生产 1 吨的油品需要 3～4 吨煤；转化 1 吨油需要消耗 10 吨水，且煤制油过程中产生的二氧化碳排放量，约为原油炼油工艺的 7～10 倍。可见，项目实施中，不但要牺牲煤炭资源，还要牺牲水资源，甚至要付出巨大的环境代价。这些隐性成本是难以估计的。最值得关注的是，全球煤炭供需一直处于供不应求的局面，2002～2006年全球煤炭消费量年均增长 5.4%，2006 年达到 310 亿吨油当量。煤炭的需求增加，必将使其价格上升，再加上全球原材料价格与人工费用不断

---

① Lester R. Brown, Rescuing a Planet under Stress and a Civilization in Trouble: Plan B 2.0, p.38.

上涨，煤制油的成本将会大幅度增加。最后，煤制油实质上是以一种不可再生的资源去创造另一种不可再生的资源，如果把 4 吨比热在 5000 大卡/千克的优质煤炭转化成 1 吨 10000 大卡/千克的石油，"煤制油"就浪费了一半的能源。这些浪费的能源是隐性损失，难以估计出来。

2007 年 5 月 24 日，《经济学家》发表了一篇名为《投资开发阿尔伯塔省油砂矿的吸引力和危害性》的文章①。在加拿大北部的一个露天煤矿上，重型卡车围绕着这个数百米深、数百米宽的地面上的大洞忙碌地穿梭着。"这些大卡车运载的是一种深黑色的含沙黏性物质，它们每一个轮胎的重量都不低于四辆小汽车"，那里的一位工程师兴奋地介绍道（如图 4 - 2 所示）。所以这些大卡车一次性可以运载重量 400 吨的物体。在周边地区像这样的露天煤矿总共有约 3000 平方千米，而周边的地下煤矿则有约 35000 平方千米。

图 4 - 2　加拿大油砂生产所使用的工具之———巨型卡车

注：该卡车可运载 400 吨的重量，每 12 小时就消耗 900 加仑的柴油。此外，生产成本也极高，一个轮胎的价值就有 6 万美元。

---

① Canada's oil boom：Building on sand——The allure and perils of investing in Alberta's oil sands，*The Economist*，2007.

加拿大的油砂，又称沥青砂，即上面提及的黏性物质，不论怎么说都只能用庞大来形容。这些油砂包含约3150亿桶的石油，其中1740亿桶可以现在的石油价格进行盈利性开采，而另外的1410亿桶则必须等待油价的进一步攀升或者开采费用的下降方能获取盈利。不过这足以使加拿大的石油资源超过沙特。它们引来了如皇家荷兰壳牌、埃克森美孚和道达尔等石油界巨头的巨额投资，但是它们也引来了来自四面八方的巨大的争议。

一直以来，油砂的开发成本昂贵导致其不能被开发利用，大部分的大型石油公司对此问题也是避而不谈。在大多数情况下，要从油砂中提炼出石油需要先把覆盖该地区的森林砍掉，排干地面的水分，去掉表层土之后把地下的油砂挖出来；然后将沙混水，以天然气加热，使得油与沙分离。有些情况下可以把蒸汽注入地下更深的油砂堆积处，使其溶解成浆，然后排出。这两种处理方法都会产生沥青，但是要把沥青提炼成石油还需要额外的处理。上述的整个过程都需要大量的能量，单从操作费用上说每输出一桶石油就需要20～25加元（18～23美元）。花旗银行的分析师认为只有当油价持续高于40美元/桶时，油砂的开发才会有价值。

但鉴于当下油价在70美元上下波动，而石油巨头们又苦于找不到新的资源，油砂似乎突然间吸引力大增。油砂开发不存在勘探的风险——油砂确确实实地存在。一旦建成运行，油砂矿在之后的30年或更长的时间里将持续不断地提供石油资源，而那些传统的油田的产量相对而言缺少可预见性。更重要的是，这些油砂存在于加拿大——一个气候温和、社会稳定的令人向往的国家。

因此，石油巨头们开始争相进入。2007年5月，道达尔宣布其在该地区的投资将增加150亿加元；挪威国家石油公司已经对其拥有油砂开发权的加拿大公司投资了近20亿美元；壳牌、埃克森、雪佛龙等其他公司也纷纷加入。该地区现在的产量为每日120万桶，而到了2020年估计可达到每日400万桶，到那个时候加拿大将拥有与伊朗相同的石油产量。

但是并非所有的大公司都对此深信不疑，BP就是其中的一位怀疑者。对此问题，BP已作出了明确的表态。如果天然气的价格上升，或者石油的价格下跌，油砂的吸引力将由此降低。根据工业数据，由于劳动力和零部件——例如那些大卡车的轮胎的短缺，油砂的研发费用自2001 年以来已经翻了两番。

同时，艾伯塔省正在着力修改其税收制度。20 世纪 90 年代，人们对油砂的开发热情不高，因此该省为吸引投资规定在投资成本未收回前只对投资公司象征性地征收其营业收入的 1% 作为矿区使用费。今天，很多石油公司利用这一规定和其他的税收优惠减少纳税，使得阿尔伯塔省从矿区使用费中取得的收入在石油产量不断增加的背景下实际上却在下降。批评者认为时代已发生变化，生产者有能力缴纳更多的费用。另外，他们还认为油砂开采业的迅猛发展将助长本区内的通货膨胀，使基础设施超过负荷，因此应当放缓油砂开采业的发展。主要油砂开采区的区长已经叫停了新报的开发项目。

但是最大的不确定因素还是对环境的影响。一个名为 Pembina 研究所的环保组织估计，将石油从油砂中提炼出来所产生的二氧化碳将是从普通的油井中抽出同样石油所排放的二氧化碳的量的 2 ~ 3 倍。而加拿大政府一直以来都致力于减少加拿大的二氧化碳排放量。对此，加拿大政府将在不久后对油砂开发项目作出整改要求，使得排放量与产油量的比率降到每年 2%。

另外，还有来自世界野生动物基金的压力。该组织的积极分子认为应当采取更加严厉的（环保）政策。同时，加州和美国其他 11 个州计划通过制定反污染法禁止销售来自污染源头的石油。壳牌和其他大的油砂投资者希望把排放的污染气体从他们的矿区吸抽出来然后贮存于地下，以此满足上述的要求，但是该项技术仍然处于研究的初级阶段。换句话说，围绕着油砂的层层不确定因素，如油砂一样庞大。

同样，油砂也是典型的露天矿产。开采这些油砂和页岩肯定会造成空气污染。奥里诺科河（南美洲北部）的矿泥含有必须去除的重金属和硫黄，所以政府可能会限制这些工业的发展，不会让其自然成长。考虑到这些潜在的障碍，我们预计在未来 60 年内，只有 7000 亿桶的非常规石油能被生产出来。

2008 年 10 月 30 日，委内瑞拉政府宣布了一项人们期待已久的超重油招标项目，中标商将参与开发 Orinoco 产油带 Carabobo 地区的七块油田。Orinoco 产油带拥有可与加拿大油砂资源媲美的储量，并且将成为世界石油长期供应的一个主要来源。Orinoco 产油带的超重油储量约为 1300 亿桶，如果采用热生产技术，可达 2600 亿桶，而加拿大油砂资源的储量约为 1700 亿桶。

虽然委内瑞拉拥有大规模的超重油储量，但是以热生产为基础技术来量化资源储量和开发 Orinoco 产油带资源带来了严重的问题。该技术的长期可持续性和热生产所需的燃料的选择是必须解决的问题。例如，热生产技术将使生产超重油并提升其品质所需的天然气量增加一倍（如图 4 - 3 所示）。这样算下来，假设 Orinoco 的长期稳定生产水平为日产 300 万桶，则每天需要消耗的天然气约 60 亿立方英尺，每年需要消耗的天然气为 2.2 万亿立方英尺。从长期来看，这样的天然气需求不可持续。

图 4 - 3　超重油的热生产和油品提升需要消耗可观的天然气

资料来源：CERA。

超重油的热生产要求建设注蒸气井和相关的蒸气生产与输送基础设施，以及生产蒸气所需的大量天然气。

根据保守的估计，每个企业在其几十年的生产期间，总共需要 4 万亿立方英尺的天然气。这意味着本次招标的 7 块油田总共需要至少 12 万亿立方英尺的天然气。尽管过去 4 ~ 6 年间，委内瑞拉发现了许多有待开发的天然气田，并且其探测储量十分巨大，但是过去几年该国持续扩大的天然气缺口使得热生产所需的天然气供应形势紧张。

尽管委内瑞拉的天然气资源相当丰富，但是为满足石油生产、国内市场需求、液化天然气出口、石油化工、其他工业用途以及超重油的热生产所需仍然十分紧张。根据目前委内瑞拉石油公司的业务计划（涵盖公司消费、炼油和新的油品提升系统）和现有的能源消费模式，未来40年的天然气总需求将达到200万亿立方英尺。这个数量即使在委内瑞拉乐观的天然气储量勘探和非常积极的海上勘探的情况下也无法实现。

长期来看Orinoco产油带的热生产也将是高成本。光靠天然气无法维持生产，必须依靠混合燃料，包括能源生产的副产品，如石油焦或核电产生的蒸气。但是招标项目建立的三个新的油品提升系统生产的石油焦数量远小于热生产所需，同时，委内瑞拉没有核电工业，至少在数年之内不能建立一个以生产蒸气作为副产品的核电站。

即使这些超重油通过热生产的方式实现了大规模的开发，但是在销售环节也会面临一个严峻的挑战——怎样销售这些中等品质混合产品而非完全的高品质产品。从战略的角度来看，完全的高品质产品具有更大的市场灵活性和自由度。与重质合成油相比，完全的高品质轻合成油可以出售给范围更广的炼油厂，这就形成了更大的市场多样性和能力来制造现货市场波动。另外，生产和销售低品质的混合产品通常需要炼油厂进一步深加工，这产生了与特定买方的长期合约，并限定了可加工这些产品的炼油厂。由于最后的深加工环节是确保整个产业链经济回报的关键，因此合资方往往会将合作关系延伸到精炼部门。这样的安排要求将委内瑞拉石油公司入股全球范围内的精炼厂，但是，由于政府的要求和对国有石油公司资金流的约束，这根本不可能实现。

这些项目在运输和服务设施方面也同样面临巨大的挑战。大量新的基础设施必须由各投资商共同建造和使用，其中关键的设施必须完全新建，这些关键基础设施包括：从Orinoco石油带到阿拉亚（委内瑞拉东北部）的石油管道；位于阿拉亚的存储设备和重质合成油的出口设施；位于 Pta. Cuchillo 港的存储设备和出口终端；从 Soledad 到 Pta. Cuchillo 的港口和驳船运输系统；位于 Soledad 的铁路运输系统，用于

运输固体产品；从 Sucre 天然气枢纽到 Orinoco 石油带的天然气运输管
道；油品提升系统，包括所有工业服务（工业水、天然气、电力等），
以支持新企业关键环节的生产和处理产品与副产品的能力。

　　委内瑞拉石油公司将负责建设这些公共设施。鉴于石油价格的不稳
定和委内瑞拉石油公司将大量的财务和管理资源用于支持政府和社会投
资项目的现状，很明显，上述工程能否按时完成存在更多的不确定性。

非常规石油开采中的碳排放问题

　　原油是一种由上千种碳氢化合物组成的混合物，其具体构成部分受
地域不同而有所差异。常规石油是一种比水轻的液体，其原始地质储量
的 20% ~ 30% 可以通过地层自有压力自然采出（即自喷）或者通过施
加简单的机械力而开采出来。如果要获得更高的采收率，则需要提高采
收率技术（如聚合物驱等），当然，这也意味着开采成本会更高（如图
4 - 4 所示）。常规石油以外就是非常规石油，包括超重油、油砂、油页
岩、气变油和煤制油等。

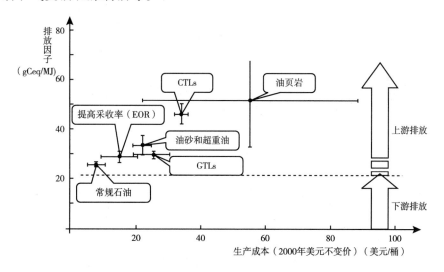

图 4 - 4　液体碳氢资源的排放因子与生产成本

　　资料来源：Brandt, A. R., Farrel, A. E., "Scraping the Bottom of the Barrel: Greenhouse
Gas Emission Consequences of A Transition to Low-quality and Synthetic Petroleum Resources."
Climatic Change, 2007 (84): 241 - 263。

　　非常规资源的碳强度是非常高的。在图 4-4 中，左下方的资源属于高质量资源，而右上方的资源则是低质资源。从图中可以看出，常规石油不仅开发成本比较低，而且单位产出的碳排放也比较低。随着油品质量的降低，其开采成本会不断升高，开采过程中的碳排放量也会不断增加。与来自常规储层的石油相比，来自非常规储层的石油质量更差、成本更大，且只有在油价非常高的情况下才有开采价值。

　　在此，我们还需要区分上游过程和下游过程。在石油开采的上游，生产者的主要任务是把所需消费的石油资源生产出来。而在下游，生产出来的石油则会被消费者正式消耗掉，消耗途径主要是燃烧。而只要生产和消耗石油，就会有碳排放，一般而言，每产生单位兆焦耳（MJ）的能量，常规石油上游碳排放量在 4~6 克碳当量（gCeq），即常规石油上游生产的碳排放量是 4~6gCeq/MJ。而非常规石油上游生产的碳排放量则为 7.1~50 gCeq/MJ（其中，最低的 7.1gCeq/MJ 是气变油 GTL，最高的 50gCeq/MJ 是页岩油）。两者的下游排放基本相似，都基本稳定在 20gCeq/MJ。

　　对于这些资源的碳排放强度，也有其他学者进行过研究，但是他们的结果与图 4-4 并不完全一致。例如，Newell 认为油砂的碳排放比常规石油的碳排放高出 25%，油页岩的排放比常规石油高出大约 65%，而煤制油则高达 75%[1]。

　　Charpentier 等基于几份研究，报道了有关加拿大油砂在开发过程中的二氧化碳排放情况。他们区分了地表开采和原地开采等不同技术对碳排放的影响；通过对比油砂开采的下限碳排放量与常规石油开采的下限碳排放量，指出前者比后者多排放 10%（地表开采和举升的情况下）或者 30%（原地开采和举升的情况下）；而对比油砂开采的上限碳排放量与常规石油开采的上限碳排放量，发现前者比后者多排放 13%（地表开采和举升的情况下）或者 24%（原地开采和举升的情况下）[2]。在原地开采过程下，

① Newell, R. G., "What's the Big Deal about Oil? How We Can Get the Oil Policy Right." *Resources*, 2006 (163): 6-10.
② Charpentier, A. D., Bergerson, J. A. 2009, "MacLean, H. L., Understanding the Canadian Oil Sands Industry's Greenhouse Gas Emissions." *Environmental Research Letters*, 4 (014005), 14.

Brandt 在 2008 年发现油页岩的全生命过程（LCA）排放量比常规石油的全周期过程碳排放量高 21% ~ 47% [①]，而在 2009 年，Brandt 又将这一数字修正为 50% ~ 77% [②]。Jaramillo 等通过对气变油和煤制油制成的燃料的上游碳排放强度的研究指出这两种燃料的碳排放是石油燃料的 1 ~ 2 倍[③]。

此外，燃料的碳强度与他们各自的 EROEI 有关，其中，EROEI 是用能量（MJ）而非绝对实物量（例如多少吨）来衡量单位能量投入所获得的能量产出状况。如果 EROEI 值比较低，意味着生产单位的能量产出需要消耗更多的能量投入，而这些能量投入大多是通过燃烧化石类能源实现的，这就使得向大气中排放的二氧化碳量增加。美国国内的石油发现和生产的平均 EROEI 已从 20 世纪 30 年代的 100 以上下降到 20 世纪 70 年代的 30，现在又进一步下降到 11 ~ 18[④]。为了获取更多的资源，我们需要提高采收率技术，然而，这一技术的提高又会进一步导致 EROEI 的降低和上游碳排放量的增加，原因是采收率的提高需要燃烧具备更多能量的燃料做投入。对油页岩而言，Brandt 认为原地开采的 EROEI 在 1.2 ~ 1.6 范围内，而原地加热开采的 EROEI 在 1.1 ~ 1.8 范围内。

当我们用低质的非常规石油来替代高质的常规石油，并且消费这些替代的石油之时，来自石油消费的总的碳排放就增加了。Farrell 和 Brandt 已经指出了人类从常规资源转向非常规资源后带来的环境风险以及这种转变给经济和战略带来的风险等将是巨大的[⑤]。

---

① Brandt, A. R. 2008. "Converting Oil Shale to Liquid Fuels: Energy Inputs and Greenhouse Gas Emissions of the Shell in Situ Conversion Process." *Environ mental Science & Technology*, 42 (19), 7489 – 7495.

② Brandt, A. R. 2009, "Converting Oil Shale to Liquid Fuels with the Alberta Taciuk Processor: Energy Inputs and Greenhouse Gas Emissions." *Energy & Fuels*, 10.

③ Jaramillo, P., Griffin, W. M., Matthews, H. S. 2008, "Comparative Analysis of the Production Costs and Life-cycle GHG Emissions of FT Liquid Fuels from Coal and Natural Gas." *Environmental Science & Technology*, 42 (20), 7559 – 7565.

④ Hall, C. A. S., Powers, R., Schoenberg, W., Peakoil, EROI, Investments and the Economy In an Uncerta in Future. In: Pimentel, D. (Ed.), Biofuels, Solar and Wind as Renewable Energy Systems—Benefits and Risks. Springer, Netherlands (Chapter 5), 2008.

⑤ Farrell, A. E., Brandt, A. R. 2006, "Risks of the Oil Transition." *Environmental Research Letters*, 1.

无机生油论无力扭转石油峰值的到来

历史上，关于石油是如何产生的有两种解释，一种理论叫做有机生油理论，另一种叫做无机生油理论。有机生油理论认为石油由生物残骸演变而来，而无机生油理论认为石油是通过非生物演变形成的。尽管目前有机生油理论占据优势，但两种理论都有科学理论依据作支撑，两者都不能被否定。

石油如何产生对于石油勘探工业来说是一个很重要的问题。俄罗斯科学院的 Kenney 曾宣称，如果存在无机生油，"任何认为石油储量减少会造成石油工业灭亡的担心都是没有必要的"[1]。以色列海法大学的 Tsatskin 和 Balaban 甚至认为"当前的石油峰值理论只能以有机生油理论为支撑"[2]。

与之相反，意大利佛罗伦萨大学的 Bardi 认为无机生油的生成速度必须非常快，而且要比有机生油理论所描述的生油速度快得多，否则无机生油理论就不会对石油峰值产生任何影响[3]。只要开采石油的速度比生成石油的速度快，化石能源就属于不可再生资源，无论是有机生油还是无机生油，都必将枯竭。

石油产生的主流学说——有机生油论

早在公元前 4 世纪，希腊哲学家 Aristotle 等便开始思考石油的生成问题，认为石油是由火和土两种元素构成的。到了中世纪，阿拉伯人和波斯人最先通过蒸馏石油制出煤油。进入文艺复兴时期之后，德国矿物

---

① Kenney, J. F. 1996, "Considerations about Recent Predictions of Impending Shortages of Petroleum Evaluated from the Perspective of Modern Petroleum Science." *Energy World*, 240: 16 – 18.

② Tsatskin, A., Balaban, O. 2008, "Peak Oil in the Light of Oil Formation Theories." *Energy Policy*, 36 (6), 1826 – 1828.

③ Bardi, U., Abiotic Oil: Science or Politics? From the Wilderness Publications, 2004. http://www.fromthewilderness.com/free/ww3/100404_ abiotic_ oil. shtml.

学家 Georgius Agricola 认为沥青是硫黄的浓缩物，而德国医药化学家 Andreas Libavius 则指出沥青是由古代树木分泌的树脂得来的。18 世纪，俄国化学家 Lomonosov 提出并证明了石油和天然沥青是由煤炭和植物残骸在地下经高温高压转化而来的。进入 19 世纪，有机成因理论得到进一步发展，有人认为石油直接从有机残余物中获得，或者通过蒸馏过程获得，还有人认为石油是从古代海洋沉积物中得来。

进入 20 世纪，现代石油地质学开始出现。早期的欧洲学者通过对富含有机成分的岩石的研究，证明了石油由有机物质生成。随后，科学家们认为土地的热力性质与石油存在着一定的联系，并提出了碳比说，认为石油的生成会受到一定区域的限制。因此，这时进行的研究已经开始将石油的生成和有机质的沉积物的蒸馏过程联系在一起。伴随着化学分析方法的进步，许多研究者发现石油中存在着多种化学化石和生物标记，并且存在着光学活性，这和有机物的性质相同。质谱仪的引入为识别同位素成分提供了新的分析方法。由于生命体更偏向存在某些特定的碳同位素，因而石油中的稳定碳同位素组成验证了有机生油理论。通过对地质学的研究，科学家发现油母岩在石油生成过程中扮演着十分重要的角色。此外，产生于生油层中的烃类的总量会随着时间和温度的增加而增加，这项研究增进了人们对石油生成的地质条件的了解，如今大家将该理论称之为油窗（即生成石油的温度区间）。除上述理论以外，科学家还证明了微生物如何改变石油、引起生物降解，并最终生成重油的问题。

无机生油论的发展

19 世纪 50 年代，一些学者发展了 Mendeleev 的理论，认为只有在像上地幔这样高温高压、处于热平衡状态的环境下才能自发地产生生成甲烷的化学反应。此外，也有人开始相信在地幔中恒温恒压的环境下，碳和氢会反应生成烃类。而 19 世纪 20 年代成熟的费 – 托法①证明了由

---

① 费 – 托法：一氧化碳在镍、铑、钴等催化剂存在下进行高温高压加氢生成烃类混合物的方法。由费歇尔（F. Fischer）和托罗普歇（H. Tropsch）所创立。

无机反应物可以得到长链的类石油烃。

此外，一些天文学家在近几十年的研究中也经常涉及无机生油理论。他们发现碳粒陨石和包括小行星、彗星以及卫星在内的其他星体上虽然没有生命的存在，但都含有碳氢化合物和各种有机化合物，而且这些物质的性态与地球上的物质性态非常类似。太阳系外的行星中存在的大量甲烷成为无机生油的重要来源。

天文学家 Thomas Gold 称地幔中的甲烷不断地渗透到岩石圈的板块边界、古缝合带以及陨石冲击地带，随后不断地上升、冷却，并聚合在一起发生反应，生成长链烃以及高分子量的原油。20 世纪 80 年代，Gold 说服瑞典政府在该国 Siljan Ring 地区的陨石坑花岗岩地层处进行深度钻探，以便对无机生油理论进行验证。这是首次对无机生油理论进行的正式的大规模研究。但这次行动并没有找到大量的烃类，甚至是否找到了微量烃类都存在着极大争议，因为所发现的油性黑色膏状物可能是在钻井过程中形成的泥浆、润滑剂和有机添加剂等物质的混合物[1]。

但是，Gold 和其他无机生油理论的支持者则认为这次钻井活动从科学角度上讲是十分成功的。2009 年，Igrene AB 公司获得了在 Siljan Ring 地区进行钻井的权利，并与研究者 V. G. Kutcherov 进行合作，验证了他们关于无机生油理论的最新进展，寻找具有商业化价值的无机成因的石油[2]。但到目前为止，还没有关于这些钻探结果的最新消息。

通过对全世界各地区岩石的研究，人们发现在许多地方的幔源[3]岩石中都能找到烃类，但含量都非常低，而且可以排除地壳中存在大规模无机成因油田的可能。但是，有些研究者还在努力发现少量无机成因的石油。

---

① Jeffrey, A. W. A, Kaplan, I. R. 1989, "Drilling Fluid Additatives and Artifact Hydrocarbons Shows: Examples from the Gravberg – 1 well, Siljan Ring, Sweden." *Scientific Drilling*, p. 63 – 70.

② Orsa Tidning, "Where Cracks Meet, It is Advisable to Drill." Local Newspaper Reportage from the Siljan Region in Sweden, 2010, http://www.orsatidning.net/? p = 1637.

③ 幔源：指形成火成岩的岩浆来源于上地幔。如玄武岩岩浆大都来自上地幔。（编者加）

根据对无机生油理论的回顾可以得知，在实验室高温高压的条件下可以生成无机成因石油，并且在地幔中也可能生成少量无机成因的石油，但是具有商业开发价值的无机成因的油田还从没有被发现过，也没有任何报道称在不存在沉积岩的地盾①主断层②发现了石油。除石油外，无机成因的天然气只占有机天然气总量的万分之二左右，所以说无机成因的天然气资源存在开发潜力是难以令人信服的。

石油峰值与石油成因理论

石油峰值不仅受到地质因素的影响，还受到经济、技术等一系列因素的作用。由于自然规律的作用，世界各地油田或产油区的产量都会达到峰值，如美国、北海油田等都已经跨过了产量峰值。当然，投资不足、缺乏开发能力与非地质因素造成的产量高峰也属于峰值理论的范畴。大量的观测数据和历史经验都证明油田产量会达到峰值并下降，因此也可以说实践证明石油峰值理论是正确的。

石油资源的有限性终将导致石油产量峰值的到来，而无机生油理论的成立必将对该结论产生影响，那么，无机生油理论将如何改变这一现实呢？

目前，无机生油理论主要分为两类，即"弱"无机生油理论和"强"无机生油理论。

"弱"无机生油理论：石油是无机生成的，但其生成石油的速度慢于传统有机生油的速度。

"强"无机生油理论：石油仍是无机生成的，但其生成速度快于开采速度，或者说比传统有机生油速度快1万倍。

---

① 地盾：克拉通中前震旦纪或前寒武纪结晶基底大面积出露的地区。地盾具有平坦但凸出的地表形态，其周围被有平缓盖层的地台围绕而呈现出地盾形态。世界著名的地盾有加拿大地盾、波罗的地盾等。由于地盾出露的岩石均属太古宙和元古宙，科学家对地盾岩石组分、变形和变质作用、岩浆活动及成矿作用等方面的研究，可以为人们提供地球演化早期历史的信息。（编者加）

② 断层：地壳岩层因受力达到一定强度而发生破裂，并沿破裂面有明显相对移动的构造。（编者加）

"弱"无机生油理论没有改变石油开采速度快于生成速度的现实，因此，它并没有动摇石油峰值理论。事实上，人们可以通过对有机生油理论和"弱"无机生油理论进行比较后得到相同的结论，即石油峰值将会到来。无论是基于"弱"无机生油理论还是有机生油理论，人类消耗石油的速度都会比石油生成的速度快，最终导致石油资源的不断减少，迫使石油产量出现峰值并使其产量逐年递减。

"强"无机生油理论则完全不同，因为该理论认为石油生成的速度与我们目前开采石油的速度相同，甚至更快。"强"无机生油理论认为目前被开采的油田与低沉深处的油层相连，并且能快速地得到石油补充。如此一来，在一定的石油消费水平下，石油产量将会永远保持在一定的高峰状态。但是在某一时刻，石油生成速度最终将与石油生产速度相同，并限制石油的进一步利用。因此，石油生产仍然会达到一个极限，但它不再是一个峰值，而是稳定地保持在一个较高的生产水平。这种理论如果变成了现实，那么很可能会将"石油时代的终结"推迟到很远的未来，或是最终出现新的能源来取代石油。

到目前为止，即使是最坚定的无机生油论者也没有证据证明"强"无机生油理论的真实性，或许这只是一相情愿的设想。

无机生油理论能改变石油峰值？

无论世界石油储量的规模有多么庞大，只要其生产速度超过生成速度，那么石油资源枯竭的一天就终将会到来。决定石油资源是否有限的关键不是储量的规模大小，而是石油开采的速度。目前全球石油产量的下降幅度达到了6%，这意味着需要400万~700万桶/天的新增石油产量才能维持现有的生产水平。

我们可以通过加强对非常规石油（如油砂、油页岩）的开发来确保全球石油总产量不会减少，并且将全球石油总产量保持在一个相对稳定的状态。但即使是最乐观的估计，在未来的20年内，非常规石油产量仍需要以每年10%的速度递增才能确保全球石油产量保持在当前的生产水平。可是，国际能源署 IEA（2008）预计非传统石油的年增长率不会超过 6%～7%，而美国能源信息署 EIA 在其《世界能源展望》（2009）中则认为即使是这样的增长率可能也是过于乐观的。依照目前的情况，仅依靠非常规石油产量的增加难以阻止全球石油总产量的减少。

大规模的无机石油开发必然会导致全球产量增加，推迟石油峰值的到来。但问题的关键是，这些未发现的无机石油是否能够大规模开采，开采的速度是否可以弥补石油产量达到峰值后减少的速度。

目前，大规模的无机油田还没有发现，而且可能需要钻非常深的油井，这需要花费大量资金、时间。希腊克里特理工大学矿产资源工程学系的 Kelessidis 指出了目前进行深度钻井所要克服的几个挑战，用处于地壳内部或接近地幔地带的石油来快速弥补现有产量的下降也许并不实际[1]。

开采地下可能大量存在的无机石油要进行深度钻井，并且需要先进的技术且成本高昂。生产者如果想要使地下无机石油的开发具有商业性，那么首先就要克服目前存在的技术问题，随后还要努力降低生产成本，保证企业能够盈利。否则由于技术或经济壁垒，即使存在大规模的无机石油也无法用来进行商业开采。

此外，像"强"无机生油理论这样的极端假设如果成为现实，确实将对世界石油产量变化产生深远的影响。但"强"无机生油理论仅仅是一种假设，其支持者必须证明该理论的真实性，否则凭借该观点认为油田能够每天产出成百上千桶石油的观点无异于童话。

新能源时代：为时尚早

新能源革命的诞生

尽管不可再生的化石能源资源的不断耗竭对能源供应的约束已经显

---

[1] Kelessidis, V. C., Challenges for Very Deep Oil and Gas Drilling – Will Here Ever be a Depth Limit? Third AMIREG International Conference: Assessing the Footprint of Resource Utilization and Hazardous Waste Management, 7 – 9 September 2009, Athens, Greece.

现，然而，世界经济发展对能源的需求却依然保持稳步增长态势。与此同时，长期的化石能源消耗已经对环境和气候产生了极大的影响，全球范围内不断增加的自然灾害正是人类对环境和气候不断破坏的结果。在这种情况下，寻求一种新的、低污染的能源，是人类社会发展的当务之急。

纵观历史，全球性的经济危机的爆发往往能够催生重大科技创新和革命。例如，1857 年的世界经济危机引发了以电气革命为标志的第二次技术革命，1929 年的世界经济危机引发了"二战"后以电子、航空航天和核能等技术突破为标志的第三次技术革命，1998 年出现的全球经济萧条引爆了当时的网络革命。而 2008 年爆发的全球性金融危机以及由此产生的全球性经济衰退，也催生了一场新的科技革命——新能源革命。

与传统能源相比，新能源具有明显的优势，首先是资源的丰富性，绝大多数新能源都是可再生能源，相对于不可再生的矿产资源而言，其资源量近乎于无限，可以使人类未来免受资源约束的发展困境；其次，与矿产资源相比，新能源被认为是低污染或是无污染的，如果新能源果真是这样的，将意味着对其大规模地应用将极大地改变当前人类面临的又一世界性的议题——气候变化，将解决人类未来发展所面临的环境约束。基于这两大优势，全球范围内开始兴起新能源热。

新能源的探索开始已久，但新能源革命的真正爆发起源于美国总统奥巴马上台以后。2009 年 1 月奥巴马就任美国第 44 任总统，面对国内严峻的经济形势，如何使饱受危机之苦的美国脱身泥潭是摆在他面前的一大难题，在这一背景下，他选择了新能源。在上台后，他提出"哪个国家能在清洁能源技术中领先，哪个国家就将引领 21 世纪的全球经济"，并对新能源产业表现出极大关注。他在经济振兴计划中对新能源做出倾斜，包括未来十年投入 1500 亿美元资助对替代能源的研究，并为相关公司提供税务优惠；发展清洁能源，大幅减少对中东和委内瑞拉石油的依赖；计划到 2012 年，美国发电量的 10% 来自可再生能源等。在经济危机严重削弱其全球经济领导地位的情况下，美国有意凭借自身的科技实力和先发优势，担当起全球低碳经济领导者的角色。

美国就是一个风向标，其关于新能源的观点得到了众多国家的认同，一时间，全球掀起了一场声势浩大的新能源运动。德国新颁布可再生能源法，为投资可再生能源提供了可靠的法律保障；法国推出了生物能源发展计划，出台一系列优惠措施，鼓励生物燃料的生产和消费；英国把研究海洋风能、潮汐能、波浪能等作为开发新能源的突破口，设立了5000万英镑的专项资金，重点开发海洋能源；日本从2010年正式启动生物能源计划，并与美国和欧盟共同开发可再生能源，建设500个示范区；中国制定并实施《可再生能源法》，编制《可再生能源中长期发展规划》，大力发展可再生能源并确定了明确目标；印度成立了可再生能源部，政府全力推动可再生能源资源的开发利用……这些都预示着新能源革命的爆发。

繁荣背后的环境隐患？ [①]

在全球新能源热的时候，作为理性的投资者和决策者，更应该冷静下来思考。新能源被热捧的一个重要原因是人们认为其对环境和生态的影响非常小，有些新能源甚至被认为对环境没有任何影响，那么真实的情况真是如此吗？

以"最绿色"的生物质能源来说，以粮食为原料生产乙醇已被证明在经济上是不可行的，在许多人还被饥饿所困的时候这种替代石油的"捷径"所产生的社会负面效应也是严重的。以秸秆等纤维素生产代油燃料，抛开技术和经济可行性，其在收集、初加工、运输、储存中要消耗多少能源？以麻风树等的种子生产柴油，在大规模开垦荒山，从种植到采收运输的过程中要消耗多少能源、化肥、农药？这个过程中的水土流失、生物品种单一化以及外来物种入侵等所造成的危害都是不得不考虑的问题。

近年来，我国多煤、缺油、少气的能源特点引发人们对煤制油、煤

---

① 此部分主要内容来自张抗：《新能源热潮下的冷思考》，《化工管理》2010年第4期。

化工的热情，先不计其技术和经济可行性，仅从能源效益和环境上看就十分令人担忧。煤制油和煤化工过程中消耗了多少能源，从不同能源间的比较效益上看其是否属于优化选择？消耗了多少水资源？其生产中产生了多少废弃物以及产生了多少污染？特别是在富煤而缺水、生态环境极为脆弱的北方，这将造成多大的影响？

而之所以这些问题被忽视，与只注重"结果"，忽视"过程"的思维方式有着密切的关系。当前我们对新能源的环境效益分析，往往停留在成品商品，例如，认为太阳能很环保低碳，对环境的影响很小，但却忽视了太阳能电池板在制造过程中对生态的巨大破坏。这种只关注结果的方式完全是错误的。我们应该看到，人类历史上的众多实例一再警告我们，每次人类改造、战胜自然的行为都必将受到自然的报复。因此，在发展新能源的过程中，也要看到事物的多面性，这就要求我们进行深入的分析和认真的实验性检验，谨慎行事。

被夸大的生物燃料前景并不那么乐观[①]

如前所述，美国新能源的发展已久，早在乔治·沃克·布什任总统时期就已经开始发展，当时在布什总统的国情咨文中，他本人也加入发展生物燃料的狂热队伍中，并为使用生物燃料设定了宏伟的目标。这听上去是多么美妙的事情，然而，这很可能只是一个幻想而已。

政治是简单的，美国人不喜欢高能源价格，厂商也不喜欢更严格的节能标准。相反，每个人都似乎能从生物能源中获益，如农民、消费者、资本家。发展生物燃料可以为农村创造更多工作岗位，可以把那些本要被外国石油厂商赚走的钱抢回来，何乐而不为？不幸的是，这种动人的前景却是被过于夸大的。

做个基本算术。2006年，美国人大约消费75亿桶石油，美国能源信息署（EIA）的研究显示，到2030年这一数字会增加到98亿

---

① 本部分来源：《华盛顿邮报》，http://www.in-en.com/newenergy/technology/2007/01/INEN_65163.html。

桶。假定在 2030 年达到政府设定的 600 亿加仑生物燃料的目标，根据 1 桶等于 42 加仑，这个数字必须除以 42。此外，酒精和汽油相比，前者的能源价值只有后者的 2/3。因此，这些生物能源只能抵消石油消费的部分增长，而不会降低对石油进口的依赖以及温室气体的排放。

多年来，牲畜业的从事者是廉价和丰富的美国玉米的主要买家。而如果发展生物燃料，对玉米的需求会急剧增长（按照美国政府在 2005 年的要求，美国要在 2010 年使用约 130 亿加仑的乙醇，而近 1/3 的美国玉米用于乙醇生产），而玉米又是家禽和牲畜的饲料，这会带来肉制品价格的上涨。此外，大量的玉米被用来制造乙醇，也会带来粮食价格的上涨。能源补贴增加了食物成本，这是很讽刺的。而要实现生物能源目标，仅有玉米还不够，还需要玉米秆或者小麦秆，但在技术没有取得突破性的进步之前，使用这些纤维质酒精在经济上并不划算，因此必然需要大量的联邦补贴或者强迫使用这种能源。但这种高成本最终会由消费者承担。

因此，美国最优先的目标是降低对外国石油的依赖，因为这些石油都来自危险或者与美国敌对的供应者。这种依赖无法完全解除，但可以降低。接下来，美国需要更节能的汽车，需要更多的混合能源汽车和小型汽车。发展生物能源是一个重要方面，但如果因此而使我们对现实视而不见，那么，这就是一个极大的退步。

新能源的高成本困局

同样以燃料乙醇为例，目前，其生产所消耗的能量比其产生出来的能量更多。美国康奈尔大学 David Pimente 博士在 2005 年对从玉米中提炼乙醇的能源的投入－产出比率进行了详细的分析。David Pimente 博士计算所有用于种植玉米的能源－化肥，拖拉机的燃料和拖拉机制造等，再加上乙醇工厂使用的能源，发现生产 1 加仑的乙醇需要相当于 1/3～1 加仑的石油。鉴于 2005 年起油价一直上涨，估计现在的成本将更高。David Pimente 博士得出这样的结论：在美国生产乙醇，对国家能源安全、农业、经济与环境而言是不利的。乙醇生产需要大量的能源投入，因此，它不仅没有降低油气进口，反而增加了美国的油气进口①。

与此同时，玉米乙醇也不符合成本效益。美国国会预算局称，用乙醇来替代每加仑汽油，纳税人要花掉1.78美元。即使加上补贴（每年总额约700亿美元），玉米乙醇也只提供了约3%的美国石油需求，根本不足以使美国摆脱对进口石油的依赖。

与发达国家比，我国新能源平均技术水平偏低、利用成本较高、产品竞争力弱。中国风能发电的成本比火力发电高1倍；太阳能发电成本是火力发电的4倍，成本太高，影响了大规模推广。以汽车行业为例，业内人士指出，目前，关于电池充放电的次数，国际先进水平仅能达到3500次，国内所有厂商普遍不超过2000次。在成本方面，商用化标准把"每千瓦小时"电池的价格定格在1200元，而国内普遍水平在4500~5000元②。

在低碳旗帜下，对于新能源是否能达到节能减排目的，业内莫衷一是。太阳能发电也并非绝对的低碳产业。太阳能发电过程环保，但是多晶硅的生产耗能很大。从动力汽车来看，发电本身会造成对整个资源环境的消耗，特别是现在70%~80%的电来自煤炭，充电式和纯电动车还是在消耗传统能源。

可见，高能量投入与高成本是发展新能源的一大困境，并将长期制约新能源产业的发展。

比互联网更大的泡沫？③

新能源概念背后蕴涵的"低碳经济时代－引导能源革命－改变全

---

① 来自《华富财经》，《美国生物燃料产量将在未来十年内翻一番？》。
② 来自《新能源热的冷思考》，《中国石油报》2010年6月21日，http://news.cnpc.com.cn/system/2010/06/21/001293595.shtml。
③ 来自21世纪网《一个超越互联网时代泡沫的争议》，2009－05－26，http://www.21cbh.com/HTML/2009-5-27/HTML_V44ISDEJB9QR.html。

球政治经济格局"的题材无疑具有史诗般绚烂的魅力，单从技术进步改变人类生活方式的角度讲，新能源革命似乎与互联网革命并无太大的本质区别。

在史诗般绚烂题材魅力的强烈诱惑下，新能源概念板块上市公司股价一飞冲天。

以国内市场为例，万德数据统计显示，截至 2009 年 5 月 25 日，81 家新能源概念上市公司，有近四成的股票股价翻番，平均年内累计涨幅达 158%，整个板块内能为投资者带来巨大超额投资回报的黑马层出不穷；超过 80% 的新能源概念股跑赢沪深 300 指数同期累计升幅（50%）。相对整个市场的平均投资回报来说，新能源热浪汹涌的背后无疑是令人眼热心跳的白花花的雪花银。

然而，新能源浪潮在股市上的风起云涌似乎和当年的互联网狂热一样令人无法安然处之。在万德数据统计的具有太阳能、风能等概念的 81 家上市公司中，有 25 家上市公司的业绩在今年第一季度亏损；22 家上市公司的最新静态市盈率超过 100 倍；具有太阳能光伏概念的航天机电则以 1294 倍的超高市盈率位居第一；天茂集团以 760 倍位居市盈率第二，排名第三的东方电气市盈率为 579 倍；今年一季度非亏损新能源概念上市公司的平均静态市盈率为 138 倍。

安信证券金融工程小组统计显示，截至 2009 年 5 月 25 日，美国创业板纳斯达克指数的平均动态市盈率仅为 25.73，这就是说，新能源概念板块上市公司的估值，无论是静态市盈率，还是动态市盈率均已大大超出国际创业板的估值。

诚然，美国纳斯达克指数在 2000 年网络泡沫破灭前，最高创下 500 倍以上的 PE，但随后市场估值大幅下降至金融危机前的 60 倍市盈率的平均水平，市场估值再也没有重返过历史高点。

当前人们对新能源的狂热已经超过了任何时候，而此时也是最需投资者注意的时候。新能源虽然拥有非常美好的前景，但是其并不是一个现实的选择。远水不能解近渴，超越产业发展阶段去发展新能源，最终获得的可能比失去的更多。

关于科技的错误真理

当石油供应处于峰值平台期或处于下降阶段，而需求仍持续增长，供需缺口越来越大时，将会发生什么事情？我们已经依赖能源构筑了经济的增长和文明的延续，如果未来没有持续增加的能源供应，人类社会经济的增长和灿烂、悠久的文明还能否继续下去？如果我们的经济不能持续增长甚至出现倒退，我们的世界将会发生怎样的变化？如果我们已经用光了所需的能源资源，人类将会怎样生存下去？

石油工业中的 "当纳聚会"

这种事情的发生有一个很贴切的例子，就好比自己囤积起来的粮食（假设土地已经没有了），吃一天少一天，而你又没有钱买粮食或者邻居家里也没有粮食借（卖）给你时，你会怎么办？是选择挨饿，还是为了食物去做个杀人犯，或者去寻找一种替代食物的粮食。这种情形跟历史上的 "当纳聚会" 很相似。"当纳聚会" 是一次声名狼藉的探险，1846 年，这支探险队的队员被大雪围困在美国内华达山区，由于食物短缺又与世隔绝，最后他们竟然自相残杀、同类相食。如今的石油供应就相当于 "当纳聚会" 中的最后一筐食物。探险队的领导者们明知道这筐食物最终要被吃光，而且一旦吃光了所有的食物，他们就可能要被迫对别人做出不可思议的事情来，别人也可能会对他们做出什么事来。但是他们并没有考虑如何想办法让大家生存下去，而是假装问题并不存在，要不然就是用一些荒谬的话来安慰大家，比如 "别担心，凭身上的脂肪就可以保证我们度过这个冬天"，或者 "有人拉了一车的食物将会及时地给我们送过来"，或者 "筐里的食物比你们想象得要多"，或者 "我们正在设计一种新型的搅拌机，它将把我们剩余的食物变得更有营养"①。

---

① 保罗·罗伯茨：《石油的终结》，吴文忠译，中信出版社，2005。

可能绝大多数人都会赞成最后一种说法，他们将希望寄托于新兴事物。石油行业也有这样一种很普遍的观点，这种观点认为新技术可以带来石油产量的增加，将过去和现在难以开采出来的石油开采出来，以帮助我们摆脱即将到来的石油危机。例如，《石油风云》的作者丹尼尔·耶金就认为："最终我们能得到的（能源）供应将取决于我们的经济和科技实力……只要你肯出钱，那些聪明的人们就会给你想出各种各样的办法保证让你得到所需的石油。"①

在过去的几十年里，世界石油储量和产量稳定增长，并且越是扩大和深化开采，石油资源的规模就越大。这充分验证了人类的科学认识和科技进步的威力。例如，巴西沿岸的深海盐膏层很可能成为下一个北海油田，而在墨西哥湾以及非洲近海都发现了深海油田。此外，页岩气资源使得美国的天然气储量从短缺变为过剩。世界各地类似的地质岩层结构意味着，人们可能低估了潜在的碳氢化合物资源储备。

但是，不要这么快下结论。就世界范围内不可再生的矿物能源的特点来看，科技进步不可能改变石油峰值的到来。从全球来看，2006年油气产量和储量均上升了2%，这主要来自天然气和加拿大油砂的综合贡献。世界范围内的石油储量只增加了1%，其主要原因是加拿大与油砂有关的石油储量增加了19亿桶。过去两年来，若没有加拿大的64亿桶石油储量的增加，全球石油储量将下降2.1%。石油储量因修订、扩充和发现以及提高采收率的缘故，共增加了128亿桶，稍高于2006年的产量，净储量购买稍高于2005年。大型海上油田的开发成本昂贵，而且产量往往很快就达到峰值，而页岩层的贡献可能也无法抵消传统油田储量的缩减。即便足以抵消，开采页岩层石油也需要规模庞大的基础设施建设。替换现有的采集系统，并对1/5的炼油厂进行升级，可能要花费17万亿美元。在科技迅速发展的今天，随着油田开发技术的不断进步，石油产量的增加容易麻痹人们对油田开采速度的敏感性和淡化其对油田生产走向顶峰的自然趋势的认识。一方面，

① 丹尼尔·耶金：《石油风云》，东方编译所译，上海译文出版社，1997。

地下的石油资源毕竟是有限的；另一方面，具有经济可采性的，我们能够开采出来的石油也是有限的，所以，这一铁证般的事实即使用金钱和智慧也不能够改变。

科技是石油工业生产中不可或缺的重要元素

我们不可否认的是，近几年老油田技术改进、成功勘探和增产工艺的实施，使世界资源底数远远超出了过去的预测水平，此趋势仍将继续。诸多新技术，如无缆地震采集，它是地震采集的一场革命，突破了传统产品的地震仪器连接方式，采用微型采集站方式、无缆连接、单站单道、数字检波器采集；内置GPS，可以自由摆放以克服复杂地表的影响，在施工中可以相对自由地开展野外采集，大幅令人度提高采集道数和生产效率，使过去理论意义上的"万道队"成为现实；三维地震作为反射地震的一场革命，三维地震数据采集、处理和解释的一体化，大大提高了地质信息采集数量和质量，进而实现可视化；测井技术实现了成像化的飞跃；遥感技术的应用和地表地球化学勘探技术扩大了油气勘探的能力；计算机技术的发展，实现了对多学科知识体系的综合集成应用，极大地增强了对复杂地质信息的综合解释与评价能力。油气系统理论从宏观上，层序地层学从微观上帮助地质学家评价油气资源，预测勘探方向；随钻钻井和随钻测井技术实现了钻井技术的革命；定向井、水平井、大位移水平井、分支多底井和老井侧钻技术的发展，使油气田开发效率更高、成本更低；油藏工程发展为油藏管理；四维地震技术加强了油藏的动态监测；深水海底输气管道技术和天然气液化（包括再气化和液化气船）技术的发展，为天然气工业的大发展开辟了道路；超重原油开采、处理、加工技术的发展，使加拿大油砂和委内瑞拉沥青资源得以大规模、商业化开发；重油加氢裂化等炼油工艺的发展和分子筛催化剂的应用，使重质原油得到更充分的加工利用；气化技术使炼油残渣和石油焦等低值副产品得到充分利用。这些技术的进步的确推动了新储量的发现，实现了增产，促使勘探活动延伸至前沿地区或资源，使得次级工业资源的开发成为诱人的产业化项目。例如，沙特阿美公司的某些油田采收率提高到地质储量①的 70%；仅仅十年的时间，位于赤道附近的墨西哥湾深水区开发深度增长了近两倍，从 900 米增加至 3000 米。实际上，现在的石油工业不再像以前一样到处胡乱钻探了，不再是领导一声令下让在哪里钻井就在哪里钻井了，而是充分利用现代高科技手段，确定了好油层后再进行钻探。有人说，石油产业是世界上仅次于军事领域的计算机技术的最大消费者。

石油行业的信息技术发展将是后石油时代石油行业发展的一个最大的特点。回顾 20 世纪石油行业技术发展的历程，我们可以预见几十年后一些将在石油行业实现的技术，如：①先进的解释技术和工作站；②勘探与开发的三维动态目测；③四维和五维地震数据；④神经网络、模糊逻辑和推理引擎；⑤实时随钻地质和地震信息；⑥海洋无隔水管钻井；⑦连续油管钻井；⑧水下多相泵抽采和计量系统；⑨天然气转化与液化；⑩多分支井的钻井与完井；⑪高级复合材料；⑫钻井作业时在机器人的帮助下可实现多钻头的自动送钻和钻头的自动更换；⑬复合套管及更为有效的连续油管技术；⑭超长延伸井；⑮先进且更为经济的智能完井技术等。

在后石油时代，为了寻找新的能源供应，石油公司将不得不进入许多未开发的地区和自然条件极其恶劣的地区，如北极地区、5000～7000 米的深海等偏远地区。因此，石油技术将被视为在恶劣的自然环境下和新地区内寻找油气资源的唯一依靠。一方面，对勘探精度要求更准确，勘探效率要求更高，勘探的深度要求更深，勘探的条件将更加恶劣，勘探的地下条件将更加复杂。另一方面既要用各种技术来挖掘成熟油田，最大限度地挖掘成熟油田的剩余潜力，又要利用各种技术来开发新勘探的复杂地区，把地处偏远地区的油气资源运输到资源需求大的地方。同时，还要考虑如何充分地利用有限的油气资源，尽可能地转化为人类可以利用的能源，以及如何以最少的能耗为人类创造最大的效益。的确，石油产业越来越多地运用高科技手段来进行勘探开发。然而，未来的石油

---

① Abd Allah A1 - Jumah, *World Energy Outlook*, Ceraweek 2008.

技术以及应用到石油行业的信息技术能否使后石油时代供应量实现维持现状或者缓慢递减的目标，恐怕我们现在都没有十足的把握与信心，因为对这些先进技术的研究与开发并不是十分廉价的，而是非常昂贵的。它需要更多的资金投入和较长的等待时间。如果真的像那些乐观主义者所说的那样，世界上到处都是石油，那么也就不需要花费上百万美元的巨额资金来购买地震成像技术和高科技钻探设备了[①]。事实上，如果不是勘探开发变得越来越困难，石油公司是不会花费巨额资金来购买这些先进技术和设备的。因为那些易被发现和易被开采的油田几乎都没有逃离地质学家们的法眼，而剩下的不易开采的油田也不能成为漏网之鱼，昂贵的勘探开发成本就是我们为获取这些剩下的石油所付出的代价。到这个时候石油公司是否还有去北极、深海开发石油资源的愿望，我们还要拭目以待。

科技力量的有限性

自从 1970 年以来，油价已经从每桶不足 3 美元上涨至最高 147 美元。一般来说，这么高的油价本应极大地刺激美国的石油生产，但是，作为引领世界技术发展潮流的美国，甚至是具有划时代意义的技术的发明创造者，面对已经逝去的辉煌（美国曾经是世界第一大产油国），他们也许会不禁感叹，辉煌离他们越来越遥远了，甚至变成了遥不可及的梦想。或许，有些人认为，这一噩梦来得太早、太突然，石油产量达到峰值的噩耗似乎还笼罩在这个依靠廉价石油生活的国家。在美国石油产量峰值已过去的 30 多年时间里，我们发明的所有新技术和新设备却未能阻止美国石油产量下降的趋势。

有关专家一再声明，石油科技的进步将打破石油枯竭的预言，但是 2004 年后形势发生了很大的变化，石油地球物理勘探技术取得了很大的进步，如从有缆勘探到无缆勘探；从三维地震勘探技术到四维地震勘探技术；从海洋电磁勘探技术到陆上电磁勘探技术；从数字时代

---

① 保罗·罗伯茨：《石油的终结》，吴文忠译，中信出版社，2005。

向光纤时代发展；建立海上深水独立节点地震采集系统；利用先进的信息化手段，通过安装油藏监测新系统来提高油田的产量等一系列勘探开发新技术。例如，原先的多用户业务模式只在小范围内进行勘探，而缺少对油区进行大范围物探勘测以及地质研究。而现在通过开展"MegaSurvey"业务，物探公司不仅可以在某一地区、油区开展大范围的连片物探资料采集，而且可以将各个石油公司孤立的油区连接在一起开展综合研究，从而更清楚、更全面地认识整个油区的区域地质情况。另外，在进行有缆地震勘探过程中，地震采集的道数还在不断地增多。据统计，地震采集系统记录道数每三年半就翻一番。过去几年，陆上采集系统记录道数为2万道，6~7年以后将增加到10万道①（如图4-5所示）。

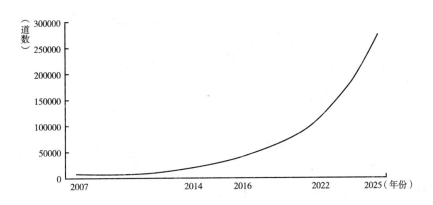

图4-5 2007~2025年地震道数的发展趋势

资料来源：Robert Heath，"Let it Flow，Flow of Ideas，Hydrocarbons and Business"。

尽管物探公司可以获得更广泛、更清楚、更全面和综合的油区的地质资料以及采集道数的不断增多，甚至多达10万道，但是，也未能够带来世界石油储量的增加，以及19世纪那样的储量发现高峰。相反，新发现油田的储量规模越来越小，发现的数量也越来越少。再举一个已经跨越峰值的国家的例子，以美国本土48个州的历史为例，这一地

① Robert Heath，"Let it Flow，Flow of Ideas，Hydrocarbons and Business"。

区是世界上油气资源最富集的地区之一，地质状况复杂多变，1970年前一直是高产，1970年石油产量达到峰值，然后产量开始递减。图4-6展示了美国本土48个州历年的石油产量随着油价起伏和技术进步而发生的变化。基于不变美元价值，油价在1973~1974年之间上涨了3倍，在1979~1980年之间又上涨了2倍。除了油价的飙升之外，20世纪80年代和20世纪90年代也是石油科技发展的黄金时期，三维地震、水平井等技术都极大地改进了人们对地质的认识。尽管如此，美国本土48个州的石油产量仍然呈下降趋势，并没有随着价格和技术的改变发生明显变化。根据这个经验，高油价和技术进步不一定能极大增加常规石油的产量。

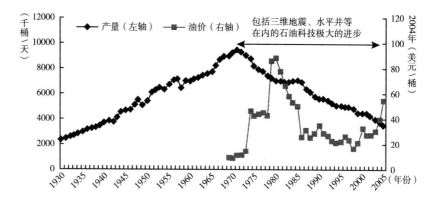

图4-6 美国本土48州石油产量变化趋势

随着技术的进步和油价的高涨，石油公司和各国政府已经在世界范围内组织了广泛的勘探活动，但几十年来勘探的结果都不尽如人意。因此，未来的石油量不可能大幅增加。如图4-7所示，几十年来每年世界石油储量增长量与世界石油消费量的差额一直都在下降[1]。很长一段时间以来，石油储量增长量大大高于石油消费量，后来每年的储量增长量持续下降，并低于每年的石油消费。这一现象背后的

---

[1] Kjell Aleklet, Colin J. Campbell., The Peak and Decline of World Oil and Gas Production. Uppsala University, Sweden. ASPO web site. 2003.

一个重要的事实就是世界上 48 个最大的产油国中有 33 个已经处于产量递减阶段[①]。

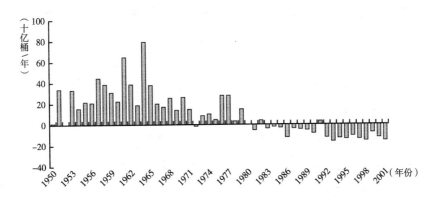

图 4 - 7　世界石油储量增长量与世界石油消费量的差额

资料来源：Colin J. Campbell，ASPO - 1 in Uppsala Sweden，2002。

现在的勘探工作不断向更加复杂的地质条件、更加恶劣的环境、更加偏远的地区、更深的地层和更深的水域发展，并不是我们勘探的领域不够广，也不是勘探的水域不够深，更不是勘探技术落后，而是要想发现石油必须地下有油。

提高采收率技术的背后

第二个反驳的观点是，即使找不到大的油田，也可以通过技术的进步，从而持续不断地从盆地的油田中开采出更多的原油——采收率因素。20 世纪 60 年代，石油公司认为一个典型油田的采收率是 30%；现在他们认为平均水平是 40%～50%。于是，争论产生了，在接下来的几十年内这种进程是否会持续，全球的储量是否会因此而得到拓展。

当然，在产量下降之前，技术进步会赢得一些时间[②]，但是大部分

---

① Robert L. Hirsch.，The Inevitable Peaking of World Oil Production. The Atlantic Council of The United States Bulletin. October 2005，11（3）：5.

② Roger N. Anderson.，"Oil Production in the 21st Century." *Scientific American*，March 1998，86 - 91.

采收率的明显进步只是报告中的人造产物。随着油田的老龄化，油田需要配置更新的技术来减缓产量的下降。当然，在产量下降之前，技术进步会赢得一些时间。这是因为，面对不断老化的油田，为了获取利润最大化，油田生产者通常会配置一些新的技术来尽量延长当前的产量。但是，新技术的应用虽然延长了当前的产量，却加速了后期产量递减的速率。因此，新技术或许会在一定程度上增加最终可开采出来的资源的数量，从而带来采收率的提高，但是，这种采收率的提高是有限的，绝大部分采收率的明显进步只是报告中的人造产物。

另外，有人认为，目前有许多提高采收率（EOR）的技术，如化学驱、油气混相驱、热采工艺、注入天然气技术，旨在提高经过一次采油、二次采油的油藏的石油产量。目前常规油藏的平均采收率大约为35%。适用的情况下，采用注二氧化碳提高采收率的方法最高可使采收率提高20个百分点。但是，一个取得更高采收率的理由也不太站得住脚，那就是石油公司计算他们的储量估计时，一贯依赖技术进步。实际上，在开采最大的油气盆地时，技术进步只能提供很少的帮助，那些中东的陆上油田不需要驱动就能喷出地面。

试问，每一项石油科技成果的成功应用与推广，是加速还是延缓了石油峰值的到来呢？对于这个问题，许多人只看到科技进步所带来的增产，而忽视了油田压力的下降和油田自然寿命的缩短。其实，每一项油田开发技术的应用，都在加速开采的同时加快了油田的衰竭，这提示我们对科技进步的双面效应要有更冷静的认识。看来，科技进步不是没有副作用，先进的科学技术也要适度推广。尽管人们对石油的需求不断增长，但是，石油储量是有限的，地下压力对开采速度是十分敏感的[①]。

环境灾难——页岩气开发的隐性成本

页岩气，作为一种极具资源发展潜力的非常规天然气，被认为是解

---

① 海松：《〈沙漠黄昏〉引发的思考》，《国际石油经济》2007 年第 2 期。

决当前经济社会发展对能源的依赖，增加化石能源供应，同时又能通过改善化石能源消费结构来降低温室气体排放的重要能源品种。国际能源署（IEA）也在 2011 年发布的《世界能源展望 2011 特别报告》（WEO2011：Special Report）中指出了以页岩气为代表的非常规天然气的开发将带领全球进入天然气发展的黄金期。

一场隐含的环境灾难

然而，页岩气并不是一种清洁性的化石燃料。由于页岩气的大规模开发是近些年才兴起的，因此，尚未有大量研究对其进行全面科学的评估，致使人们忽视了页岩气开发对全球温室气体排放、区域生态环境和居民生活质量等的巨大影响。

一是消耗大量的水资源。页岩中蕴涵着大量的天然气资源（其中绝大多数是甲烷）。由于页岩气藏比其他常规气藏的渗透性低很多，开发难度非常大，因此，直到现在，绝大多数的页岩气仍难以实现商业化开采。然而，在过去的十年中，高压水力压裂技术的应用使页岩气的大规模开发成为可能，并开启了美国页岩气开发的大发展期。

然而，与常规水力压裂相比，高压水力压裂技术的风险和耗水量也极为巨大。据统计，采用高压水力压裂技术，平均每口井的注水量将达到 2000 万升，此外，还需注入用于扩大岩层缝隙的大量沙石以及多达 20 万升的酸液、杀菌剂、阻垢剂、润滑剂和表面活性剂等。因此，仅从耗水量上来看，页岩气井水力压裂的耗水量是常规井水力压裂的 50～100 倍，这意味着页岩气的大发展将消耗极为巨大的水资源。

二是极大地影响气候变化。页岩气对温室气体的影响主要包括三个方面，即燃烧加热过程中直接产生的二氧化碳、开发过程中间接诱发产生的二氧化碳和开发运输及存储过程中泄漏到大气中的甲烷。其中，甲烷的影响一直被绝大多数学者所忽视。对加热用页岩气而言（页岩气的主要用途），其全生命周期内泄漏到大气中的甲烷量为 3.6%～7.9%，而常规气仅为 1.7%～6%。

除此之外，甲烷是一种比二氧化碳更强有力的温室气体。统计显示，按照100年的时间来分摊计算甲烷的暖化作用，每吨甲烷造成全球暖化的威力比二氧化碳高出25倍，而事实上，该值明显低估了甲烷的暖化作用，原因是与二氧化碳相比，甲烷在大气中停留的时间会短很多，一般停留10年就几乎监测不到了，20年后几乎完全消失。如果按照20年期分摊计算，甲烷的温室效应比二氧化碳强72倍。因此，即使排放很少量的甲烷，也会对气候变化产生不可忽视的影响。最新研究显示，如果按照20年分摊计算甲烷等的影响，页岩气开发中的温室气体足迹甚至大于煤炭和石油；而即使按照100年的时间来分摊计算甲烷等的影响，页岩气总的温室气体足迹也仍然与煤炭和石油等相当。从这个意义上说，页岩气并不是一种清洁性的能源。

三是储层甲烷具有泄漏的可能性。绝大多数专家认为深层页岩中的甲烷是不会从地层中渗透到浅地层的，但事实上很可能不是如此。近期的一项研究关注了靠近压裂区域的私人水井。该研究发现，在宾夕法尼亚州的Marcellus页岩中，大约75%的私人水井打在距离压裂井1千米的范围内，而在这些靠近压裂井的私人水井中，研究人员都检测到了来自深层页岩储层中散出的甲烷。为了证明这一点，研究人员利用甲烷同位素追踪的方法得出结论：与自然生物衍生产生的甲烷相比，靠近压裂区域的私人水井中的甲烷主要来自页岩层，而自然衍生的甲烷仅存在于远离压裂区域的私人水井中，且聚集量非常低。但值得庆幸的结论是，在所有的私人饮用水井中还没有发现压裂液，这或许是一个好消息，因为压裂液中含有大量有害物质，而甲烷本身并不具有毒性。但尽管如此，也不能对这一情况掉以轻心，因为即使在当前发现的甲烷浓度水平下，甲烷也会存在巨大的爆炸风险。

四是对饮用水源的潜在污染。返回到地表的压裂液会对地表饮用水源产生潜在的污染，这种污染来自多个方面，有的来自井口的外溢，有的来自地表储存设备的泄漏，还有的来自压裂液的不适当处理等。在得克萨斯州，回流出地表的压裂液经过深度处理之后又被注入大量的油气井中，但是，这类井并不是在任何地方都可行的。在纽约和宾夕法尼亚州，废液中的部分会在城市污水处理厂中处理，但是，城市污水处理厂并不能处理这些具有毒性和放射性的废液。随后，那些接受水力压裂技术处理的城市污水处理厂在对这些废液进行了所谓的"处理"之后便排入了俄亥俄河（Ohio River）的支流，导致其含有钡、锶和溴化物等，使这些支流遭受到了严重的污染。这种对地表河流的污染显然会使城市饮用水源中形成一种危险的溴化碳氢化合物（这种有害物质是由污染物的相互作用和有机质的氯化反应过程而形成的），因为城市饮用水源正是取自这些地表水的。

五是对区域空气质量的影响。页岩气的开发，需要使用很多巨型的大功率柴油机把水注入井中，在这一过程中，也会对区域空气产生污染，而且经常会达到危险水平。在此过程中，我们应该重点考虑挥发性的碳氢化合物的影响，例如苯。据得克萨斯州的报告，在 Barnett 页岩地区上空的苯浓度有时会超过急性毒性标准，尽管这种浓度在宾夕法尼亚州的 Marcellus 页岩区（尽管该污染区域内的钻井数仅为 2349 口，远低于之前预期的 10 万口）相对降低，但是它们依然达到了通过慢性接触而致癌的危险程度。而来自钻机、压缩机、卡车和其他机械设备的废气排放也会导致地表臭氧达到非常高的浓度，正如科罗拉多州记录的那样，页岩气的开发使得该州部分地区经历了从未有过的严重的空气污染。

总体而言，页岩气的开发对生态环境的破坏是存在的，且人们对这一破坏的质疑和恐惧已经在一定程度上影响到了页岩气工业的发展。英国 Lancashire 地区的环保组织已经呼吁停止该地区页岩气的开发；法国民众也因害怕水力压裂破坏环境而强烈反对页岩气的开采，促使法国议会通过了禁止应用水力压裂技术的法案；Nature 杂志称，美国政府也着手重新调查页岩气开发中水力压裂技术的安全性。此外，欧洲数个小规模页岩气项目也都因存在环境隐患而被叫停，许多国家正是由于对环境的担忧而不鼓励发展页岩气。

页岩气：一场次贷危机 2.0 版？

2011 年美国页岩气的产量已达 1800 亿立方米，占美国天然气产量的34%。这对缺油少气的国家而言，就像是"福音"。一时间，全球许多国家都跃跃欲试，仿佛都要在页岩气开发上大赚一笔。不过，在新闻媒介热炒页岩气等非常规天然气时，我们不妨冷静地把有关页岩气的各种信息梳理一下，理清头绪，这肯定是有益的。

在页岩气开发最为火热的美国的媒体上，关于页岩气的新闻无外乎有几种声音，一是页岩气是丰富的，可以廉价生产，并且比其他化石能源清洁。二是页岩气并不环保，压裂液可能污染地下水，而地下水又是非常稀缺的资源，同时又释放大量温室气体甲烷。还有许多专家认为页岩气是美国能源的希望，是将美国变成能源出口国的法宝，有望治愈美国经济癌症。奥巴马政府也给予了页岩气很高的期望，认为其储量可维持百年，是制造业复兴的廉价燃料。本文尝试把这些信息分成三部分，经过逐一细化并分析之后，发现真相也许并不如人们听说的那样。

第一，页岩气的储量被大大地夸大了，并不像大家传说的那样丰富。主要的原因是页岩气井不像油井，递减得非常快。对美国而言，不太可能维持100年，估计最多25年。如同房地产泡沫一样，分析师和专家已经给出了很多警告，但并未有人听得进去。

现在，地质学家已经对美国的天然气储量进行了调整。例如，2012年1月，美国能源部对马塞勒斯（Marcellus）研究的页岩气的储量调低了近70%。科罗拉多矿业学院的专家警告，页岩气的经济可采储量只能维持23年。2012年2月，奥巴马政府确信页岩气可供美国消费100年，但在美国石油论坛网站上发布的研究令奥巴马很烦恼，如今美国正在钻的井越来越少。

第二，目前的天然气气价支撑不了页岩气的开发。目前，天然气价格太低，美国亨利中心2012年8月份交货的天然气期货价格仅为每百万英热单位2.9美元，相当于每立方米0.65元人民币。2008年美国天然气钻井的钻机为1600台，金融危机后钻机数量骤减，2011年7月，钻机数下降到882台，2012年7月仅为670台。也就是说，没有一定数目的钻井，页岩气的产量是维持不住的。

那么，这与次贷危机能进行类比吗？现在看来，页岩气开发热潮中最大的生产者是土地和区块投机者，而不是能源公司。他们按照大杠杆的方式投机，大量借贷，维持钻井，然后出售资产。与次贷时期一样，华尔街真的把钱大把大把地借出去了。

再看一下页岩气的资产回报率。在美国，页岩气储量数据大多是经营公司以 65 年的经营期限来预测资产的经济性的，但多数能源公司的数据表明，69% 的净现值发生在页岩气井投产后的第一个 5 年内，20 年之后的价值已经是微不足道的了。但评估公司所做的预测中有一半的储量开采年限是 20 ~ 65 年。显然，页岩气的储量被高估了一倍。

页岩区开发的风险显然要高于我们所被告知的。例如，在美国贝内特（Barnett）页岩气产区，过去六七年的钻井中有 25% ~ 35% 是不能达到收支平衡的。经济分析人士认为，页岩气产业被一些人看做是美国商业上的失败，公共勘探和生产公司的股东都是输家，尤其是页岩气的产量的递减率非常高，如果不持续钻井，整体产量将大幅下降。尽管页岩气资源非常丰富，但大部分页岩气的开发仍然是不经济的。

第三，页岩气大规模开发已经暴露出一些严重的生态环境问题风险。众所周知，页岩气在开发过程中要消耗大量的水资源。美国的数据显示，页岩气开发所采用的高压水力压裂技术，平均每口井耗水达 2 万吨（2 万立方米），是常规水力压裂井的 50 ~ 100 倍，而其中 50% ~ 70% 的水在这些过程中会被消耗。对缺水的地区来说，页岩气的开发仿佛是一个巨大的灾难。同时，页岩气开发过程中还会间接诱发产生二氧化碳，在开发运输及存储过程中会将甲烷泄漏到大气中。页岩气开发过程中化学物质的泄漏也会对空气、水等环境因素造成污染，威胁生态安全和人类健康。每口页岩气井在压裂过程中所使用的压裂液，除含有大量沙石外，还有共计多达 20 万升的酸液、杀菌剂、阻垢剂、润滑剂和表面活性剂等。这些物质通常都是危险材料和致癌物，会造成地下水资源污染以及排放出有毒气体。部分回流到地表的压裂液经过处理之后部分又被注入油气井中，但是，也有部分废液在城市污水处理厂进行处理。然而，城市污水处理厂并不能处理这些具有毒性和放射性的废液。

这些都是不容忽视的。

值得注意的是，2012 年 4 月奥巴马总统发布命令，坚持美国国内非常规天然气安全、有责任地开发。他在命令中宣布要组建一个包括国防部、内务部等部门在内的跨部门工作组，来协调部门间的政策行动，共享科学、环境、技术和经济信息，进行长期规划并在研究、自然资源评估和基础设施方面进行协调。言外之意是已经意识到页岩气开发存在的问题，但人们还在等待和观望联邦政府层面的调控。这种调整是否包括预防页岩气泡沫和资产风险的方案尚不得而知。

因此，页岩气开发究竟是不是一场泡沫，我们还要继续观察。但显而易见的是，问题既然已经出现了，我们就必须正视并着手解决。

天然气时代，想说爱你不容易

如今，天然气以其清洁、环保、廉价以及资源丰富的特点在世界能源消费市场占据越来越重要的地位。有人认为，天然气将引领一个新的能源消费时代，就像薪柴、煤炭、石油时代一样，会主宰世界能源经济。目前，天然气在世界能源体系中所占的份额已经超过了煤炭，预计到 2020 年，天然气有可能替代石油成为世界能源的消费主体。的确，天然气的应用也越来越广泛了，从发电、工业燃料到家庭用气、汽车燃料，各个行业也都越来越青睐于它。许多天然气资源丰富的国家和地区，如卡塔尔、尼日利亚、澳大利亚、特立尼达和多巴哥等国家的政府机构、能源公司都陆续投入到天然气基础设施的建设中，不惜花费巨资，甚至与国际大石油公司建立战略联盟，不断新建、扩建和改建这些庞大的天然气基础设施，试图通过这些基础设施来改变世界能源格局及能源的主导地位。那么，天然气真的能够像石油和煤炭那样承载一个能源经济时代吗？

天然气——石油公司的赌局

事实的情况可能并非如此，从石油向天然气能源经济的过渡也许会困难重重，不会像人们想象的那样一帆风顺。天然气虽然含碳量较低，但在其燃烧消耗过程中仍会产生污染物。天然气储量丰富，但是，供应地却远离消费市场。与石油一样，还要投入巨额资金来建设管道等能源基础设施。与石油相比，天然气的运输和开采要比石油的成本高。一般来说，一项液化天然气工程要花费投资者几十亿美元的资金，很多公司是无法拿出这么多钱的，也就是说，独立经营天然气业务是很艰难的，要面临巨大的投资风险。因此，不难理解，在早些时候，尽管很多能源公司已经意识到天然气业务未来发展的前景十分广阔，但是不敢轻举妄动，迟迟不能将其列入公司发展的新业务领域内。

但是，随着世界石油资源的减少，主要大型油田先后进入产量递减期。国际油价的上涨，使石油公司不得不将战略重点转向天然气能源，开始争先恐后地瓜分世界天然气市场份额。很明显，并不是因为天然气作为燃料比石油好多少，也不是因为石油公司纷纷响应清洁、环保的能源经济的号召，而是石油资源已经不再廉价、易采了，已经进入产量平台期甚至像石油公司预料的那样，已经进入产量持续递减期了。因此，他们将更大的赌注下在了天然气行业。石油公司表面上认为，世界石油资源还很丰富，没有像石油峰值论者认为的那样悲观，但是他们的行动却让更多的人产生怀疑。其实，我们可以理解他们的做法，因为他们还是要面对现实，无法逃避世界石油供应能力不断下降的客观事实，他们对非欧佩克的石油供应存在明显的焦虑，对世界欧佩克的石油生产前景也存在疑虑，因为世界大部分大型油田的勘探开发、产量的资料都掌握在他们的手中，他们最清楚世界石油产量的未来了。所以，他们将未来的筹码放在天然气的身上，天然气作为一个全新的行业成为石油公司的赌注。他们认为，在不远的将来，天然气很可能是他们可以依靠赚钱的行业。

在石油的开采过程中，很多情况下都是气伴油的状况，在 20 世纪，天然气曾经作为一种毫无价值的副产品以及有爆炸危险、令人厌烦的垃圾被大量地燃烧掉。尽管天然气比煤炭、石油的热值高且更清洁，但是，这时的天然气并没有成为石油公司赚钱的手段。石油公司认为，天然气的运输和业务经营成本太高，又很复杂。比较而言，石油比天然气赚得的利润要多。石油公司将赚钱的赌注集中在石油行业。由于天然气可以为油藏的开采提供压力，有的被开采商回注于地下以提高油藏压力便于石油的开采，而更多的则被烧掉了。

但是，随着时间的推移和情况的变化，随着天然气逐渐受到石油公司的宠爱，这要从 20 世纪 70 年代开始说起。20 世纪 70 年代，第一次石油危机爆发，沙特阿拉伯等国家实行了石油禁运，石油价格大幅上涨，很多大型石油消费用户不得不寻找替代燃料，这时人们重新对天然气的价值进行了审视，认为其可以成为替代石油的能源之一。同时，环保运动的兴起使得很多煤炭消费大户转向较为清洁的天然气。接着，随着天然气液化技术的提高，石油公司意识到天然气不仅能带来销售利润，从天然气中分离出来的液态天然气还可以合成橡胶和制成塑料，卖个更好的价钱，绝对超值。甚至，现在的一些石油公司认为下一个时代将是天然气时代，天然气取代石油就在眼前。因为，石油行业经历了多年的沧桑，几乎所有早些发现的大型油田已经疲惫不堪，石油很可能不再为他们带来丰厚的利润，而且利润是微薄的，甚至是无利可图的。

天然气作为赌注的真相

自从人类社会进入到石油时代，石油从勘探开发到储存运输，再到销售环节，整个产业链也逐渐走向成熟，已经建立了一套较为完善的基础设施供应体系；主宰石油工业几十年的石油公司不断地兼并收购，已经成为几个超级的跨国石油公司，他们对石油产业链的经营管理已经积累了丰富的经验，上下游一体化的经营模式使得这些石油巨头对世界石油供应拥有完全的控制权，也有较强的能力控制石油供给中的可变因素。当油价大幅上涨时，这些石油公司只需提高产量就可以获得丰厚的利润。可是，现在的形式却完全不同了。石油生产国也有了自己的石油公司，我们称之为国家石油公司，这些国家石油公司拥有本国石油的绝对控制权。随着时间的推移，这些国家石油公司已经拥有了世界石油资源的 80% 以上的控制权，国际大石油公司的一统天下的局面已经被打破了，甚至世界石油市场的主导权已经由国际大石油公司向国家石油公司转移了。这些年来，国家石油公司也在不断地发展壮大，完善自己的产业链，从上游的勘探开发向下游的成品油销售延伸，国际大石油公司的下游利润受到了较大的挤压。这时，国际大石油公司为了提高油气储量和产量，不得不花费高价去购买油气储量或者付出更高的成本去别的地方开采石油，也不得不重新考虑整个产业链利润的分配问题，不断调整他们的发展战略。近年来国际大石油公司为了提高公司的下游盈利能力，借助炼油毛利较高的有利时机加大力度对下游业务进行资产重组，对于不符合公司发展战略、市场竞争弱、回报率低的资产给予出售，在巩固欧美等核心市场的同时向亚太等新兴市场和中东等资源丰富地区投资。五大石油公司出售的下游资产主要分布在欧洲、北美洲和非洲地区，例如，壳牌出售其在法国的两座炼油厂；壳牌与埃克森美孚公司出售润英联（Infineum）国际公司；雪佛龙出售在尼日利亚的300座加油站、肯尼亚与乌干达子公司的所持资产，包括加油站、油库、燃料仓库以及润滑油业务等；壳牌出售其在苏丹、吉布提和埃塞俄比亚3个非洲国家拥有的240座加油站；埃克森美孚出售其在美国、巴西、摩洛哥、突尼斯、葡萄牙和西班牙等国家拥有的加油站、LPG、航空燃料业务和润滑油业务，并且已启动出售公司剩余加油站的投标程序，这些加油站位于从弗吉尼亚州北部至新罕布什尔州之间的美国东海岸。与此同时，国际大石油公司也在努力地提高自己的石油储产量，一方面，不断加大对油砂、重油等非常规油气资源的投资；另一方面，通过资本运作的形式购买石油资产，使得近几年的石油交易储量价格不断地上涨，资产交易数量和金额以及公司并购数量和金额也达到了历史的新水平。过去两年油价不断上涨，但是国际大石油公司的产量却停滞不前。面对高油价带来的超额现金流，国际大石油公司并没有盲目地进行对外投资和行业内并购，而是纷纷采取股票回购的方式，将高油价所带来的超额盈利回报给股东。这一战略举措足以引发我们的深思。

当石油不再能给国际大石油公司带来越来越多的财富时，很多能源公司的领导者认为，如果不能依靠石油实现公司的收入增长，那么天然气就是下一场游戏的赌注了。总部位于康涅狄格州的约翰·S.赫罗尔德公司的副总裁里克戈登认为，由于能源需求的增长迅速且越来越强烈，对于天然气的生产又没有制定什么限制（类似于欧佩克组织对石油生产的配额规定），所以，假如卡塔尔或者伊朗等国家能够筹措足够的资金并且建立起必要的关系，他们的天然气产量将增至三倍或者四倍。里克戈登说，真正的问题是，谁将第一个进来。

近几年，天然气区域性贸易不断加强，尤其是随着技术的进步，其勘探开发、液化、运输、再气化成本逐渐降低，使得天然气贸易日趋全球化，真正成为全球性商品。液化天然气就是天然气行业的转折点，因为有了它，天然气贸易变得更加灵活了。买卖双方可以遵守以前的长期购买合同，也可以采用灵活的现货交易。液化天然气船可以将天然气从生产地运输到任何一个需求地，正是这种灵活、成本逐渐降低的优点，整个能源体系不断向着更清洁、更环保的方向发展。

由于天然气行业发展迅速，因此天然气受到了前所未有的关注。拥有大部分石油储量的中东产油国成立了欧佩克（OPEC）组织，旨在协调和统一成员国的石油政策和行动，并确定以最适宜的手段来维护成员国各自和共同的石油利益。同样，旨在为天然气生产国提供一个讨论共同利益问题的途径的天然气输出国论坛（GECF）也于2001年成立，目前由阿尔及利亚、玻利维亚、文莱、埃及、印度尼西亚、伊朗、利比亚、马来西亚、尼日利亚、挪威（观察国）、阿曼、卡塔尔、俄罗斯、特立尼达和多巴哥、阿拉伯联合酋长国和委内瑞拉组成。这些国家的天然气储量、产量分别占世界天然气储量、产量的73%和42%。该论坛每年举办一次，为部长级会议。该论坛不设总部、预算或工作人员。

人们曾经认为天然气输出国论坛会发展成一个类似欧佩克的组织。然而，某些因素限制了这种发展的可能性，如普遍采用长期天然气合同、天然气市场的区域化以及供应国数量和能源来源不断增加。出口合同中的天然气价格主要与石油价格挂钩，以确保天然气价格保持竞争力。与石油相比，天然气更容易被其他燃料所代替，而且未来天然气定价的不确定性也促使消费国不选择天然气。由于这些原因，天然气输出国论坛中不同的成员国间很难在天然气供应或定价政策上达成统一。尽管如此，由于天然气输出最终将集中于少数几个供应国，未来天然气产量和定价政策有可能在形式上协调统一。这种变化破坏了天然气市场的发展，将不可能使消费国（不管是出口国还是进口国）长期受益。

天然气时代会成为下一个能源时代？

那么，世界能源经济是否真如部分人所说的，下一个时代就是天然气时代呢？这种说法恐怕要斟酌再斟酌。的确，世界石油产量已经进入峰值平台期是不可否认的事实，大油田产量递减速度加快也是不可避免的。目前，天然气产量正处于上升阶段，但是，也有部分国家和地区的天然气产量已经跨越了峰值。例如，美国的天然气产量如石油一样，都处于递减阶段，而且天然气的递减速率要远高于石油的递减速率。还未开发的天然气田也是规模小、开采条件恶劣的气田。面对国内天然气需求的增长，其国内的供给根本无法满足，且缺口越来越大。很明显，气田与油田最大的不同就是，气田的递减大多是直线下降的，且不论采取何种手段，其产量增加的可能性都是微乎其微的。尽管现在钻井数目不断增多，但是发现量却越来越少，现有气田的发现速度已经赶不上产量递减的速度了。近几年，天然气的需求在不断上升，价格也在不断上涨，如果出现区域性的短缺，价格还会上涨。凡涉及能源的话题，我们都会与能源安全问题联系到一起，天然气行业也不例外。天然气的生产地远离消费地。天然气如同石油一样具有地缘政治不稳定性，天然气要经过液化、运输、再气化等环节，液化天然气的运输船舶和再气化站的安全性较差，更容易受到恐怖分子和自然灾害的破坏。用石油来代替天然气，就是用一种不可靠的能源来替代另一种不可靠的能源，用一种高风险的能源基础设施替代另一种高风险的能源基础设施。正是这种趋势，类似于石油欧佩克的天然气欧佩克组织正在进一步筹措中。2008年年底，以俄罗斯、伊朗为代表的天然气资源大国提出了建立天然气欧佩克组织的议案，这就是在向天然气经济转移时所产生的地缘政治问题。天然气资源大国试图用其本国的能源资源来换取政治上的话语权和经济上的巨额收入，建立战略联盟只是实现目的的手段。还有委内瑞拉、尼日利亚等反美国家，更会利用资源这一武器狠狠地抽美国一巴掌。然而，控制着世界 60% 以上的天然气供应的天然气欧佩克联盟将主宰世界天然气市场，价格的涨落很大程度上取决于他们的态度。但是，以美国为代表的西方消费大国又岂能坐以待毙，任由他人去抬升天然气价格，完全任由他国的施舍来获取西方消费大国所需的能源资源。恐怕到那个时候，美国攻打伊拉克的一幕又要上演，也许主角会发生变化，但不变的是，战争的主题——为争夺资源而战。既然如此，为什么人类还要重蹈覆辙，用天然气来替代石油呢？用一种不可再生能源来替代另一种不可再生能源，实在是很难令人信服。

替代能源工业面临的九大挑战[①]

油价的不断攀升、各国对能源安全的高度关注以及气候变化对人类产生的影响等使新能源的投资额上升。这里的新能源或者说"替代能源"大致可以分为两类：一是用生物和化石原料制成的石油替代物，如乙烷、生物柴油、生物丁醇、二甲醚、煤制油、油砂、油页岩；二是发电形式的替代，包括电力储存技术，如风能、太阳能光伏发电、太阳热发电、潮汐能、生物燃料、燃料电池、电池组等。

这些替代能源大部分是绿色清洁能源，但像煤制油和油砂这类的替代能源实际上比石油要"脏"，生物柴油等替代能源产生的环境效益还能抵消潜在的二氧化碳排放。生产替代能源的技术方法非常多，有蒸馏法、气化法、微藻法等。

传统的化石燃料历经成千上万年才能从生物能转化成含有高能量的

[①] 本部分根据 "David Fridley. 2010，' Nine Challenges of Alternative Energy，' *The Post Carbon Reader Series：Energy*" 改编。

固体、液体和气体，人们利用这些能源只需要开采技术和运输技术。而替代能源与之不同，它在很大程度上依赖于特殊的工程设备来生成或转化，需要高科技制造加工。然而，替代能源从原材料到生产的整个供应链又很难从采矿、运输和原料生产上脱离化石能源。替代能源面临着一个很大的挑战，那就是如何取代以化石燃料为基础的供应链，形成一套自己的供应链，从而打破其对化石燃料基础的依赖。

社会上关于替代能源的探讨常常简化到相对于传统化石燃料的资产成本评估和碳足迹的比较。然而，单纯用货币衡量隐藏了其背后复杂的问题，这些问题包括潜在的可行性、可扩性、合理性以及追求特殊可替代技术路线的合适性。尽管资金对替代能源的发展是必要的，但是资金只是调动一系列可用于制造能源的资源的标志而已。从物质条件来看，评估替代能源发展的潜力显得更加复杂，因为这涉及最终用途的能源需求、资源使用权衡（包括水和土地）以及原料的稀缺。

同样的，人们总是认为替代能源能够天衣无缝地替代石油、天然气或者煤。它设计的初衷确实如此，但事实并非如此。替代能源要融入到现有的能源系统中需要在新设备和新基础设施上投入巨资，生产这些设备和基础设施又需消耗大量的资源。然而这样的投资，资金已经很难保证。这就引发了一个新的问题，假如不改变当前已有的大规模集中能源系统，向替代能源转型是否合适。替代能源的原料分布非常广泛，因此有必要考虑在不同的资源产地发展不同形式的能源。

单选出一种方式来评价某种替代能源的前景是不太现实的。这个问题很复杂而且是多层面的，政治偏见、忽视基础科学以及不够重视这个问题的重要程度使之更加复杂。影响因素有很多，下面将主要讨论九个方面。

产业化和周期性的挑战

为了发挥一种替代能源的实际作用，它必须在一定的时间内，以合理的成本供应需要的量。很多替代能源，如微藻生物柴油、纤维素乙醇、生物丁醇、薄膜太阳能等，已得到证明的规模并不意味着其潜在的或者大规模的产量。类似地，由于替代能源对设备构建和生产制造工序的依赖，其产量只有在实现新产能时才能呈现阶梯式的增长。替代能源的"生产"和化石能源的"开采"之间的差异导致了产能增加上的显著差异。

图 4-8　加拿大阿尔伯塔省的含油砂矿

以加拿大的含油砂矿（含油砂常被排除）为例，它已经在产量上完全实现了商业规模化。亚伯达巨大的储量使得含油砂有望成为减少原油产量的支撑。2008 年含油砂日产量达到了 120 万桶，低于传统原油产量的 2%。加拿大石油协会计划到 2020 年将产量提高到 210 万桶/天，使石油总产量达到 330 万桶/天。但 IEA 估计全球传统油田的产量下降率将为 6.4%，大约每年产量将下降 480 万桶/天。根据这样的下滑速度，到 2020 年，含油砂矿的产油量甚至达不到传统油田枯竭产量的一半。尽管有加速增产的计划，含油砂矿的产量也不会超过 400 万桶/年，其增长率仍低于传统原油的枯竭率。

要比较替代能源的产量和预计的需求，规模非常重要。2007 年，《美国能源政策法案》设定了一个目标，到 2022 年，乙醇产量达到

360 亿加仑，其中 150 亿加仑是以玉米为原材料生产的，其余的以纤维素为原材料生产。就汽油当量而言，这一目标相当于每天增加了 89 万桶石油。然而，2008 年美国能源署预测汽油需求量到 2022 年每天将增长 93 万桶，比乙醇供应量增长的幅度还要大。

其他种类的气变油、煤制油等也存在这样的问题，即产业化的规模难以达到人类社会的正常需要。

商业化的挑战

商业化的挑战指的是一种替代能源与充分商业化的距离有多远。实验室的突破经常被报纸说成可能是解决能源危机的一个重大突破。事实上，从可行性的科学证明到完全商业化大约需要 20～25 年。这个过程需要完善和优化工序，发展专利，进行各种实验，建立试验性工厂并对其进行评估，评价环境影响以及考虑工程化、设计、选址、财务、经济性等。换句话说，如今在实验室里证明了可行性之后，至少要等到 2030 年才能有所影响。因此，要缓解石油峰值的冲击，我们必须在峰值来临前 20 年从根本上重新设计我们的能源结构。

替代性的挑战

理论上，替代能源不需要改造现有能源系统的基本设备就可以直接加入到其他的传统能源当中。但事实并非如此，替代性的不足在交通工具的充电上显得尤为突出，比如电动车。尽管可以利用风能或太阳能发出电气化交通工具所需的电，但实际应用的首要前提是到处都能加到这样的电。要发展电动车就必须广泛改造基础设施，包括：①生产车辆的工厂重组；②电池产业的大规模发展；③充电设备的建造；④车辆维修器械的部署；⑤零配件产业；⑥智能电网监控软件和设备；⑦为满足电力需求的其他的发电和转换设备。

风能和太阳能的开发需要专门的基本设施，并且只能在资源最丰富的地方进行，这些地方通常远离人口密集区。这样一来，就需要大量投资转化设备将其运输到消费中心。今天，乙醇已经能直接混入汽油中使用。但由于其吸水性和富氧性不适合利用现有管道进行运输，而专门用于运输替代能源的管道系统又费财费力，因此，尽管一种替代能源能够替代另一种形式的能源，但其不能直接替代，还需考虑一些附加的材料成本。

原材料投入需求的挑战

与通常假设的有所不同，生产替代能源的投入不仅仅是资金问题，而且是资源和能源问题，并且资源和能源的类别和数量可能反过来限制规模化，影响成本及其可行性。在依赖高科技利用稀土元素生产的过程中，这显得尤为突出。比如，生产燃料电池时需要白金、钯和稀土元素；太阳能光伏技术需要镓，有些还需要铟；先进的电池需要锂。技术被设计用来节能，如 LED 和 OLED 灯，需要稀土元素、铟和镓。仅仅从资金上评估替代能源的成本往往忽视了资源和能源引起的潜在限制。

由于现在的替代能源仅占总能源产量的一小部分，所以生产替代能源所需的资源量和能源量很难估量。这对大规模生产起到了负面作用。比如说，由于铟的通用性，薄膜太阳能现在使用的是铟，而铟同时也作为平面屏幕监控器的配件被广泛使用。铟的储量有限，2007年研究表明按照当前的消费速度，已知的铟储量只能使用 13 年。

到2030 年，一系列的新能源技术将成功登场，这将使得对一系列金属的需求持续增加，超过了当前世界生产水平。就镓而言，新兴技术对镓的需求预计到 2030 年将达到现在全球产量的 6 倍，铟的需求将达到现在产量的 3 倍，相比钌和硒的需求量的增长显得有点微不足道。

尽管一些替代金属和原材料已经在某些技术中使用了，但是在不考虑原材料投入的长期可用性的情况下，就开始发展特殊技术，可能会使风险大增。这些风险不仅仅局限于物质可用性和价格，还包括由于产量和储量的不均匀分布导致的潜在供应缺口。目前，中国拥有95% 的稀土元素钕，钕是生产永磁体的核心要素，永磁体主要用在混合动力汽车和风车涡轮上。2009 年，中国政府宣布限制稀土元素的出口，以鼓励在国内各使用稀土的行业的投资。不管是稀土元素本身还是用稀土元素生产的终端产品，面对如此高的关注，进口依赖难以缓解能源安全。目前对中东石油的进口依赖就说明了这一点。生产替代能源不仅依靠一系列的资源投入，同时也依靠用于原料开采、运输、生产、建造、维修等的化石燃料。目前，任何替代能源都离不开化石燃料。就这些而言，替代能源作为化石燃料的替代品，要素投入将会限制其发展。

表 4 – 1　全球新兴技术的原材料需求

原材料	占世界总产量的比例（%）		新兴技术（部分）
	2006 年	2030 年	
镓	0.28	6.09	薄膜太阳能光伏电板技术、集成电路技术、白色 LEDs 技术
钕	0.55	3.82	永久磁铁、激光技术
锗	0.31	2.44	光纤电缆、红外光纤技术
铟	0.40	3.29	显示器、薄膜太阳能光伏电板技术
钪	非常小	2.28	固体氧化物燃料电池、铝合金元素
铂	非常小	1.56	燃料电池、催化剂
钽	0.39	1.01	微电容、医药技术
银	0.26	0.78	无线射频识别标签、无铅焊料
锡	0.62	0.77	无铅焊料、透明电极
钴	0.19	0.4	锂电池、合成燃料
钯	0.10	0.34	催化剂、海水脱盐技术
钛	0.08	0.29	海水脱盐技术、埋植剂
铜	0.09	0.24	高效电动机、无线射频识别标签
硒	非常小	0.11	薄膜太阳能光伏电板技术、合金元素
铌	0.01	0.03	微电容、铁合金
钌	0.00	0.03	染料敏化太阳能电池、钛合金元素
钇	非常小	0.01	超导体、激光技术
锑	非常小	非常小	锑锡氧化物、微电容
铬	非常小	非常小	海水脱盐技术、海洋技术

间歇性的挑战

风能和太阳能这样的替代能源不像化石燃料那样，它们只有在有风和阳光的前提下才能使用，具有一定的间歇性，即使是生物柴油也受作物丰收的季节性限制。将这些能源整合入现有的系统给可用性和需求间的平衡带来了挑战。同时，这些间歇性的能源能否担当未来能源的重任还很难说。间歇性的挑战之一是发电的产能问题，也就是一家电厂一年内以其全部产能生产的平均时间。如表 4 - 2 所示，在美国，太阳能光伏发电以其全部产能生产只占全年发电量的 12% ～ 19% ，风电为 20% ～ 40% 。对比鲜明，煤电厂每年达到最大产能的时间占全部生产时间的 70% ～ 90% ，核电厂甚至超过 90% 。

表 4 - 2　不同发电类型的产能因子

发电类型	产能因子	发电类型	产能因子
太阳能光伏发电	12% ～19%	地热发电	70% ～90%
太阳能热发电	约15%	核电	60% ～100%
太阳能储热发电	70% ～75%	天然气发电	约60%
风电	20% ～40%	煤电（火电）	70% ～90%
水电	30% ～80%		

煤电和核电是当前电力系统的主宰。诸如太阳能和风能这种间歇性的能源正面临扩大转化能力、网内互联和进行更多复杂操作控制等三方面的问题。

摆脱间歇性影响的关键在于储存，也就是将风和光充足时的发电储存起来备用的技术。已经有很多方法被提出并进行了试验，比如压缩空气储存法、电池、太阳能电厂熔盐的使用等。这些方法的主要缺陷有两点：一是能源储存和释放过程中容易造成损耗；二是受现有技术难以达到的能源密度的限制。

能源密度的挑战

能源密度指的是一单位某能源包含的能源量。在日常生活中，根据食物的能量密度选择食物很常见。在美国，食物标签要求提供计算能量的两种数据：每份食物的卡路里含量和每单位体积或重量的卡路里含量。比如土豆，每 100 克含 200 卡路里热量，或每千克 8.4 兆焦耳；奶酪的热值略高一些，为 13 兆焦/千克。

能源密度同样也会影响对燃料的选择。除了减缓持续增长的木材短缺之外，17 世纪和 18 世纪煤由于在相同重量的情况下能提供木材燃烧所具备的热量的两倍热量，备受欢迎。同样的原因，由于石油的热值是煤的热值的近两倍，20 世纪初各种轮船由使用煤转向使用石油，这样可以增加行驶距离，不用停靠补给燃料。低能源密度意味着要提供与高密度原料和燃料相同的能量，因此需要更多的原料和资源。许多替代能源和储存技术能源密度值低，它们的使用需要消耗更多的资源。如图 4 - 9 所示，许多正在开发的替代汽油的主要替代能源的能源密度要低于汽油本身。锂电池是当前电动汽车研究的焦点，它的能源密度是 0.5 千焦/千克，汽油的能源密度是 46 千焦/千克。

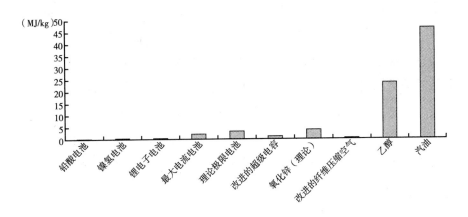

图 4 - 9 能源密度比较图

低能源密度是汽车电动化过程中的一个重要挑战，原料能否供应充足也是挑战。现在比较先进的 Tesla 跑车开发出了重 900 磅的锂电池，能提供 190 兆焦的能量。相比，10 加仑的汽油重 62 磅但能提供 1200 兆焦的能量。为了给典型的汽油汽车提供相同的能量，电动车电池需要消耗重 5700 磅的资源。

一种能源的密度越高，所需使用的土地越少。由于许多替代能源的能源密度远低于化石燃料，因此大规模的开发需要相当大的土地成本。

例如，一个煤电厂发 1000 兆瓦电需要 1~4 平方千米的土地投入（不包括开采和运输煤所需的土地）。然而，光伏或光电系统发电需要占用 20~50 平方千米的土地，相当于一个小城市的大小；风能发电需要 50~150 平方千米的土地；生物能发电需要 4000~6000 平方千米的土地。而洛杉矶整个城市的占地面积仅有 1200 平方千米。土地使用问题不仅是生物柴油生产中的问题；由于替代能源内在的高土地足迹，其选址问题将是一个永恒的挑战。

水的挑战

水和能源并驾齐驱，是人与自然矛盾的潜在来源。然而一些替代能源，主要是生物能，需要消耗大量的水。图 4-10 是生物燃料生产周期中的耗水量情况，乙醇和生物柴油的主要原材料从生产到加工成生物燃料的整个过程中的耗水量是提炼汽油的几百倍，甚至几千倍。在有常规降水和丰富雨量的富水区，大部分水来源于雨水。而像加利福尼亚这样的地区，属于地中海气候，在夏季这个生长季节没有降水，但种植的生物原料的灌溉用水是必需的。整个加利福尼亚的水资源已分配完，因此，要支撑生物原料的种植，用于其他作物的水资源必须重新分配。这就引发了"食物和燃料"之间的矛盾。而且，为了保障夏季的农业供水充足，不得不使用加利福尼亚的冬季积雪场融水，进一步加剧了温室效应。

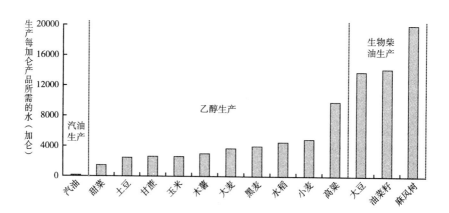

图 4-10　生物燃料生产周期中的耗水量

如果只考虑加工阶段，生物能源和非常规能源所需用水也比生产每加仑汽油的用水量（2.5 加仑）要多很多。煤制油单位产量需耗水 8 ~ 11 加仑，玉米乙醇需要 4 ~ 6 加仑，纤维素乙醇需要 11 加仑。美国蒙大拿州的煤制油有望成为煤制油生产的领先者，但蒙大拿州的干旱气候意味着水将成为发展替代能源的一个制约因素。

成本趋同规律的挑战

衡量替代能源可行性的一项常用指标是损益两平成本，或者是使替代能源成本有竞争优势的原油价格。但是这种计算方式的前提是假设油价上涨使生产替代能源的要素成本保持不变，这将会刺激替代能源的生产。这个假设还尚未被证明，尤其是对那些本身也是一种投入要素的替代能源来说。由于能源市场的价格关联关系，油价上涨将推动天然气和煤的价格上涨；加工过程严重依赖这些燃料，高油价势必导致高生产成本。

油页岩生产经济评估就是一个很好的例子。以在科罗拉多州、犹他州和怀俄明州发现的大量的油页岩为例，在 20 世纪 70 年代早期，人们预计当原油价格涨至 2 美元/桶时，油页岩将会如洪水般涌入市场；到 1979 年原油价格急涨至 35 美元/桶时，油页岩的生产仍需政府的援助；当 20 世纪 80 年代中期油价下跌时，油页岩的生产发展就被遗弃了；到了 2008 年，油价涨至了 100 美元/桶，此时，油页岩预期油价为 80 ~ 90 美元/桶是经济的，美国政府又重新开始鼓励这些地区的油页岩的生产。油页岩的经济性和原油价格的棘轮效应部分地反映了生产过程中的高能源投入需求。

类似地，玉米乙醇产业在油价上涨时表现出了同样的成本上升问题。这个产业中的两个主要要素成本来自生产中的燃料（天然气）和玉米本身。2004 年后不断上涨的原油价格拉升了天然气价格的上涨，从而使得乙醇生产中的能源成本上升。与此同时，油价上涨也让玉米的种植成本增加了；再加上行业不断发展促使玉米的需求量不断增加，二者共同拉动了玉米价格的上涨。因此，尽管 2008 年的高油价促使乙醇的需求增加，但由于不得不将资金投入到生产所需的燃料和玉米中，一些乙醇生产商所获得的利润很低甚至没有利润。

总之，成本趋同规律是一种反映财务和经济核算（用以衡量项目可行性和前景）一般趋势的现象。物质核算，也就是对原料和能源投入的分析，有助于更好地理解替代能源生产受能源成本的影响程度。

EROI 能源产出投入值不断降低的挑战

人类社会和经济的发展实际上是一个关于净能源的函数，可用于投入的净能源越多，社会发展和经济产出也就越大。"净能源"简单说来是指消费能源用于生产能源后的能源剩余量。生产能源过程中消费能源是不可避免的，但是只有那些非用于生产能源的能源最终被用于工业、运输、居民生活、商业、农业和军事。用于能源生产的能源投入量与产出的能源量的比值称为 EROI。

EROI 不同于"转换效率"，"能源效率"被用来比较用做转化加工（如电力厂和炼油厂）原料的能源量和转换后的能源量。这个值通常低于 100%。与"能源效率"不同，EROI 的值可以很高（如 100∶1，也就是每使用 1 单位的能源可以生产出 100 单位的能源，即"Energy source"），也可以很低（如 0.8∶1，也就是每使用 1 单位的能源只能生产出 0.8 单位的能源，即"energy sink"）。社会需要的是"energy source"，而不是"energy sink"。对"energy source"而言，EROI 值是它对维持社会和经济复杂性的贡献的一个核心指标。

可利用的净能源因时间和社会的变化而不同。17 世纪和 18 世纪早期，可利用的净能源量很少，并依赖农民生产的丰富的食物。在那个时候，只有 10%～15% 的人口没有参与能源生产。随着 19 世纪和 20 世纪煤、石油和天然气开采的增加，社会开始更多地使用化石能源来替代人力和畜力，因而更多的人从直接参与能源生产中解放出来。1870 年，美国有 70% 的人口是农民，现在不到 2%。现在任何农业生产都高度依赖石油或者天然气。对其他能源板块而言也是一样的，现在，直接参加采煤、油气开采、精炼石油、管道运输及发电、输电和配电的美国劳动力不到 0.5%。

　　向替代能源转变的一大挑战是能源剩余量是否能继续维持，社会和经济专业分工的类型是否能持续下去。事实上，有研究表明工业社会保持下去的最低 EROI 值为 5:1，这意味着在不破坏工业社会结构的前提下，20% 的社会和经济资源能被用于能源生产。

　　总的来说，大部分替代能源的 EROI 值很低（如图 4 – 11 所示）。生物燃料由于需要较高的能源投入，生物燃料的能源剩余量很少或者没有。风能的 EROI 值很高，但受限于间歇性和选址问题。

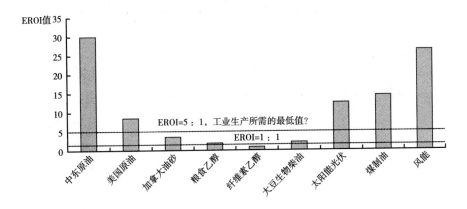

图 4 – 11　部分替代能源的 EROI 估计值

第五篇 | 幽灵震撼世界

石油峰值已到——石油需求何时见顶？

石油需求结构的转变

石油峰值的乐观派与悲观派经过半个多世纪的争论，如今，争论终于有了结果——世界石油供给已经达到峰值。60 年来，这些有关石油峰值争论的声音随着油价的上涨与下跌变得忽大忽小，若隐若现。当廉价石油时代终结，世界已经步入高油价时代，世界石油产量已进入峰值平台期时，石油峰值这一理论逐渐为更多的人所接受，争论的声音也越来越小了。

在可预见的未来，石油需求将继续增长听起来似乎更合理。毕竟，在过去的 100 年里，石油需求一直在增长。根据石油需求曲线，运用一个简单的外推法可知，到 2050 年，世界石油需求量将达到 1.2 亿桶/天，与埃克森美孚在 2011 年发布的报告 "2012 The Outlook for Energy：A View to 2040" 中对 2040 年的预测数字十分相像（埃克森美孚预测 2040 年全球液体燃料需求为 1.12 亿桶/天）。但是，对于石油需求的预测，仅通过简单地外推获得的数据可能不具有说服力，因为世界经济在不断地发展，未来的经济增长与过去的经济增长存在很大的不同。过去，世界石油需求主要来自发达国家，即所谓的 OECD 国家，但是，在未来，主要的石油需求增长将来自非 OECD 国家，即所谓的发展中国家。非 OECD 国家拥有世界绝大部分人口（现在世界人口为 60 亿，非

OECD 国家拥有 50 多亿），且正在经历经济发展期，因此，这些国家总的石油需求和人均石油需求都将在未来呈现强劲的增长趋势。

与非 OECD 国家的强增长相比，OECD 国家则呈现出弱的甚至是负的需求增长。OECD 国家潜在的发展趋势因 20 世纪 70 年代的石油危机、过去 20 年大部分需求的成熟以及 2008 年的经济崩溃而发生变化。如果我们忽略短期的经济波动，OECD 国家潜在的成熟经济度表明，未来其石油需求的增长很可能为零。实际上，已经有迹象表明，OECD 国家的石油需求开始下降了，是由价格的上涨和消费者在资源的使用上十分谨慎造成的。而 2008 年的经济衰退使得这种局势更加严峻，即使世界经济完全复苏，西方世界的石油需求也不会重回 2008 年前的水平。

需求峰值论也即将到来？

还有一种观点提出全球石油需求峰值理论，即当油价达到某一水平时，就会自动引发经济衰退。2008 年有人提出，由于需求紧缩，对石油产量的需求会自动达到一个上限。

2010 年剑桥能源发布了一份经济大衰退后，世界石油需求如何复苏的研究报告[1]，报告中指出石油峰值已到，OECD 石油需求已经见顶。报告显示，OECD 主要需求区域为美国、欧洲和亚太地区，这些地区都受到了经济危机的猛烈冲击，经受了石油需求的暴跌。从更长期来看，这些地区具有一些共同主题，经济一旦复苏，他们将致力于降低石油需求的增速，重点放在碳减排、燃料效能以及可再生能源领域。

美国汽油占美国石油需求的 50%，在 2007 年到达最高点。随着新能源汽车的上市，乙醇生产的增长以及近期通过的轻型载货车（汽车和轻卡）燃油的更严格的经济性标准将会在下个十年降低消耗的增长速度。此外，经济大衰退对典型的美国消费者将带来持久影响。消费者们很可能需要比前几年更节约，才能抵消房地产市场和退休金下降所带来的损失，即便美国有望比大多数国家复苏得快一些。如果这些因素导

---

[1] *How Will Oil Demand Recover after the Great Recession?* 剑桥能源研究报告，2010 年 8 月。

致消耗增速的下降,石油需求增长将受到长期冲击。

由于欧洲人口低增长和车辆高拥有量因素,车辆保有量增速自然放缓。人们不断地寻求效能更高的汽车,有助于减少每英里石油消耗。同时,政府也在不断地制定降低道路使用率的措施,包括征收更高养路费、限制城市中心地段的车辆、改进公共交通等。要么这些措施本身就是目的,要么旨在减少气候变化。欧洲也致力于进一步减少石油和石油产品的消耗。

日本石油需求在 1996 年到达最高点后一路稳步下降,而韩国石油需求在过去的十年依然旺盛。在这里,人们寻求更节能高效的车辆是个关键性因素,但是人口统计数据也起到了重要作用。对于正积极寻求石油替代品的所有政策制定者来说,对石油的依赖是一个重要问题。以上种种现象说明,OECD 石油消耗已经见顶。

2009 年 7 月 27 日的英国《卫报》刊登了绿色和平组织的一份名为《流沙》的研究报告①,该报告概述欧佩克(OPEC)、国际能源署(IEA)及多位石油专家的推测,即认为一旦世界经济从衰退中恢复,石油消费需求和石油价格将会加速增长。但这份报告却提出了相反的观点,认为随着石油价格的周期性回落,石油供需关系将会出现较大的结构性变化。能源效率的提高、可替代能源的出现、清洁能源汽车的使用、政府针对气候变化政策的出台以及对能源安全的关注都将促使这些变化的发生。这份报告可能会让不少石油企业坐立不安,这些公司花费数百亿美元开采那些难于提炼的石油,因为他们坚信,伴随着中国和印度等国的工业化进程,石油的价格和需求定会攀升。

关于石油需求达到最高位的问题在 2008 年前还很少有人提起,但是此刻却是我们实实在在需要面对的问题。这种情况的到来远比我们预想得要早。

不仅仅是奥巴马政府,其他国家政府也开始行动了。在欧盟,气候

---

① 见英国《卫报》2009 年 7 月 27 日的文章 "Greenpeace Study Finds oil Companies may be doomed",http://www.guardian.co.uk/business/2009/jul/27/greenpeace-oil-companies-shell。

变化是驱使政策变化的原因。而对中美两国而言，能源安全以及油价波动所导致的经济的相对脆弱也将使政策发生变化。

这份报告同时还指出，欧佩克和国际能源署正在针对 2006 年以来下降的石油需求调整他们的计划。最近四年，欧佩克已经将其对 2025 年石油产量的预测下调了 12%。

曾供职于 BP 多年的彼得·休斯目前是里特顾问咨询公司的全球能源理事，最近他撰写了一篇题为《石油需求的终结》的报告。他支持绿色和平组织的观点，并称石油需求与 GDP 增长之间的关联性已经弱化了。休斯在报告中说："人们普遍认为，经合组织国家对石油的需求已进入平稳期，并即将衰退，但也有人认为这种衰退将被中国的增长所大大抵消。但从长远考虑，中国方面已经认清了对本国经济增长最大的威胁是对进口能源的依赖，这无疑是他们不愿看到的事情。那么这个问题的结论就相当简单了：通过提高能源效率并改进基础科技，来减少对碳氢燃料的依赖。因此我认为，石油需求将在下一个 10 年中期达到顶峰。"但是，绿色和平组织也不能确保未来油价不会大幅上涨且需求不会出现短暂的紧张。

未来石油需求还将持续增长

但是，我们不难发现无论是发达国家还是发展中国家，对石油的需求都是刚性的，这是由发达国家和发展中国家的刚性消费结构决定的。发达国家 10% 左右的人口消费掉了世界石油产量的 45%，主要原因在于战后欧美各国经济高速发展都是建立在大量使用化石能源，特别是石油的基础上的；其生活方式、生产方式都是紧密依赖化石能源，特别是石油的。以美国为例①，美国人均住房面积居发达国家之首，为人均 50 平方米，并且住房的城郊化发展成为美国生活的主流。居住在城市中心的人口已从 1948 年的 2/3 下降到 20 世纪 90 年代的 2/5 以下。因此，开

---

① 刘建生：《增长的极限：剖解当今世界石油需求体系》，《第一财经日报》2008 年 8 月 25 日。

车上班成为美国人最基本的生活方式，美国洛杉矶乘公交车的人不到4%。除纽约24%外，美国的中心城市没有一个城市乘公交车的人超过14%。2002年美国人平均上下班开车时间大约为52分钟，整个交通用油量是美国石油消费的主要部分，约68%，近10多年大致都是如此。

再看非OECD国家，世界石油消费的增长主要来自非OECD国家。EIA在2008年4月的"Short-Term Energy and Summer Fuels Outlook"报告中指出，2008年世界石油消费每天将增加120万桶，其中超过100万桶来自非OECD国家，而OECD国家的石油消费每天仅增长9万桶。非OECD国家的发展趋势表明，较长时期内石油需求将呈刚性。首先，GDP增速与石油消费高度正相关。这意味着非OECD国家经济的发展必然需要石油的消耗。其次，非OECD国家陆续进入汽车社会，汽车保有量快速增加。最后，非OECD国家的城市化进程加快。以中国为例，2000年中国城市化水平为36%，2011年达到51.27%，预计2020年将超过60%。城市人均能耗是农村的3.5倍，城市化水平的加快将导致能源需求量大幅增加。基于世界石油产量已经进入平台期，后石油时代正在来临，以及发达国家和发展中国家难以改变刚性需求结构，可以预见，世界石油市场将会在较长时期内处于供不应求的状态。这是当前石油经济格局中最重要的组成部分，也是石油危机来临的最根本的原因之一。

石油需求峰值论忽略了非OECD国家的发展。纵观历史，这些非OECD国家的石油需求一直以来都是非常低的（或者甚至是不存在），但是，正如前面所述，拥有大量人口的非OECD国家人均需求的小幅增长，对整个世界石油需求来说，将会是爆炸性的。出于这些原因，下一阶段的石油需求增长将不同于过去50年的石油需求的增长。全球化打开了市场，因此，20世纪末，OECD国家扁平化的需求模式不能用来作为今后推断的基础。同样，"油价引发经济衰退"论也是无效的。没有理由相信，来自发展中国家强劲的经济增长不能够承受120美元/桶的油价。事实上，他们的经济体系也正在因高油价而不断作出调整和优化，因此，他们可能会对此产生相对的免疫力（而OECD国家没有调整他们的经济体，他们也不会产生免疫力）。

我们有理由相信，在未来几十年内，来自非 OECD 国家的石油需求增长将超过 OECD 国家石油需求的减少量，这意味着石油总体还将呈现出需求增长的态势。这种观点与 2011 年埃克森美孚发布的"2012 The Outlook for Energy：A View to 2040"预测的 2040 年全球石油需求将达到 1.12 亿桶/天的观点相一致。由此，我们认为，全球性的石油需求还将继续不断地增长。在这种背景下，石油供应的全球性短缺，将对整个世界产生重大的影响。

20 世纪的石油危机

资源与消费的不均性是争夺油气资源的主要原因

BP 统计资料（2012）显示，截至 2011 年年底，世界石油剩余探明储量前 10 位的国家分别为委内瑞拉（含重油）、沙特阿拉伯、加拿大（含油砂）、伊朗、伊拉克、科威特、阿联酋、俄罗斯、利比亚、尼日利亚；2011 年世界石油产量前 10 位的国家分别为沙特阿拉伯、俄罗斯、美国、伊朗、中国、加拿大、阿联酋、墨西哥、科威特、伊拉克；2011 年世界石油消费量前 10 位的国家分别为美国、中国、日本、印度、俄罗斯、沙特、巴西、德国、韩国和加拿大。可见，世界石油储量分布与消费市场严重不均衡，产量分布也与消费市场严重不均衡。世界石油储量和产量均被少数国家控制，消费大国大多数要依赖大量进口满足本国需求。正是由于这种供需市场的不平衡，才导致国家之间因争夺石油资源问题而发生冲突甚至是战争。近几十年来，地缘政治与石油安全问题错综复杂地交织在一起。伊拉克入侵科威特、海湾战争、伊拉克战争、巴以冲突、俄乌天然气之战，以及涉及中国主权的南沙群岛问题等，其背后都蕴涵着深刻的石油资源问题。过去半个世纪中，仅仅由石油引发的冲突就多达 500 起，其中 20 余起演变为武装冲突。

近年来，世界经济的持续快速发展极大地拉动了对能源的需求，特别是石油的消费需求大幅度增长。但是，随着世界石油产量达到峰值，石油资源供应不足将极大地制约世界经济的发展。为此，石油资源的争夺战也将愈演愈烈。

所谓的石油危机就是因石油价格的变化对世界经济或各国经济产生影响后而引发的经济危机。从 OPEC 成立到 1973 年，国际石油的价格一直较为稳定。之后，油价出现多次波动，国际石油市场处于不稳定状态之中，并出现迄今被公认的两次石油危机，即 1973～1974 年的第一次石油危机和 1979～1980 年的第二次石油危机。这两次石油危机都与政治和军事有关，其背后的真正原因还是对石油资源的争夺。未来，石油资源将不可避免地成为世界各国争夺最为激烈的一个领域。

第一次石油危机 （1973～1974 年）

第一次石油危机的起因是主要产油国对资本主义旧的石油体系不满。1950～1971 年期间，原油价格被七大石油公司人为地压得很低，平均每桶均价 1.80 美元，经过 OPEC 的斗争，到 1973 年 1 月才升到 2.95 美元/桶。1973 年 10 月，利用第四次阿以战争的机会，沙特阿拉伯等几个主要的阿拉伯产油国首先对一些支持以色列的西方国家，如美国和荷兰等国实行石油禁运。继而全体阿拉伯产油国将其石油产量每天削减 25% 以上，使世界石油市场每天短缺 500 万～600 万桶石油，以此与西方石油大公司谈判提高油价。战争爆发后的第十天，阿拉伯产油国又在西方石油消费国当时没有石油储备可作补救的情况下，将油价从 2.95 美元/桶提高到 5.11 美元/桶，增幅 73%。1973 年 12 月，OPEC 召开会议，决定从 1974 年 1 月 1 日起将油价再提高 127%，即 11.6 美元/桶[①]。这就是人们常说的第一次石油危机。此时正值西方资本主义经济危机刚刚开始，依靠大量进口石油的主要资本主义国家日本、西欧和美国的经济危机加剧，社会一片混乱。

这次石油危机一方面使产油国收益大增，中东不毛之地成为石油富

---

① 韦祎红：《OPEC 与几次石油价格危机》，《国际资料信息》2000 年第 9 期。

国；另一方面，它也使美国、西欧、日本等依靠进口"廉价石油"维持经济运转的国家，出现明显的经济衰退和滞胀，经济增长率普遍下降，爆发了二战后第一次最严重的经济危机。更重要的是，这次对西方消费国的联合禁运、提价和国有化行动彻底结束了国际石油市场自石油工业产生以来一直由国际大石油公司垄断的局面，使得真正的石油勘探开发权、定价权和销售权掌握在产油国手中。

1973 年第一次石油危机使世界经济遭受了沉重的打击，尤其是西方国家的损失最为惨重。此后，为了应对今后可能出现与此类似的新的石油危机，1974 年 2 月 11 ~ 12 日，世界的目光再次聚集华盛顿，以美国为首的经济合作与发展组织（OECD）针对石油输出国组织发起建立了能源协调小组，就是现在的 IEA（国际能源机构）。该机构成立的目的是为了缓和石油供应中断的影响和避免油价暴涨。该机构的宗旨是协调成员的能源政策，提高石油供应方面的自给能力，共同采取节约石油的措施，加强长期合作以减少对石油进口的依赖，提供石油市场情报，拟订石油消费计划，发生石油短缺时按计划分享石油，以及促进它与石油生产国和其他石油消费国的关系等。

第二次石油危机 （1979 ~ 1980 年）

第二次石油危机发生在 1979 年初，伊朗发生"伊斯兰革命"，政局动荡，这个世界第二大石油出口国突然停止石油出口，使得世界石油市场一下子每天减少 520 万桶的供应量。1980 年 9 月两伊战争爆发后，伊朗封锁了伊拉克石油出口的主要通道——霍尔木兹海峡，伊拉克的油田设施、输油管道、炼油厂等遭到毁坏，其石油生产和出口也大幅下降，进而又加重了世界石油短缺的局面。而此时各国经济都处在复苏阶段，石油消费逐步上升，世界石油市场上的石油现货价格由每桶 12.86 美元猛增到 40 ~ 41 美元，掀起了抢购风潮。这就是世界历史上的第二次石油危机。这次石油危机造成的结果与第一次类似，再次使西方国家的经济陷入了新的经济危机。据统计，美国国内的 GDP 增长率从 1978 年的 5.6% 下降到了 1981 年的 - 0.2% 。

总的来说，这两次石油危机都与政治和军事因素紧密联系在一起，且具有共同的特征，那就是都对处于上升循环末期、即将盛极而衰的全球经济造成了严重冲击。而正在来临的石油危机却发生在和平年代，并非由政治危机、战争或者产油国有意识地控制产量引起的，而是由供应中断所致，更确切地说是供应危机。

我们正在面临的巨大威胁

20 世纪 60 年代正值世界大油田发现的数量和储量的高峰期，不少经济学家极其乐观地认为，未来，每桶 5 美元的廉价石油会淹没整个世界，到了 20 世纪 70、80 年代，世界石油的勘探与生产形势仍十分乐观，产量足以满足那时的世界石油消费，除此之外，每天还有 800 多万桶原油的剩余产能。可以这么理解，一旦突然发生小规模的政治动乱或发生自然灾害等突发事件，而导致一个或两个产油国石油产量的骤减，这时，其他国家打开备用的油井或者加大现有油田开采的力度，开足马力，增加产量就可以弥补这个国家减产的缺口。但是近几年来，剩余产能越来越少了。不是因为石油生产商们不愿意增加剩余产能或者眼看着剩余产能逐渐消失殆尽却无所作为，而是他们在增加剩余产能面前确实越来越力不从心了，即使有孙悟空般的武艺，老油田产量的衰退也无力回天。我们可以很清楚地看到，在近几年高油价的背景下，剩余产能迅速减少，石油库存大幅下降。如果每桶 100 多美元的油价发生在 19 世纪 60、70 年代，恐怕产油国会乐此不疲地加班加点开采本国油田，但是，在 21 世纪却未发生这种情况。

世界石油供应正变得越来越脆弱

石油供应变得越来越脆弱几乎是显而易见的。一场突发事件或一次局部武装冲突或一次自然灾害就足以将国际油价推向新的制高点，且波动幅度大大出乎人们意料。例如，2005 年发生的卡特里娜和丽塔飓风使得世界石油日产量减少了 150 万桶，也使得国际油价大幅上扬，对世界各国的经济产生了重大影响。如果按照前两次石油危机的表象来界定的话，那么这两场飓风足以造成一次名副其实的石油危机。如果是在20世纪70、80年代，飓风撤离之后，油价就会自然而然地回到原点，因为这毕竟是短期因素对国际石油市场的影响与作用，突发事件对油价的影响不会持续太久，不会长时间影响长期世界石油供给。但是，事实往往出乎人们意料，在卡特里娜和丽塔飓风远离人世之后的很长一段时间里，石油价格不但没有回落，反而继续走高，甚至顽固地坚守着，生怕有半点疏忽。

现在的我们，真的不敢相信，难道仅仅150万桶/日的石油产量就足以对国际油价起到推波助澜的作用吗？如果真是如此，那么世界石油市场是如此的不堪一击，如此的脆弱，两场飓风就能将廉价石油时代推向高油价时代吗？如果150万桶/日的石油产量或者飓风可以主宰国际油价的话，那么，世界上任何一个产油国都可以主宰国际油价的变化。从现在开始，任何石油生产国一旦发生动乱，或者由于政治原因暂停石油出口，都将导致油价的迅猛增长，而且这个涨幅将比20世纪70年代的涨幅更大。

世界石油市场一直处于动荡之中，2005年卡特里娜和丽塔飓风对墨西哥湾能源设施造成了巨大的冲击；国内叛乱使尼日利亚石油产量持续损失20%；2006年年初俄罗斯向乌克兰供应的天然气出现了暂时中断；伊拉克石油产量长期减少；胡戈·查韦斯（Hugo Chavez）警告要削减委内瑞拉对美国的石油供应；一些伊朗领导人再次扬言要发动一场“石油危机”（即使其他伊朗人否认有此意图）；2005年俄罗斯向乌克兰供应的天然气再次出现了短期中断[1]。如果两伊战争断断续续地打下去，沙特阿拉伯地区的战火时而燃起，俄罗斯和乌克兰的冲突时而上演，尼日利亚动乱时有发生，委内瑞拉对美国实施强硬的能源外交政策，伊拉克人民对美国进行复仇，恐怖分子活动异常激烈，那么，世界

---

① Daniel Yergin：《“能源安全”的真正含义是什么?》，《华尔街日报》2006年7月11日“观点版”。

石油价格是否会突破 147 美元的历史最高纪录？涨幅是否会出人意料？我们不得不面对的现实就是，与 20 世纪相比，如今的石油价格更加脆弱和敏感，也更容易出现重大的石油危机。

石油与地缘政治

自石油成为世界主要能源之日起，石油问题总是与地缘政治错综复杂地交织在一起。多年来，一些大国出于其战略的需要，正在展开争夺石油资源的斗争。其中最受世人瞩目的当属美国，美国一直苦心经营，近几年更通过发动阿富汗战争、伊拉克战争，冲击旧的石油供求格局，加强控制中亚、中东地区的石油资源，主导世界石油市场，保障石油长期供给。约旦前首相马斯里说："超级大国发动战争如攻打伊拉克，打乱了世界石油供应格局。"纵观 20 世纪的多次战争，无不蒙上争夺和控制石油资源、石油运输通道和石油市场的阴影。石油多次成为发动战争的直接或间接的借口。两伊战争、英国因与阿根廷在马岛问题上的争议而不远万里进行的马岛战争，都与石油有着千丝万缕的联系。海湾战争更离不开石油这只无形之手的操纵，伊拉克入侵科威特是为了控制更多的石油资源，美国出兵海湾也是为了控制海湾石油资源和运输通道。21 世纪的反恐战争也有着争夺石油资源、确保石油供应的企图。美国军队打着反恐的旗号进军中亚地区，是看中了里海的石油，同时也觊觎非洲生产石油的地区。争夺石油和控制石油定价的主导权，是美国等一些西方国家与 OPEC 争夺的焦点。资源战略一直都是全球地缘政治战略的重要组成部分，石油安全也就成为各国考虑经济和国家安全时最关注的重点问题之一。

从地缘政治角度来说，世界能源格局正在重组。新一轮资源民族主义浪潮正在兴起，尤其对俄罗斯和委内瑞拉来说，改革方向由过去的私有化转为国有化，石油资源已经成为其国家崛起和外交的重要筹码和力量。由于资源的优势，国家石油公司的力量正在迅速壮大，而且很多国家石油公司都走出了国门，成为跨国石油公司。另外，在中东，围绕着石油的局部战争和恐怖主义就从来没有停止过。如美国攻打伊拉克，事实上并没有给伊拉克带来全面和平，其国内局势仍不稳定，石油生产充满不确定性；沙特阿拉伯针对石油管道的恐怖主义一直在持续，中东地区的局势将会持续紧张，这将长期影响原油价格。

一切问题的本质——地下资源的稀缺性

上述的种种"地上因素"都对石油的生产、运输以及投资的步伐产生巨大影响。这里，需要强调的是：①所有"地上因素"本质上都反映了"地下因素"——石油资源的稀缺性。石油的稀缺性和重要性不断得到强化。②近几年地缘政治因素凸显的原因是油价的飙升和高企，是持续高位的油价凸显了石油的价值，加剧了各方力量对石油资源的争夺。高油价与地缘政治的关系：高油价是"因"，地缘政治因素是"果"，反过来，地缘政治因素又促使油价上行，形成了一个正反馈。

石油峰值的到来，使石油资源变得更加稀缺，这时的油价就会充分反映石油资源的真实价值，毕竟价格始终是围绕价值上下波动的。石油资源价值的增加会成为各国竞相争夺的标尺，而严重依赖石油资源的国家也会加入争夺石油资源的队伍中来，为了仅存的石油大打出手可能会成为家常便饭，饥不择食者做出的举动会让世界震惊。就好像回到了原始社会，每个国家好比一个种族，人们为了争夺食物而相互残杀。

石油问题引起了很多争端和战争。海湾战争、伊拉克战争等从根本上来说都是由争夺石油资源而引起的。这些只是一些局部的战争，当整个世界都面临着由石油峰值而造成的石油短缺的时候，有可能爆发世界范围内的战争，那么第三次世界大战会不会因此而爆发？当然，这只是一个设想，但是石油的确引起了很多问题。美国的 *Business Week* 在2007 年 6 月 25 日刊登文章 "From Peak Oil to Dark Age"，指出美国将因石油峰值而产生极大的经济、社会危机；不但美国如此，那些目前仍处在贫穷状态的非洲等地区的弱势群体也将迎来无穷无尽的 "Dark Age"。

在世界石油产量快速递减的情况下，第一石油消费大国和第二、第三石油消费大国之间会因争夺石油资源成为对峙者甚至成为仇人。美国人清楚得很，自己国家的石油峰值早已过去，目前石油产量处于下降趋势，并且，在未来十几年内将迅速递减。正因如此，美国早已为获取石油的控制权制定了一系列的军事计划：美国攻打伊拉克的原因就是为了石油；美国在中亚地区的军事行动，比如在阿富汗的"反恐战争"以及在苏联设立的军事基地等，更是为了石油。同时，这种斗争所牵涉的国家也越来越多。比如，美国在中亚的军事基地就威胁到了中国和俄罗斯的利益①。

如果对即将到来的世界石油峰值的悲观估计能够解释为什么美国甘冒入侵伊拉克的风险，那么，美国针对从西非海岸到利比亚和苏丹及从哥伦比亚和委内瑞拉到俄罗斯和格鲁吉亚这一区域，以及阿塞拜疆和阿富汗，制定的一系列令人费解的外交新政策，也就有了解释。

布什为了确保再次当选，明确了美国的军事政策和能源政策的模式。结论只有一个，即美国现行的外交和军事政策就是控制地球上每一个现有和潜在的石油产地和运输线路。这样的控制将是史无前例的。作为世界上唯一的军事超级大国，美国将决定谁以多少价格得到多少能源。石油供应危机对世界经济和社会稳定的影响将是毁灭性的，随着供应危机的逐渐逼近，上述决定权具有不可思议的威力。华盛顿显然是在发动批评家们所说的资源战。

不可预期而又近在眼前的供应短缺，在像中国和印度这些经济高速发展的国家尤为显著。美国作为世界唯一的军事超级大国将规定世界经济发展的秩序，石油是经济发展最重要的原料，美国有权决定是否给其他石油进口国石油。为了能够控制即将到来的能源危机，在世界意识到危机之前，华盛顿就已经采取行动了。采取欺骗的手段是必要的，好在布什政府从来就不缺乏这样的手段。

2003 年 5 月巴黎石油峰会上的另一位发言人、资源研究学者米歇尔·克莱尔引用了美国能源部长斯宾塞·亚伯拉罕在 2001 年 3 月国家

---

① 〔美〕斯蒂芬·李柏、格伦·斯特拉西：《即将来临的经济崩溃》，刘伟译，东方出版社，2007。

能源峰会上的发言。布什的能源官员警告说："美国在未来的 20 年里面临着重大的能源危机。如果不能适应这一挑战，将威胁我们国家的经济繁荣和国家安全，并且将改变我们的生活方式。"在提到切尼 2001 年的能源报告时，克莱尔说："一切的重点就是要消除美国采购海外石油的障碍，无论这样的障碍是来自政治、经济、法律还是来自运输。"他补充道："切尼的能源计划对美国的安全政策和美国军事力量的部署都具有重大的意义。"

全球石油和天然气峰值可能在 5～7 年，不到 10 年的时间内突然降临，这一前景可以真正地解释为什么华盛顿会发动战争。这也能解释为什么像《纽约时报》这类备受尊敬的自由主义媒体，会在 2003 年 1 月发表由米歇尔·伊格纳蒂夫撰写的专栏文章，在描述美国的外交政策时为其辩护。以前，这对传统的、崇尚自由的《纽约时报》来说是不可想象的。

回顾布什执政期间，美国一直在一步步地扩充其军事力量，扩展其军事存在的范围，进入到世界上一些从前根本不可能进入的地区。苏联的解体使美国的军事扩张成为可能，也使华盛顿控制的北大西洋公约组织扩大到了布热津斯基所称的"心脏地带"，正好在俄罗斯"家门口"。

关于布什政府的能源政策与军事政策之间是否存在着必然联系，克莱尔评论道："不可否认的是，布什总统对于加强美国的能源供应给予了最高关注，与此同时，现行的能源战略基于这样的现实，即美国日益依赖充满危机与冲突地区的石油。一方面，这一战略的目标是要保证更多的石油来自世界其他地区，另一方面是要增强美国干预这些地区的能力。"

无论是发达国家还是发展中国家，其工业化、现代化的实现都依赖于能源，尤其是石油资源。发达国家的经验告诉我们，要快速实现工业化必须依赖廉价的能源资源，它是工业的血液，经济社会的健康发展需要能源资源带来充足的养料。因此，能源对每一个国家来说都是必不可少的。很多国家都认为，捍卫使用石油的权力时要不惜任何代价，甚至在万不得已时可能会诉诸武力。目前，随着科学技术的进步，越来越多的国家正在研发甚至已经拥有了核武器，一方面是作为能源供应的一种途径，另一方面是作为军事战略杀伤性的武器。随着核武器大规模和大范围的扩散，核战争爆发的可能性也越来越大了。人类社会的发展史上将出现惊心动魄的一幕——因核武器导致的大规模文明崩溃，之后人类很可能回到原始社会的状态，几千年、几万年的灿烂文明也将毁于一旦。到那时，人类不再是历史的英雄，而是历史的罪人。相信，这不是危言耸听，而是在敲响警钟。正如阿尔伯特·爱因斯坦所说："假如真有第三次世界大战的话，我不知道到时候人类会使用什么武器。但我可以告诉你的是第四次世界大战时所用的武器将会是石块和棍棒。"①

每个国家都会为了保障自己的能源供应安全而不惜任何代价，如果真的因石油问题而引发文明的崩溃，那么能源供应安全对一个国家来说又有什么意义呢？这时我们提出的能源安全应该不再局限于一个国家，而是整个世界的、更高层次的能源安全。中国一直在提倡和谐社会、和谐世界，能源的和谐也是其中重要的因素之一。

随着石油危机的加剧，为了避免在未来的某一天，各个国家因争夺石油资源而兵刃相见，为了避免文明的崩溃，为了避免整个世界回到原始社会的起点，我们必须去做些什么，不是拯救更不是挽救，而是寻找一条新的出路。就像从薪柴时代过渡到煤炭时代，从煤炭时代过渡到石油时代一样，我们不能坐等石油资源的耗尽，而要提前实现时代的过渡，确切地说是实现向后石油时代过渡的一种新的生活方式、能源消费理念和模式。我们并不想看到花费巨额的资金用于购买战争所需要的武器，真是那样的话，还不如把这些钱用于开发和利用新的能源或者替代能源，这样，打仗的可能性就会变小，文明崩溃的可能性也会小很多。

不过，近几年的高油价已经给世人敲醒了警钟，一些主要的石油消费国已经开始开发和利用替代能源，并尽量减少石油的消费。不难看出，当油价涨到 200 美元、400 美元甚至更高时，就给人们传递了一个

---

① 〔美〕斯蒂芬·李柏、格伦·斯特拉西:《即将来临的经济崩溃》，刘伟译，东方出版社，2007。

信号——是采取措施减少石油消费、寻找替代能源的时候了。我们开发新能源或者替代能源的速度越快，面临的威胁就会越低。不过，替代能源的开发和利用确实需要较长的一段时间，十几年、二十几年甚至半个世纪、一个世纪，我们不能确定。这么长的时间相当于打一场持久的能源战争，我们会以替代能源或新能源的成功开发和利用宣告战争的结束。因此，现在我们就应该采取行动——实际上，现在采取行动可能也有些晚了，若不赶紧行动，我们成功的机会就更加渺茫了。

正在来临的石油危机非同以往

不是政治危机而是供应危机

20 世纪发生的两次石油危机都离不开战争的影子。1973 年的中东战争，引发了第一次石油危机；20 世纪 80 年代，两伊战争引发了第二次石油危机。可以说，这两次石油危机的爆发，都是由于战争导致了石油供应骤然减少，石油短缺造成了恐慌，进而引发了油价飙升。更确切地说，前两次石油危机是政治危机，并非供给危机。然而，摆在我们面前的、即将来临的第三次石油危机却与战争划清了历史的界限，它不是因政治危机而起的，而是因供给不足而产生的。

2008 年 9 月，由美国次贷危机引发的全球经济危机席卷全球，世界要实现石油产量的增长将比以往面临更加严峻的挑战。我们不能忽视三大影响，首先就是金融危机使得石油公司的勘探开发投资大幅缩减，原本寄托于用油气勘探开发来提高石油产量的希望受到了重创，无法把过去"难采"的石油变为"易采"的石油了。过低的油价使得严重依赖石油美元收入的主要资源国的收支难以平衡。于是，在石油市场上拥有强大话语权的 OPEC 组织于 2008 年先后宣布三次减产，以阻止油价的大幅下跌，即限产保价政策。事实上，在全球经济开始恢复以前，除了根据需求来减产以阻止油价进一步下跌外，OPEC 可能别无他法。其次，全球油气基础设施已经老化，需要重建或维修，如炼油厂、集输系统、储油罐和加油站、管线和油轮。但是，建造或维修石油基础设施需要上万亿美元的投资。而在金融危机背景下，石油公司对投资持更加谨慎的态度，即使勘探取得了较大的突破，如果与之相关配套的基础设施没有得到完善，产量增长还是会面临巨大的挑战的。最后，原本世界油气行业就面临严重的劳动力和人才短缺的问题，在金融危机背景下，石油公司大多选择裁减员工的方式来削减成本，这将导致很多在建油气工程项目延迟完工，从而加剧了石油危机的风险。国际能源署（IEA）认为，就目前来说，需求低下只是由经济形势所致，如忽视产能扩大的投资，那么在不久的将来，我们可能面临另一次严重的供应短缺危机。

第三次石油危机迹象已经显现

当然，这个结论并不仅仅是从以上各种感性数据中得出的。迄今公认的石油危机有两次。按照实际价格（包含通货膨胀因素）测算，美国西得克萨斯中质原油（WTI）在第一次石油危机过程中上涨了160%。在1980年发生的第二次石油危机中，国际市场的原油价格整整翻了一番，上涨了108%。这两次石油危机严重冲击了全球的经济发展。从以上几次石油危机中可以看出，石油价格已成为经济发展变化的晴雨表[①]。

2002～2008年上半年，国际油价如脱缰的野马一路狂奔，2002年每桶石油均价为24美元，2003年为31.5美元，2004年为41.5美元，2005年为56.7美元，2006年为66.2美元。2008年第一个交易日，美国WTI原油最近月期货价格（以下简称油价）就在盘中瞬间触及100美元/桶，并收于99.62美元/桶，创出历史新高。2008年2月19日，油价稳稳站在100美元/桶的关口，此后，受美元持续贬值等因素影响，不断刷新历史纪录：3月13日突破110美元/桶；5月5日冲击120美元/桶；5月21日突破130美元/桶；6月26日冲击140美元/桶；7月11日受中东局势紧张的影响，盘中创下147.27美元的历史最高水平，

---

① 唐风：《新能源战争》，中国商业出版社，2008。

并最终收于 145.08 美元/桶。

就在某些市场分析师鼓吹油价将达到 200 美元/桶甚至更高时，油价悄然走过 2008 年 7 月 11 日的顶点，接着便几乎像自由落体一样快速下滑。2008 年 7 月 17 日，由于投资者担心美国经济状况恶化影响原油需求，油价在连续多日下跌后跌破 130 美元/桶；8 月 4 日，受热带风暴"爱德华"将不会影响墨西哥湾石油生产等消息的影响，油价盘中跌破 120 美元/桶；9 月 2 日，油价盘中暴跌超过 10 美元/桶，收于 109.71 美元/桶；9 月 12 日，油价盘中一度跌破 100 美元/桶，尾盘收于 101.18 美元/桶；9 月 16 日油价再跌至 90 美元/桶附近。此后，虽然受美国政府将出台援助金融机构计划的消息刺激以及担心该计划会导致美元贬值的影响，油价连续 5 个交易日拉升，但是，随后就重拾跌势；9 月 29 日，由于美元走强和金融危机波及全球加剧了投资者对原油需求下降的担心，油价开盘迅速跌破 100 美元/桶，尾盘收于 96.37 美元/桶，单日暴跌再次超过 10 美元/桶；接着油价分别于 10 月 6 日、10 月 10 日、10 月 16 日、11 月 1 日、11 月 20 日接连跌破 90 美元/桶、80 美元/桶、70 美元/桶、60 美元/桶、50 美元/桶关口；12 月 5 日，受美国负面经济数据影响，油价再次大幅下挫，收于 40.81 美元/桶；至 12 月 19 日，油价盘中最低触及 32.40 美元/桶，收于 33.87 美元/桶，均创下近 5 年来的新低。之后，在全球各国政府加大救市力度、OPEC 组织宣布减产以及巴以冲突不断升级等因素的综合影响下，油价震荡回升，在 2008 年最后一个交易日暴涨超过 14%，最终收于 44.60 美元/桶。然而，进入 2009 年，油价又开始了新一轮的波动上涨，又出现了高达 100 美元的常态之势。

预测是非常困难的，预测未来更加困难。谁能够预测未来 5 年甚至 10 年的原油价格走势？2005 年，两家在圈内非常知名的金融研究机构做出了两份完全不同的预测。美国高盛集团预言，原油价格在未来几个月内将达到每桶 105 美元，而美林集团则认为油价将出现回落。虽说预测未来的油价是一件十分困难的事，而且经验告诉我们这些预测经常是不准确的，但如今国际石油界却达成了这样一种共识：当世界经济危机复苏以后，国际油价仍将在高位徘徊；而且那时的油价几乎不可能再回落到危机前的水平。这一现象当然是由多方面原因造成的，但从短期来看，目前的金融危机已经严重打击了美国、欧盟、日本等发达经济体的实体经济，短期内国际金融市场的稳定和投资者的信心可能很难恢复。这使得投资者对石油的需求进一步下降，进而将大大制约世界石油需求的增长，导致石油供求基本面发生变化，进一步导致油价下跌。从长期来看，世界石油供应量不可能再增加，或者长期处于平台期或者达到峰值产量后快速下降。但是，我们唯一确信的是，即使有新发现的油田的石油产量也无法弥补已开发油田产量的下降。此外，不管是欧佩克限产促价，还是石油公司因融资困难被迫减少投资以及延期在建项目和取消计划新建项目，其结果都将造成石油生产的萎缩。在这种情况下，一旦世界经济摆脱危机开始复苏，需求在短暂下降后，还是会重返上升通道的。因此，原油价格仍继续看涨，原油牛市还会持续数年，2009 年以后的原油价格走势难道不是恰恰印证了这一点吗？

众所周知，国际原油及成品油的供应从 2004 年年底开始紧张，因为在整个 20 世纪 90 年代，由于国际油价偏低，跨国石油集团以及那些石油生产国的国有石油公司在石油开采领域的投资少得可怜。本着节约精神，石油提炼和原油及成品油运输领域的投资情况也大同小异。在整个 20 世纪 90 年代，全球在石油和天然气领域的投资总额每年为 1000 亿~1200 亿美元。根据推算，要想完全满足全球各国对石油和天然气等碳氢化合燃料的需求，全球在该领域的投资每年至少应翻一番，而且这一趋势必须保持到 2030 年。2005 年，全球在原油开采领域的投资超过了 1400 亿美元，2000 年为 990 亿美元，2004 年为 1250 亿美元。不过，要想使整个行业得到均衡发展，今后仍应对石油提炼领域加大投入。

2009 年 8 月 3 日，据英国《独立报》报道，国际能源机构（IEA）首席经济学家比罗尔表示，随着全球大多数主要油田纷纷步入"产能衰退期"，世界正在迎来一场"灾难性"的能源危机。

基于能源需求不断上涨的现状，原油价格仍将继续攀升，而供给短缺的问题将给各国振兴经济的工作造成巨大困难，能源危机的严峻程度将远远超出各界的预期。然而，许多国家并没有重视全球石油储备正在迅速缩水的问题。比罗尔指出，全球石油产量峰值或许将在未来 10 年内出现，早于之前的预期。即使全球能源需求保持稳定不变的状态，现有石油储备也无法支撑经济的发展。根据计算，人类只有在 2030 年之前再找到四处堪比沙特阿拉伯的富油地区，才能满足最基本的能源需求。

国际能源机构对全球 800 多家油田的调查显示，许多大型油田已经过了产能最为旺盛的黄金时期，产量正在以超出之前预期一倍的速度迅速下降。由于长期以来忽视对其他产业的投资，产油国或将在未来 5 年内遭遇"石油危机"，摆脱现阶段金融危机的希望也将彻底破灭。"总有一天人类将用光所有的石油。尽管这一天不会很快到来，但我们必须要做好准备。各国行动越快，未来的形势就越有利于我们。由于现代社会的经济与社会系统都是以石油为基础的，因此摆脱对石油的依赖并不是件简单的事情。我们应当认真地看待这个问题"，比罗尔这样说道。

由于产油国并没有采取措施应对油田产能下滑的问题，因此未来一年内全球原油供给将难逃紧缩的风险。国际能源机构表示，2007 年该机构预计全球现有油田产能正在以 3.7% 的速率下降，而 2012 年最新公布的预期值则上升至 6.7%。全球能源系统已经走到了"十字路口"，人类消耗石油的方式"显然是非可持续性的"，廉价石油早已成为历史。比罗尔指出，如果石油储备难逃缩水趋势的话，那么油价将继续蹿升。目前全球经济仍然十分脆弱，各国急于摆脱金融危机的影响，而高油价的风险也将始终伴随着经济复苏进程。

2005 年 8 月 17 日，《金融时报》发表了一篇名为《等待全球高油价的震撼》[①] 的文章。文章指出，过去两年，油价翻倍至 60 美元，美

---

① George Magnus, *"The world is heading for a shock over oil prices"*, *Financial Times*, 2005 – 08 – 15.

国为此增加的开支约占 GDP 的 2.7%。在其他石油净进口国中，支出仅次于美国的是非洲，占 GDP 的 2.3%，接近 320 亿美元（合 176 亿英镑）。八国集团格伦伊格尔斯峰会为 18 个非洲国家制定的债务减免方案，也只能为这些国家每年节省约 15 亿美元。油价翻倍已占欧洲、日本、亚洲和拉美 GDP 的 1.7%～2%。

这种油价变化的总体净影响，虽然已被其他因素所抵消，但是，如果中期油价维持在高位，情形会怎样呢？例如，其他条件不变，如果油价（从 2011 年这个时候的 45 美元）固定在今天 60 美元以上的水平，一年后将导致韩国、中国台湾、土耳其和南非的 GDP 下降 1%～2%，中国、欧洲大部分国家、日本和美国的 GDP 下降 1%。已很紧张的经常账目状况将让美国赤字占 GDP 的比例再多出 1%。欧洲、日本和中国的情况则没那么严重，它们都有顺差优势，日本和中国的顺差还相当大。到 2007 年，石油消费国向产油国的转移净额估计约为 1.5 万亿美元，占世界 GDP 的近 3.5%。不论是从经济角度还是政治角度看，这都将带来一个日益复杂的周期问题。

正是在这种背景下，"石油峰值"概念变得更令人担忧。高油价可能并不只是周期现象，还可能是供需失衡的早期迹象，只能由更高的价格来调节（衰退或全球经济减速时也是如此）。在这种情况下，一场更广泛的石油冲击必定在等待我们，而且传统石油生产还不稳定，生产水平迟早会下降，但可能还得在一段时间以后。与此同时，我们可能不得不接受更昂贵的能源，在当前的经济动力减弱时（这是必然的），还得警惕它给经济所造成的副作用。

历史向我们证明，廉价石油时代已经终结，当今的世界已经步入高油价时代。但是，经济危机限制的是短期的石油需求，却扼杀了长期石油供给。世界经济一旦复苏，产生更高的油价就是必然。除了高油价是石油危机的表现之外，其对经济的影响也已经凸显。国际能源机构（IEA）的研究报告显示，近几年油价大幅上涨使得世界经济增长出现自 1929 年以来的首次负增长，主要国家 GDP 下降，通货膨胀率上升，失业率提高，其中发展中国家受到的影响要高于发达国家。利用国际能源信息署（IEA）先进的信息技术，多个国家联合模拟了国际油价从 25 美元/桶增长到 35 美元/桶时，其对世界及各个国家的影响。模拟结果显示，OECD 国家整体 GDP 将减少 0.4%，通货膨胀率将增长 0.5%，失业率将提高 0.1%。其中欧元地区那些高度依靠石油进口的国家在短期内对油价上涨十分敏感，2005 年这些国家的 GDP 下降了 0.5%，通货膨胀率上升了 0.5%，失业率提高了 0.1%；由于美国国内原油产量有 3 亿多吨，其受到油价上涨冲击的影响比其他国家要小，GDP 仅下降了 0.3%，但通货膨胀率上升了 0.5%，失业率提高了 0.1%；日本由于其能源强度较低，GDP 减少了 0.4%，通货膨胀率仅提高了 0.3%。通过这些数字足以看出当油价达到每桶 147 美元时，世界经济受到的影响有多大，这些数字真是令人触目惊心。这时就不难理解当面临过高油价的考验时，世界经济变得不堪一击的原因了。很多专家经过研究分析得出结论是，此轮经济危机是由美国的次贷危机导致的，其实不然。世界石油需求快速增长，而供给乏力，换句话说，是供给太衰老、需求太年轻导致了油价持续走高。而美国又是高度依赖石油进口的国家，油价过高导致美国经济链条断裂，引发了此轮经济危机。不难看出，第三次石油危机的迹象已经显现。

更高的油价是必然，且波动速度和幅度都将出乎意料

影响油价的因素很多，但归根结底还是由供需决定的。我们已经习惯用供给太衰老、需求太年轻来形容未来石油的供需矛盾问题。的确，世界大多数主要大油田的产量已经从成熟时期过渡到老年时期，产量的递减是不可避免的。这部分递减的产量是新油田的产量增加所弥补、替代不了的；需求的增长也是一种不可避免的趋势，发展中国家正处于工业化进程中，而已经实现工业化、现代化的发达国家的石油需求量早已成为定局，如果他们不调整能源政策的话，他们的需求量就只会增加不会减少。更确切地说，世界石油供给已疲惫不堪，产量已经进入峰值平台期，即使有新发现的油田的石油产量也无法弥补已开发油田产量的下降。而世界石油需求却在不断上升，供需缺口不断加大，供需矛盾在未来将进一步突出，更高的油价是必然。近些年全球油价的脆弱性正在加剧，尤其在近几年的高油价时代更为突出。美元贬值、地缘政治问题和突发事件、OPEC 的减产态度、库存量的增加等因素加剧了石油价格的脆弱性。加上短期因素的作用，国际石油市场一有风吹草动，国际油价就会大幅波动，且波动速度和幅度都将"出乎意料"。

传统汽车行业的集结号已经响起

消费者的偏好与汽车公司的选择

近几年油价的持续高位震荡，使得汽车消费者的油品消费支出明显增加，大家可能普遍认为，应该有很多消费者转向购买高效能的小型汽车了。但是，事实却并非如此。大型的 SUV 和卡车更受消费者的欢迎。尽管汽油价格不断上涨，但美国的消费者对这一价格信号的反应并不大，因为他们对每加仑汽油能跑多少公里并不感兴趣。例如，如果某人开一辆中型的燃料效能为每加仑汽油 20 英里的 SUV，汽油的平均价格为每加仑 1.5 美元，那么他一年的燃料费用大约为 1125 美元，或者说每月 93.75 美元。如果他把 SUV 换成具有流线型车身，装有放能极高的燃气电力混合系统，他就会突然发现每月的汽油费减少了 56 美元，但这只是一小笔零花钱。如果他是那种喜欢驾驶大型的、大功率豪华车子的人，那么每个月多花 56 美元的零用钱不会让其改变主意去换一辆小型车的。

相反，如同喝汽油般的卡车和 SUV 一年比一年受欢迎，它们现在的销售额竟然占美国所销售的新车总数的一半以上。甚至在欧洲市场上，这些汽车的销售份额也在上升[1]。在高燃料税的英国，原本就应该被扼杀在摇篮之中的这种汽车的销售份额也在上涨。未来，还将有

---

① 〔美〕保罗·罗伯茨：《石油的终结：濒临危险的新世界》，吴文忠译，中信出版社，2005。

越来越多的人想要 SUV 和卡车，可以说，消费者对 SUV 和卡车的喜爱之情有增无减。

那么，作为汽车制造商，在面对油价上涨时他们做出了何种反应呢？在过去的几年，汽油价格不断上涨，超过了历史以来的最高点。汽车制造商们对 SUV 和卡车的销售仍然十分乐观。他们认为，美国和其他国家的消费者不会在乎一加仑汽油跑的公里数，甚至对提高 SUV 和卡车的效能都怀有疑虑。首先，投资成本巨大。汽车制造商如果为了制造燃料效能高的燃气电力混合装置而改造自己 1/5 的生产线，公司就得重新建造整条生产线，开发放能更高、成本效益更好的混合型发动机系统；重新设计更具流线型的车体风格，尽可能减少车身的重量；重新培训数以千计的工人，重新开发零部件供应商的网络。所有这一切需要数十亿美元的资金①。其次，汽车制造商们不会错过发财的机会。大型的 SUV 和卡车的利润大约是小型的、燃料效能更高的轿车的利润率的 10 倍。

然而，事实并非如此。2009 年，底特律三大汽车公司——通用、克莱斯勒和福特在经历了上百年的风浪之后，却始终难逃生命周期的厄运，在金融危机的浪潮之下轰然倒塌，被迫进行破产重组。2009 年 6 月 1 日，美国最大的汽车制造商——通用汽车宣告进入破产保护程序，在距离 4 月 30 日克莱斯勒汽车进入破产保护一个月后，这个拥有超过 100 年历史，在 1931～2008 年连续 77 年担当世界汽车"老大"，缔造了别克、凯迪拉克、雪佛兰等"美国象征"的汽车巨头，沉疴难起，也走到了这一步②。

建立在廉价石油之上的传统汽车业

探究通用汽车破产的原因，除了外在因素，即金融危机的最后一击之外，通用自身存在的一些问题才是其真正致命的内伤，如产能过剩、

---

① 〔美〕保罗·罗伯茨：《石油的终结：濒临危险的新世界》，吴文忠译，中信出版社，2005。
② 《通用汽车进入破产保护程序　底特律之殇》，《广州日报》2009 年 6 月 8 日，http://news. xinhuanet. com/auto/2009 – 06/08/content_ 11505537. htm。

人工成本过高等因素，但最重要的还是它生产的汽车是建立在廉价石油基础之上的。通用向来以生产过多的高能耗 SUV 车型备受诟病。最先推出 Explorer SUV 的是福特，但当时通用汽车并未重视这款车型。而当了解到 20 世纪 90 年代消费者热衷于 SUV 后，通用汽车又反应过度，以牺牲轿车开发为代价，将过多时间和资金用于 SUV 和皮卡。尽管 SUV 和皮卡确实符合美国家庭人口众多的特点，但通用汽车并没有把更多的钱用在如何提高燃油经济性上，而是放在使政府维护低廉油价上，这导致油价暴涨以及通用汽车的 SUV 和皮卡竞争力直线下降①。底特律不屑制造小型、燃料效能高的汽车并放弃 EVI 电动车项目，将其在清洁能源汽车制造方面所占据的优势和机会拱手让出，这对通用汽车未来的发展是致命的一击。因此，通用破产的例子就给我们敲响了警钟，消费者对 SUV 和卡车的偏好也是有一定条件的，汽车制造商不能因外部形势的变化而提前作出相应战略的调整就会错失良机甚至导致破产重组。

2007 年 5 月 17 日，《经济学家》发表了一篇名为《克莱斯勒的"婚姻终结"》②的文章。文中指出，当前克莱斯勒面对的困难，很大一部分是由 2006 年美国油价的飙升所引起的。正因为油价太高，司机们也不再购买占据克莱斯勒大约销售额 1/3 的、以汽油为动力的皮卡和运动型多功能车。克莱斯勒起初对这个问题视而不见，反而继续生产这些类型的汽车。由于底特律汽车公园附近的储量不停地上升导致克莱斯勒公司不得不以低价把这些车卖给汽车租赁公司。随着亏损的不断增加，戴姆勒·克莱斯勒公司不得不启动一项新的改革计划。2007 年 2 月的时候，克莱斯勒的老板 Tom LaSorda 启动了被称为"情人节大屠杀"的计划。这个计划的实施会导致 13000 个工作岗位消失，同时也会使纽沃克、德兰伟业的装配线车间关闭。

---

① 谢祖墀：《通用为什么倒下了》，2009 年 7 月 6 日，http：//finance. ifeng. com/leadership/alzx/20090706/894740. shtml。

② Chrysler：Divorced，*The Economist*，2007 - 05 - 17。http：//www. economist. com/node/9196298.

2009 年 1 月 15 日，英国的《金融时报》发表了一篇名为《2009，衰退能否结束？》①的文章。文中指出，底特律的困境正在伤害其他产业。汽车公司是报纸和电视的最大广告商之一，同其他公司一样，它们也在缩减广告开支。实力传播（Zenith Optimedia）预计，美国 2012 年的广告开支将会减少 6.2%。上述情况已经影响到陷入困境的报业——美国地区性报业集团论坛公司（Tribune）已于 2011 年 12 月申请破产，原因是无法支撑 2007 年萨姆·泽尔（Sam Zell）82 亿美元杠杆收购交易的债务负担。2012 年，广告开支的下滑还将影响大型媒体集团，甚至网上企业。

后石油时代吹响传统汽车业的集结号

不难发现，当底特律三大汽车行业重组的时候，世界石油产量已经进入峰值平台期，后石油时代正在来临。后石油时代的来临告诫我们以往建立在廉价石油基础上的传统汽车制造产业已经不具有任何竞争力了，也就是说，后石油时代吹响了传统汽车行业的集结号。而高效能、清洁能源汽车则是拯救传统汽车行业的最后一根救命稻草。

实际上，针对石油峰值来临和后石油时代的问题，有关国家及企业不仅深信不疑，而且采取了相应的对策。20 世纪 70 年代，由于第一次石油危机导致燃料价格高涨，日本和德国就开始转向制造小型、效能高的汽车，这些小型、效能高的日本和德国汽车大批量涌进了美国市场，并永远在那里站住了脚。随着燃料价格的大幅上涨和环境污染的加剧，日本汽车制造商花费了 10 年的时间生产出了以电力和汽油为动力的汽车。日本最大的汽车制造商丰田汽车公司不仅公开承认石油峰值，并针对后石油时代规划其汽车产业，于 1997 年开始出售世界上第一批混合动力汽车普锐斯（Prius）。本田技研工业公司也随即于 1999 年开始销售混合动力汽车（Insight）②。通用在 2004 年收回全部的 EVI 车转而全

---

① Chris Giles, "Will the Recession End in 2009?" *Financial Times*, 2009 - 01 - 04.
② 《日本汽车制造商改良汽油——电力引擎》，2009 年 4 月 7 日，http://auto.kantsuu.com/200904/20090407122159_ 142292. shtml。

力推广悍马品牌之时，日本丰田依然坚持不懈地开发电油混合动力汽车普锐斯，并受到大众欢迎，这也就是丰田在通用申请破产保护之时依然欣欣向荣的根本性原因。

在后石油时代到来时，日本的汽车公司就没有再遭遇到美国汽车公司的破产重组，原因在于，日本的汽车公司的制造是基于高油价基础之上的，他们已经提前完成了向混合、高效能汽车的过渡，如今正在向清洁能源汽车过渡。他们终结了传统汽车行业的制造，尽管付出的代价是巨大的，却是成功的，最起码在后石油时代正在来临之时，能够适应外部环境的变化。即使油价出现暴涨，他们也会信心十足，因为他们拥有更多的市场份额和更高的竞争力。

同样，后石油时代不仅吹响了传统汽车行业的集结号，也吹响了传统石油公司的集结号。在世界石油巨头中，埃克森美孚公司是不承认石油峰值的典型顽固派，同时，它也是六大国际大石油公司中唯一没有进行新能源研究的公司，因为它认为，无论是可再生能源还是新能源，它们在世界能源经济中所占的份额都将微乎其微。但是，随着近几年世界石油勘探开发形势的变化，埃克森美孚石油公司不得不面对世界石油产量进入峰值平台期的客观事实，充分结合未来汽车行业的发展，作出了一些重大的举措，引起了人们的注意。

2009 年世界石油巨头埃克森美孚公司宣布将赞助一个纯电动车共享和租赁项目，又称 AltCar。该项目设在马里兰州巴尔的摩的马里兰科学中心。石油巨头赞助电动车项目，这表明在全球新能源汽车呼声日益高涨之际，传统能源公司为了应对未来趋势的变化，已悄然为这种变化布局了。

埃克森美孚为汽车共享和展览项目投资了 50 多万美元，包括车辆的购置和展览项目的开发。在该科学中心亮相的 Maya－300 新型电动车完全由增强型锂离子电池技术提供动力。这些车组成了北美首个采用该项技术的纯电动车车队，用于消费者汽车共享和租赁项目。埃克森美孚的电池隔膜使锂离子电池开发商和生产商 Electrovaya 的 Lithium Ion SuperPolymer（锂离子超级聚合物）电池能够应用在该电动车。该项目是这些创新型公司和组织，如埃克森美孚、Electrovaya 及马里兰科学中心，在满足世界对安全、低排放、低油耗汽车需求方面发挥着重要作用的完美实例。

目前全球石油资源日益减少，世界正进入后石油时代，温室效应使石油巨头不得不考虑更清洁的新能源，以维持其在未来能源领域的地位。而埃克森美孚手握巨额资金，完全可动用这些资产对新能源项目进行投资或收购，可以预见，石油产业的大变革正在酝酿之中。

另外，由埃克森美孚在日本的关联公司——东燃通用生产的电池隔膜可使电池生产商显著提高目前锂离子电池的功率、容量、机械强度及安全系数。除隔膜以外，埃克森美孚还在不断研发更多的创新运输技术。这些技术包括一种合成橡胶和尼龙的共混材料，可使轮胎更长时间地保持胎压；新的轻量化塑料可使汽车生产商在保持汽车经济性、降低油耗的同时，提高汽车性能。

中投顾问发布的《2008～2010 年中国新能源汽车产业分析及投资咨询报告》显示，如果新能源汽车得到快速发展，以 2020 年中国汽车保有量 1.4 亿辆计算，可以节约石油 3229 万吨，替代石油 3110 万吨，节约和替代石油共 6339 万吨，相当于将汽车用油需求削减 22.7%。2020 年以前节约和替代石油主要依靠发展先进柴油车、混合动力汽车等实现。为此，世界领先的石油和石化企业埃克森美孚化工正在积极投资以满足这一不断增长的需求。目前，其已在推动沙特阿拉伯和卡塔尔的大型投资项目，并在韩国建设一家新的锂电池隔膜厂。

后石油时代不再是隐藏的冰山，它即将给传统的以内燃机为主的汽车产业带来一场革命。无论是政府还是企业，都应具有长远的眼光，具有社会责任的经营理念，从而建立一个可持续发展的运营体系。我国的汽车产业，应以美国通用为鉴，未雨绸缪、解放思想，真正扭转传统的、严重依赖单一石油能源的状况，进而为后石油时代的汽车产业做好充分准备。后石油时代已经为传统汽车业吹响了"集结号"，是该重新规划的时候了！

全球化贸易终将悄无声息地搁浅①

全球贸易量严重依赖运输系统的可靠性和成本的合理性，而全球石油产量峰值以及高涨的运输成本使得很多国家的出口量和进口量被动地大幅减少，可能进一步引发"峰值的全球化"。

全球化贸易面临的困境

全球化是基于国际贸易自由化协议的，伴随着欧盟单一市场、北美自由贸易协议及世界贸易组织的成立而兴起的一场革命。这场革命的好处正在逐渐凸显，尤其是国际贸易壁垒的减少促进了全球经济的增长，增加了国际贸易业务量。相应的，1990～2006 年，全球海上运输总量也翻了一番。截至 2008 年，海上运输每年消耗的石油量高达 20 亿桶。

全球贸易量的增加主要缘于以下三个因素：①贸易自由化；②运输和通信技术的进步；③部分地区低廉的劳动力成本。但我们仍要清楚地看到，全球贸易量的增加是以大量车辆、船只、飞机等运输工具消耗廉价石油燃料为代价的。若没有发达的交通运输系统和低廉的石油燃料，如今的全球贸易自由化就不会得以蓬勃发展，更不会有完善的供应链系统。就是这种低价且完善的运输系统为开发廉价劳动力提供了必要条件。但是，石油峰值的出现很有可能将这种供应链系统和国际劳动分工的模式推向危险的境地。

石油峰值和全球化运输

当石油产量达到峰值甚至开始下降时，供需之间的缺口将会出现并逐渐变大，进而导致原油价格的大幅飙升，此后将保持在高位震荡。强劲的需求和所剩无几的原油及其高昂的开采加工成本间的矛盾日益突

---

① 注：本文节选自美国德鲁大学 Fred Curtis 发表在 *Ecological Economics* 杂志 2009 年第 69 期第 427～434 页的一篇文章，此标题为本书编者所加，原题目为 "Peak Globalization: Climate Change, Oil Depletion and Global Trade"。

出，这使得公司成本飙升、供应量下降，结局可能就会造成"公众无钱买，公司无油卖"的尴尬局面。

人们十分关注全球石油峰值将会在什么时间来临。就像前文反复提到的那样，IEA 的报告显示，世界石油产量近几年已处于平台期，并将很快出现下降趋势，届时将无法满足需求量。原油价格从 2003 年的 28 美元/桶上升到 2004 年的 37 美元/桶、2005 年的 50 美元/桶、2006 年的 60 美元/桶、2007 年的 67 美元/桶，2008 年 7 月更是达到 147.27 美元/桶的高峰，随后下降到 2008 年 11 月的 53 美元/桶和 2009 年 1 月的 36 美元/桶，紧接着再恢复到 2009 年 8 月的 70 美元/桶，直到当前的 100 美元/桶左右的价格，这些从低位上涨到高点，随后又下降并开始反弹的油价数据足以说明油价的大幅波动性。究其根源，我们认为 2008 年 7~8 月的高油价很可能就是石油峰值的"征兆"。

全球化运输消耗了全球交通运输燃料的约 35%，而这些燃料几乎全部源自石油。不同运输方式对燃料的利用效率是不同的，因而对石油的需求价格弹性①也是不同的。国际航空运输所消耗的燃料是相同情况下海运和铁路运输的 50 倍之多，而公路运输所消费的燃料则是海运和铁路运输的 13 倍。这意味着石油供应紧张将对全球海运和航空运输产生重要影响。

自 20 世纪 80 年代以来，航空运输有了长足的发展。虽然航空运输的里程数只占全世界国际货物运输里程数的 0.3%，但其运输的货物价值却占全世界运输货物总价的 35%。由于航空运输所消耗的燃料远高于其他运输方式，所以它对燃料成本的变化最为敏感。如果油价飙升，对航空运输的打击将是致命的。例如，2007 年 7 月 18 日至 2008 年 7 月 18 日，航空燃油从原来的 2.17 美元/加仑（折合约 3.91 元/升）上涨到 3.95 美元/加仑（折合约 7.12 元/升），价格上涨幅度

---

① 需求的价格弹性指需求量变动的百分比除以价格变动的百分比，在经济学中一般用来衡量需求的数量随商品价格的变动而变动的情况。（编者加）

高达82%，这就直接导致了2008年上半年全球超过20家航空公司宣布破产。

过高的油价对航空运输成本的影响较大，而对海洋运输成本的影响则相对较小。第二次世界大战后，因为具有明显的竞争优势，全球贸易通过海上运输迅速扩张。海运0.5美分/磅（折合约75元/吨）的价格只相当于1.5美元/磅（折合约22590元/吨）的航空运输价格的0.3%。这也造成了海运货物的里程数约占国际贸易运输总里程数的96.7%，但货物价值只占全部货物价值的49%。2007年，全球7000艘运输船只的耗油量高达2亿吨，预计到2030年，全球运输船只的耗油量将达到3.5亿吨。

按照国际惯例，集装箱船使用的船用燃料油（高品位油提炼后的剩余产品）在国际运输中是免税的。因此，从这个角度上来讲，原油价格上涨对海洋运输成本影响甚微。但如果油价上涨过于剧烈，海洋运输的成本就会受到显著影响，进而给全球化贸易带来不利影响。例如从2005年开始，船用燃料油价格开始缓慢上涨，2008年又开始急剧飙升，一艘12米的船只从上海到美国东海岸的运输成本约为8000美元，但在2000年其成本只有3000美元左右。因此，远洋运输业对成本增加所做出的一种反应就是降低船只速度，例如有些远洋运输船只的船速从23.5节降至20节[1]，这就延长了货物运输周期，之前从汉堡到东亚的运输周期只需56天，现在却增加到63天。因此，石油峰值对海运造成的影响是十分明显的，造成的损失可能要远比贸易壁垒产生的损失大。

高油价导致的运输成本增加不仅会减少贸易量，而且会改变地理格局优势。Limao和Venables[2]发现，运输成本增加10%会减少大约20%的贸易额。不仅如此，正是由于运输成本的增加，中国廉价劳动力成本的优势荡然无存，从而使美国钢铁业近几十年来第一次在竞争中处于领

---

① 1节＝1海里/时＝0.5米/秒。（编者加）

② Limao. N., Venables, A. J., Infrastructure, Geographical Disadvantage, Transport Costs and Trade. *The World Bank Economic Review*, 2001 (4): 51 – 479.

先地位。宜家家居首次在美国开办了家具制造分厂，艾默生电器公司也把家电电机制造从亚洲转移到了墨西哥。

尽管以上都是应对运输费上涨以及石油峰值的措施，但是在当前国际劳动力分工的形式下，进行大规模转产还难以见效。随着时间的推移，石油峰值最终将演化成"全球化峰值"，那时，全球供应链的中断也将成为必然。

第六篇 | 新时代的发展之路

新时代的到来——后峰值时代

任何社会形态的演变发展和文化的进步都离不开能源，从最初的木材到煤炭再到石油，能源一直都是支撑社会经济发展的基础。经济发展带来了繁荣昌盛的景象和日新月异的变化，然而，作为经济发展支柱的能源却面临着前所未有的困境，而现在面临的石油峰值问题仅是浮出水面的冰山一角，接踵而至的天然气峰值和煤炭峰值也将同石油峰值一样，向世界显示其巨大的威力。化石能源峰值实际上是人类对有限供应与持续需求增长的担忧而产生的，而这种担忧也拓展到了其他领域，出现了很多其他的"峰值"，如粮食峰值、土地峰值、水峰值、金属峰值等。后面这些领域的"峰值"并不一定意味着一定会出现产量高峰和产量下降，而是在诸多因素影响下可能出现潜在供应短缺的状况，本质上都是对人类社会发展的挑战的担忧。这种担忧不断发展，逐渐形成了一种思想，并带领人类社会进入到后峰值时代。

天然气峰值

Hubbert 在预测石油产量峰值的同时，也预测了天然气和煤炭峰值，他认为世界天然气峰值时间出现在 1975～1980 年，全球煤炭峰值将在 2150 年到达[①]。之后，Nel 和 Cooper 利用 Hubbert 模型预测全球石油产

---

① M. King Hubbert., "Nuclear Energy and the Fossil Fuels Drilling and Production Practice", API. p. 21.

量峰值会在 2014 年到来，天然气产量峰值将在 2027 年达到。2002 年，Bentley 预测全球常规天然气产量将从 2020 年开始下降[1]。2005 年，阿拉斯加的能源经济学家 Reynolds[2] 预测美国天然气产量将在 2007 年达到峰值，同年埃克森美孚的 CEO 在接受路透社的采访时也证实了这一说法。2007 年 EWG 出版的《资源与未来产量》[3] 指出，全球煤炭产量峰值将在至少 15 年内达到，中国煤炭峰值在 2015 年达到，美国煤炭峰值在 2032 年达到，加拿大在 1997 年已经过了煤炭峰值。欧洲委员会联合研究中心的能源协会（IFE）虽然没有预测煤炭产量的峰值，但是研究发现世界煤炭资源的稀缺性将日益明显，峰值时间要比我们想象得早。化石能源峰值将接踵而至。

煤炭峰值

全球煤炭储量的 85% 主要集中在美国、俄罗斯、印度、中国、澳大利亚和南非这六个国家。中国煤炭的已探明储量数据自 1992 年就没有改变过，而目前正以每年 1.9% 的速率消耗。美国是全球煤炭储量最丰富的国家，但其高质量的（无烟煤和烟煤）煤炭产量高峰也早在 1990 年过去，剩下的大部分是低质量的、高含硫的。EWG 机构在 2007 年出版的《煤炭资源与未来》中指出，全球煤炭储量在过去的 20 年里一直下降，全球煤炭的资源量形势非常严峻，2005 年较 1980 年持续下降约 50%，从 10 万亿煤当量下降到 4.5 万亿煤当量。该报告同时指出，无论是全球公布的还是国家公布的煤炭数据均不具有可靠性，很多全球煤炭资源储量数据都过于夸大。该机构也预测，全球煤炭产量峰值会在 2025 年左右到来，约为目前产量的 130%。

粮食峰值

玉米对人类是非常重要的，著名畅销美食作家麦克尔普兰就曾写

---

① R. W. Bentley.，"Global Oil & Gas Depletion：An Overview"，*Energy Policy*，2002，p. 189 – 205.

② Bill White，State's Consultant Says Nation is Primed for Using Alaska Gas. 2005 – 12 – 17.

③ Coal：Resources and Future Production. *Energy Watch Group*. 2007 – 07 – 10. p. 7.

道："如果你的饮食部分主要是玉米，那么你就是由玉米做的。"玉米导致的粮食危机将对人类产生重要影响，例如，仅仅由于粮价的攀升就使得美国前任总统尼克松陷入严重的政治危机。目前，一场突如其来的、规模巨大的粮食危机正在以惊人的速度席卷全球。这次粮食危机将与以往的粮食危机有着很大的差异，原因在于廉价粮食时代已经结束，而这是我们不得不面临的现实。未来增加粮食的难度和成本将非常巨大，原因是产量增加以来的廉价能源已经一去不复返了，能源供应的减少和供应价格的高涨将极大地挑战人类未来的粮食供应。

生产粮食需要消耗大量的矿物燃料，大约占整个矿物燃料消耗的19%，仅次于交通运输部门。有些专家不同意这个数字，但是根据一项研究，我们养活自己时向大气释放的温室气体最多——高达37%。农民在砍伐树木、准备耕种作物时，大量的含碳气体被释放到空气中。但是，20世纪的农业工业化使得农业生产过程中的温室气体的排放量急剧递加；化肥（由天然气制造）、杀虫剂（由石油制造）、农业机械（靠石油运转）、现代食品加工（靠石油运转）、包装和运输（靠石油运转）等因素使得农业体系与以往不同。

1940年时，每卡路里矿物燃料会产生2.3卡路里的食物能量；现在超市成品食品中每卡路里能量需要燃烧10卡路里的矿物燃料。换句话说，在工业化粮食体系中，我们吃的是石油，吐出来的却是温室气体。

如果我们种植玉米，那么玉米就是由化石燃料构成的。原因是在种植玉米过程中使用的化肥来自石油，卡车和联合收割机只有使用石油才能正常运转。因此，当汽油价格开始上涨时，玉米的价格自然也就跟着上涨。美国解决该问题所采取的措施是向以玉米为燃料的乙醇工厂投入大量的补贴。突然，每年数以百万吨的玉米——大约占世界粮食总量的5%，却被用于汽车燃料。环境领域资深分析人士莱斯特·布朗（Lester Brown）认为这是"人类历史上的巨大悲剧的开始。美国为了减少自身对石油供应短缺的不安全感，在错误导向下，力图将粮食转变为汽车燃料，制造了规模空前的全球性的粮食恐慌"。2008年3月23日法新社报道，雀巢公司总裁和董事长 Peter 说："如果如预测的那样，我们指望用生物燃料增加石油产量的 20%，就不会剩下多少可吃的粮食了。对生物燃料的生产予以巨额拨款补助，在道义上是无法接受的，并且是不负责任的。"

但是，与亚洲中产阶级爆发的吃越来越多的肉和乳制品的事件相比，这只是一个很小的变化。现在，每年要用 76000 万吨粮食喂养奶牛。在肉类和汽车之间，在每年 21 亿吨（现在可能达到 23 亿吨或更多）的粮食中，只有 11 亿吨的粮食是供人类消费的，而这是远远不够的。

联合国粮农组织（FAO）警告说，目前全世界的粮食储备只够维持人类吃 57 天！从海地到埃及，世界各地的人们正因为粮食问题而发生骚乱。2008 年 4 月 14 日，非洲能源新闻评论的在线新闻服务指出，海地的粮食骚乱已导致多人死亡，此外，"用粮食生产生物燃料也带来了 2007 年全球食物价格的飞涨，并成为引发海地和世界其他地区暴力冲突的重要因素"。而如今，投机者和对冲基金也纷纷进入粮食领域，导致了更高的粮食价格。

经济学家指出，廉价的粮食时代已经一去不复返了。虽然政府已经出台了很多的粮食政策，试图使人类适应这一转变，但从廉价粮食时代向高粮价时代的过渡将比人们预想得要痛，且付出的代价也更高。

土地峰值

土地峰值确实是存在的。世界范围内的土地资源的消耗速度是其补充速度的 10 ~ 20 倍。土地是极其复杂的东西，含有沙、岩石、地下水等，为植物提高营养；有时还有虫子及其排泄物，虫子死亡之后其躯体就会腐烂于土地中，这些就形成了土壤中的有机物质。这些有机物质是整个地下生态学的营养物质，是土壤的呼吸工具，能够修复养分，为植物生存创造适宜的环境。如果这些有机质不被雨水冲刷走或遭遇干旱炎热的气候，随着长时间的积累，它就会逐渐变厚。而积累到能够供植物生长的厚度，则需要数万年的时间。

然而，这些需要数万年才能形成的土壤、土地资源正处于不断的枯竭中（表现为可耕种土地面积的下降和土壤肥力的下降）。为了获得高产量，科学家们建议农民使用化肥，正如土壤学家戴维莱尔德所说："如果你的土壤退化，只需要施加一些化肥，你就可以得到同类作物相同的产量。"

不幸的是，我们也正处在化肥峰值时代——由于供给短缺，化肥的价格已经翻了一倍。这是怎么回事呢？一是当前的生物乙醇使得玉米等作物的需求大涨，而生产如此多的玉米必然需要大量的化肥，需求的高涨导致了化肥价格的走高；二是生产化肥需要油气，而油气价格的上涨将导致成本推动型的化肥价格走高。此外，土地一旦使用上化肥，就会对其产生依赖，一旦没有化肥，土壤肥力将比使用之前还要差。而这些都使得土地正在由剩余转向短缺。

水峰值

"水资源峰值"这一术语被用来描述人类自身需求用水的供应量短缺，目前仍然存在争议，但它已让人们开始关注日益严重的水资源危机。许多国家由于过度开采珍贵的水资源，正面临这一困境。

以亚洲为例，根据世界资源研究所、EarthTrends 和亚洲开发银行的数据，亚洲的人均可再生水资源（不包括中东）略超过每年 4000 立方米，而全球的人均量为每年 8500 立方米。人口压力、农业灌溉和工业用水增加是影响亚洲许多地区用水的三大主要因素，而对地下水资源的过度开采也已跨过了公认临界点。

此外，新兴的非常规油气开采、煤制油、生物乙醇、油田的提高采收率技术（聚合物驱油）等的大规模利用都会消耗大量的水资源，且其生产过程中的污染物排放又会反过来污染一部分水源。相对于这些对水资源消耗的途径，人类浴室中水龙头滴水流失掉的水资源真是小巫见大巫。

由于上述这些原因，人们生活的环境已经从有水变为没水。并且，地下水和河水的干涸速度要比补充的速度快。米尔顿克拉克——一位高级的美国环境保护局的顾问指出，"实际上，我们即将卷入一次大规模的水战争"之中。

金属峰值

在很早之前，人们并不重视对废金属的回收及再利用，但目前的状况却恰恰相反。例如，在早些时候，如果消费者想清除掉汽车上的铅蓄电池，就必须支付额外的税收给政府，然而现在的形势不同了，很多人争着回收这些铅蓄电池，因为现在的金属实在是太稀少、太宝贵了。即使很少量的金属，也应将其保护起来。

金属的稀缺也给一些盗贼提供了新的"市场机遇"，为了获取这些稀缺金属的利润，这些盗贼正上演着一场偷盗大战。例如，加拿大多伦多一座新建的足球体育馆，其看台是铝制的，然而，该体育馆还未正式开放，就有人拔去了座位上的铝门闩，然后将其带走。2004 年 2 月中旬之后的几周里，世界各地的井盖开始从马路和人行道上消失，刚开始消失速度还较慢，后来越来越快。在美国芝加哥，一个月内就有 150 多个井盖"失踪"。苏格兰"下水道井盖大抢劫"期间，几天内 100 多个井盖"失踪"。在印度，因井盖被偷有 8 人掉进了窨井，导致死亡。在加拿大蒙特利尔、英国格洛斯特和马来西亚吉隆坡，有的行人一不留神，就跌进窨井。

过去，这些金属在地上随处可见，而且很便宜。究竟发生了什么事情让金属变得越来越稀缺呢？

一个很重要的原因是中国快速增长的需求。这一需求不仅增加了对废金属的需求，也推高了废金属价格。各地盗贼，几乎都一样。夜幕降临时，盗贼们就撬起铁制井盖，卖给当地商人。商人把井盖切割后，装船运往中国。2006 年，在上海就有 24000 个井盖被撬。现在，美国每年向中国出口价值 610 亿美元的废钢。现在，除了中国之外，印度和俄罗斯也变成了金属净进口国，加入到金属需求的行列当中。

根据 Hubbert 的峰值理论，峰值理论不仅适用于石油资源，同样也适用于越来越昂贵的任何稀缺资源。莱斯特·布朗（Lester Brown）预测，铜的供应量将在 25 年之后达到峰值，之后开始减少。而占世界1/3铜产量的智利，其铜产量已经开始下降。

后峰值时代下廉价能源的终结[①]

后峰值时代廉价石油的终结观点已经被大家所熟知，而不断增长的油价也证实了这一观点，然而，如果有人告诉你煤炭价格也将如石油一样，开始一轮长期的上涨，你会相信吗？可以肯定的是，大多数人都不会相信，因为在多数人的印象中，作为世界第二大能源的煤炭是最为便宜的廉价能源，没有人愿意看到煤炭价格的上涨，许多经济学家也公开宣布煤炭价格在未来十几年内仍然十分便宜。然而，这些观点最终会被证明是错误的。

廉价煤炭时代的终结

对于煤炭价格，有两个重要的原因使我们确信其将在未来飞速上涨。第一，近期的一连串研究已经证明了人类实际可获得并可充分利用的煤炭资源要比我们预想得少很多。事实上，世界煤炭峰值可能距离我们仅有几年的时间。而一份在 2010 年出版的较为悲观的研究报告更是认为全球煤炭峰值即将在 2011 年到来。

第二，全球煤炭需求依然持续快速增长，其中大部分需求来自中国。20 世纪 90 年代，世界煤炭需求年均增速仅为 0.45%，但 2000 年之后，其增速已经跃升至年均 3.8%。中国不仅是世界上最大的煤炭生产国（约占全球 40% 的煤炭产量），同时也是全球最大的煤炭消费国，其对未来煤炭价格的影响是十分巨大的。

现实的情况是，很多国家仍然没有意识到这一点，依然用一些数字游戏自欺欺人。以中国为例，中国宣称其拥有充足的煤炭资源以满足当

[①] 该部分是根据 2010 年 11 月英国杂志 *Nature* 上刊登的一篇文章 "The End of Cheap Coal" 编译而来。

前快速的经济增长。国土资源部的煤炭资源调查报告显示，我国的煤炭探明储量为 1870 亿吨，是仅次于美国的世界第二大煤炭拥有国。如果按照 2009 年的煤炭消费速度（大约每年 30 亿吨的消费量），这些资源仍然能满足我国 62 年的消费需求。这种计算资源"寿命"的简单方式在工业界和政界都非常流行，但是它却很可能使人们产生一种对实际煤炭储量和煤炭供应安全状况的错误论断。

不断下降的煤炭储量

"探明可采储量"是在现有技术和经济条件下可开采的煤炭资源量。因此，从其定义来看，新的开采技术的应用及煤炭价格的提高都会增加煤炭的可采储量。但是，在过去的几十年中却出现了一个明显的趋势，那就是很多国家实际开采出来的煤炭资源与其计算的可采资源相比已经大大缩水了。

例如，德国和南非的煤炭储量在 2003～2008 年就已缩水超过1/3。英国于 19 世纪对其国家煤炭资源进行了第一次资源普查，结果显示其拥有充足的煤炭资源，并能使其持续使用 900 年。但是目前公布的储量却仅能使其持续使用 12 年，这是在英国的煤炭工业规模与其以前相比有略微缩小的背景下提出的。与英国的情况相似，美国在 20 世纪早期也对其国内煤炭资源状况进行了第一次官方普查，结果认为其资源量可以满足美国 5000 年的消费需求。但这一数字在 1974 年就已经缩至 400 年左右了，而今天又进一步缩至 240 年。虽然，这种趋势也有个别例外，如印度尼西亚和印度的煤炭储量评估值一直在增加。但是，从总体上来看，对全球煤炭储量的估计值在近年来出现了快速的下降。

事实上，与现在我们对煤炭的担忧相类似，1998 年也出现过对廉价石油时代终结（The End of Cheap Oil）的担忧。而之后的油价上涨似乎也印证了这一担忧，主要原因是随着资源量的不断减少、油品质量的下降和开采难度的增加，增加边际石油供应所需要的成本也在不断增加。目前的油价已经超过 100 美元/桶，是 20 世纪 90 年代末许多官方预测的 2010 年油价范围上限的 4 倍多。可以看出，新技术的应用确实使我们开采出了更多的石油，但是深水钻探和油砂生产所带来的巨大风险和成本也不容忽视。

与石油开采新技术的效应相似，目前地下煤气化技术等新技术的发展及应用也在一定程度上提高了人类从地下采出的煤炭数量，但是其成本也非常巨大，距离大规模的商业开采还需要很长的时间，并且需要持续的巨额投资做保障。同时，世界上的高品质、易开采的煤炭资源正随着化石能源需求的持续增长而逐渐消耗殆尽。

快速增长的煤炭需求

煤炭消费量正在不断增长，特别是在中国，进入 21 世纪后煤炭消费量快速增长。因此，基于需求稳定不变情况下计算的储量可用年限（即储采比）是毫无意义的。一份由中国能源研究会在 2009 年发布的预测报告显示中国的煤炭需求将在 2020 年达到 7 亿～10 亿吨的水平，这一增长状况将使储量的可用年限缩减至 33 年。更进一步，如果中国的煤炭需求与中国的经济增长保持相同的增长速度，那么储量可用年限将进一步缩至 19 年。

中国的经济增长除了继续依赖煤炭之外，已别无选择。与美国相比，中国很多工业部门都在使用煤炭，且大部分煤炭被用来发电。中国供应的煤炭中有一半提供了整个国家电力供应的 80%，另外有 16% 的煤炭供应用于钢铁冶炼工业，这在世界上也是居于首位的。此外，还有 6% 的煤炭供应被用于中国北方成千上万人民的冬季取暖，剩下的 28% 的煤炭供应主要用在诸如水泥、有色金属和化工等的工业部门。近些年来，中国大力发展天然气产业，增加天然气供应，以便替代部分煤炭。但即使是占煤炭消耗最小的取暖部分，其目前所消耗的煤炭也几乎是当前整个天然气消费量的 2 倍。

除了经济发展对煤炭的消耗外，城市化也加速了煤炭需求的增长。目前，居住在城市的中国人口占总人口的比例还不到 50%，而这一比例在美国和欧盟都已达到 80%。为了提高其公民的居住条件和就业机会，中国政府计划在未来的 15 年中，将城市人口再增加 3.5 亿。这些增加的城镇人口需要大量的基础设施，如住房、能源消费、交通设施、供水和废物处理设施等。提供这些基础设施必然需要消耗大量的建筑材料，如水泥、钢材、铝、铜等，而所有的这些建筑材料的制造都需要消耗大量的煤炭。在接下来的 10 年中，快速的经济增长和持续的城市化将使中国的煤炭消费量至少在 7 亿吨以上，而这一数字只有在提高能效、节能和发展替代能源等目标都实现的情况下才能成立。

中国的煤炭进口困境

中国的煤炭需求如此之大，而国内供应又难以满足，中国是否可以到世界其他地方进口其所需要的煤炭资源呢？根据官方报道的数据，美国是世界第一大煤炭资源国，但是其当前的产量（大约 10 亿吨）几乎全部都被用来满足国内自身的消费。而煤炭出口大国澳大利亚、印度尼西亚和南非的煤炭储量和产量正在不断下降，目前的产量仅在每年 2.5 亿～4 亿吨的水平。2008 年，全球动力煤（主要用于发电）的整个海上运输量约为 6.3 亿吨。尽管这一数字可能随着澳大利亚、俄罗斯和印度尼西亚的产能扩张而有所增加，但是其增长却是十分有限的；相反，价格还可能会上涨，因为即使有限的产能扩张也可能需要大量的矿场、铁路和港口等基础设施，而对这些基础设施的投资往往需要巨额资金。

再看看俄罗斯，虽然其在西伯利亚地区拥有丰富的且尚未被开采的煤炭资源，但是这些资源距离消费中心地区都比较远，而煤炭铁路运输又极其昂贵（这就是大的出口商都集聚在沿海地带并且采用水路运输的主要原因）。然而，俄罗斯与其把西伯利亚的煤炭出口到欧洲，不如出口到中国，这样相对来说容易些，尤其是在中国帮助俄罗斯修建铁路的情况下，这可能是我们所能发现的唯一的一个比较好的消息了。

如果按照目前的煤炭进口增速，仅需要三年的时间，中国就可以吸收当前亚太地区所有的煤炭出口量。由于该地区的其他国家也依赖海外煤炭，中国不可能抢占所有的进口量，但是这种进口竞争的压力将推使价格高涨。除了中国之外，印度的煤炭进口也在 2012 年翻了一番，达到 1 亿吨左右。虽然印度是为数不多的几个在近年来将其煤炭储量不断修改提高的国家之一，但是其高品质的煤炭资源仍然十分有限，因此，印度仍需进口大量的高品质煤炭。

煤炭需求的飞速上涨和产量下降的一个不可避免的结果就是全球煤炭价格的上涨，即使在目前煤炭仍然能够自给自足的国家也会出现同样的状况。

如何应对供应短缺与高价格

我们确信在 2020 年后，世界煤炭产量将难以满足其需求。因此，对社会各部门的煤炭消费进行新的限制将是十分必要的，这其中包括农业、交通业和制造业。如果不及早制定新的能源政策和规划，逐步减小这些部门的煤炭消费，那么当煤炭价格高涨和出现煤炭短缺时，其必然会受到很大的影响。

供应的不足也会对清洁煤技术的发展产生影响。如大家所熟知的碳捕集与封存技术（CCS）一样，清洁煤技术也是一项减少由能源消费增长而引起的温室气体排放的重要技术。煤炭的消耗会带来严重的环境污染，特别是温室气体的排放，但就目前来看，世界经济的发展仍然严重依赖煤炭的消耗。因此，切断煤炭供应来减少温室气体排放是不可行的。此外，人人都认为煤炭价格在可预见的未来依然会很低的观点也使得大家都选择使用煤炭。因此，减少污染的可行方法就是通过发展清洁煤技术来控制从煤炭燃烧中所产生的温室气体量。

但是发展清洁煤技术也有两大障碍，即在企业中推广的难度和对电价的影响。正如很多分析家已经告知的那样，清洁煤技术应用需要巨大的基础设施投资，这使其运营成本非常大，单一企业很难负担这一成本。此外，很多能源专家也认为清洁煤技术的应用会推动电价上涨，因为大多数的煤炭被用于发电，而清洁煤技术的应用会增加煤炭成本，进而推动电价的上涨。在煤炭价格十分低廉的情况下该方案是可行的，发展煤洁净技术也是可以的，但如果煤炭变得昂贵，修建常规的和清洁的煤炭生产设施都无法获得任何经济效益，只能期待用这些设施来替代那些低效的生产设施了，除此之外别无他法。

面对未来可能出现的化石能源短缺与价格高涨问题，各国应及早做好准备，提高能源利用效率并加大对发展可再生能源所需的技术及基础设施的投资。即使这些措施都实施了，世界恐怕也不得不接受世界经济增长放缓的现实。

高价格改变世界格局

20 世纪下半叶的人类现代文明是建立在廉价石油资源的基础上的。石油，这个黑色的金子、工业的血脉，燃烧着自己，放射出耀眼的光芒，释放出巨大的热量。它以价格的变化，上涨或者下跌告诉人们该如何使用它，是节约还是浪费。无论是发达国家还是发展中国家，都要感谢石油。因为，有了石油才有他们经济的腾飞、社会的发展与文明的进步。而如今，已经走完 150 多年的石油工业处在一个新的转折点上——石油产量进入峰值平台期。之后，剩下的石油资源将越来越少，而廉价石油时代的终结，高油价时代的到来向世人宣布——已经进入后石油时代的人类社会将面临更高油价的挑战。我们不要指望未来油价会下降，相反，油价将史无前例地升高。与此同时，伴随高油价而来的世界格局也将发生根本的变化，100 多年来的资本主导局面向资源主导局面发展，资源的价值将得到较大程度的体现。正因如此，在石油资源极其短缺的后石油时代，高油价正是资源价值的极大体现。

高价格改变石油工业格局

国际石油的轴心正在发生微妙的转移。类似巴西和非洲这样的新兴产油国和产油区正在崛起，并在世界石油市场上取得越来越多的话语权。在经历了产量高峰之后，石油产量将不可避免地下降，甚至其递减速度会超乎我们的想象。石油资源将逐渐掌握在少数几个资源大国手里，同样，石油出口将更加集中在少数产油国手中，这将直接导致以石油资源为霸权的新能源帝国的崛起。

另外，也会使得世界石油工业的竞争格局出现新的变化。第一，竞争主体的变化。随着世界石油峰值的到来，石油市场的竞争主体将由国际大石油公司与国家石油公司共存转变为以国家石油公司为主体。各国政府和石油公司将越来越注重对世界油气资源的掌控，世界石油市场竞争实质上已经演变成国与国之间对油气资源控制权的争夺和博弈了。而对石油公司而言，油气资源是公司的立足之本、发展之基和效益之源。谁掌握了资源或谁掌握的资源多，谁就有较多的话语权，谁就具备竞争优势，掌握发展的主动权。因此，在这种背景之下，一些国家石油公司在加大对本国油气资源掌控力度的同时，为了获取竞争优势，还将在全球范围内不断寻找新的发展机遇。国际大石油公司的主导地位将会受到更大的挑战，很可能被国家石油公司取代，而更多的是利用其技术和金融优势，持续不断地研发上游和下游技术，巩固其技术提供者的地位和作为国家石油公司的合伙者或承包者的角色。

第二，竞争区域的变化。石油峰值的到来意味着石油产量的减少，那些石油可采储量并不丰富的地区或国家，会逐渐退出世界石油出口市场，使得竞争区域由世界范围缩小到几个油气资源大国。未来全球油气供应将进一步集中，中东、俄罗斯、非洲部分地区或国家将成为各大跨国石油公司竞相角逐的主战场。另外，随着勘探开发重点由常规油气向非常规油气转移，拥有非常规油气资源的国家或地区，如加拿大、委内瑞拉、极地将会成为新的主战场，各个公司都想在此分一杯羹。

第三，国际石油合作格局的变化。随着世界石油峰值的到来，资源国政府将会加大对本国油气资源的控制力度，提出更加苛刻的勘探开发财税条款来增加政府所得。今后，那些资金充裕、远景不足的国际大石油公司将会把大部分精力和资金用于购买石油储量。随着时间的流逝，我们将能够做出关于他们的交易是否已使大股东回报与公司其余股东回报相当的判断。如果这一趋势持续下去的话，国际大石油公司将通过资产重组形成若干个新的超级石油巨头，即新一轮的合并浪潮将重新上演。因此，石油峰值背景下的国际石油公司之间的合并还将进一步加强和发展，而资源国的国家石油公司为了推动投资与合作多元化，会加强与其他国家石油公司之间的合作，从而改变国际石油合作格局。

高价格改变全球财富分配

高油价会导致全球财富的重新分配——从主要石油消费国手中流向主要产油国手中。由于石油资源大国石油美元收入的大幅增加，全球财富将大量地流向资源大国手中。如图 6 - 1 所示[1]，自 2005 年以来，美国的税收主要流向了欧佩克（OPEC）、加拿大、墨西哥、俄罗斯和其他生产石油的国家。欧佩克（OPEC）、加拿大、墨西哥和俄罗斯都是石油出口大国，也都是美国从海外进口石油的主要国家。如果油价按120 美元算，仅油价上涨美国进口的 6 亿吨石油就要比 2001 年多支付约4000 亿美元，所需的 10 亿多吨的进口能源就要多花 6000 亿美元左右[2]。因此，可以看出，大约 80% 多的美国税收用于购买海外石油。这导致大量的石油美元流向了欧佩克和俄罗斯等石油大国。正因如此，使得石油出口国国家的银行储备金大幅上涨，而 OECD 发达国家的银行储备金持续下跌[3]（如图 6 - 2 所示）。在更高油价的后石油时代，石油出口国将从全球财富的再分配中获益。然而，大量依赖石油进口的国家将受到更大的影响，进口量越多，贸易平衡能力越差，受到的重创就越大。

---

[1] Jeff Rubin & Peter Buchanan, What's the Real Cause of the Global Recession? *CIBC World Markets Inc.*, 2008 - 10 - 31.

[2] 刘建生说："美国如不进行一场根本性的革命，将无法避免一场全面的经济危机的发生。"

[3] Jeff Rubin & Peter Buchanan, What's the Real Cause of the Global Recession? *CIBC World Markets Inc.*, 2008 - 10 - 31.

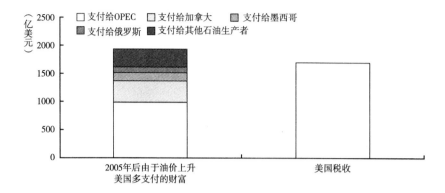

图 6 – 1　自 2005 年以来美国税收的主要流向

资料来源: Jeff Rubin & Peter Buchanan, What's the Real Cause of the Global Recession? *CIBC World Markets Inc.* , 2008 – 10 – 31。

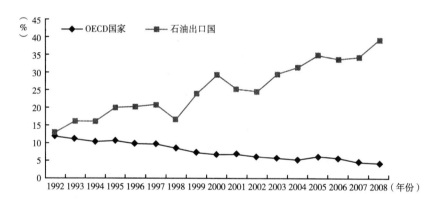

图 6 – 2　1992 ~ 2008 年石油出口国和 OECD 国家银行储备金的变化

Jeff Rubin & Peter Buchanan, What's the Real Cause of the Global Recession? *CIBC World Markets Inc.* , 2008 – 10 – 31.

高价格改变世界资源供应格局

　　高油价还将导致国际资源供应格局发生根本性的变化。不可再生资源都会有达到峰值的那一天，每一种化石能源的价格都会在产量达到峰值时大幅上涨。石油行业不是一个单一的产业，因为它会带动人力、材料、制造等相关产业的发展，而资源的高价也必然带来相关资源价格的上涨。因此，后石油时代，人类面临的不仅是石油资源的高价，还有其他化石能源及替代能源价格的上涨。这是一个价格传导的必然结果。

另外，为了掌握价格的控制权，资源国家会像早期的 OPEC 组织一样成立一个联盟。由高油价引发的高粮价，使得主要的粮食生产国也会成立一个类似于石油输出国组织的联盟或者组织，共同联手主导世界粮食市场以及粮食价格的变化。没有石油我们可以回到原始的生活方式，但是，没有了粮食，恐怕哪个国家都不会长期生存下去，缺粮的恐慌远比缺石油的恐慌严重得多。为此，粮食在后石油时代将成为仅次于石油的国际政治"武器"。对任何一个国家来说，在粮食问题上依赖进口都是最不安全的。可以看出，更多的资源争夺战将不可避免。

新能源帝国主义的崛起

自 1859 年美国人埃德温·德雷克（Edwin Drake）在美国宾夕法尼亚州成功钻出石油以来，现代世界石油工业已经走过 150 年的风雨历程。这 150 年的发展史既是石油企业的发展史，也是世界石油舞台的主角不断变化的历史。19 世纪 70 年代到 20 世纪 70 年代，石油工业的七家大型国际石油公司——"七姐妹"经历了初步形成、结成卡特尔与迅速发展三个时期。20 世纪 60 年代末到 80 年代，石油输出国组织的形成及国有化浪潮的冲击，使"七姐妹"体系瓦解。1981 年至 20 世纪 90 年代后期，石油工业在经历了石油市场转变与三次油价大跌后，在结构调整、资产重组中形成了世界石油工业六巨头。与此同时，拥有并控制本国油气资源的国家石油公司（National Oil Companies，简称 NOC）在国际舞台上扮演着越来越重要的角色。

国有化运动： 一浪更比一浪高

20 世纪 70 年代，欧佩克各国先后完成石油工业国有化，成立本国的国家石油公司。随着北海石油勘探开发的大规模展开，英国、挪威等国也建立了国家石油公司。1973 年后石油价格的大幅度上升，促使一些依靠石油进口的发展中国家成立国家石油公司来控制本国石油市场。

20 世纪 80 年代末 90 年代初，因东欧剧变、苏联解体分裂出的一大批国家大都建立起国家石油公司。

进入 21 世纪，高油价和利益分配不均再次引发新一轮的国有化浪潮。此次资源国有化浪潮从俄罗斯蔓延到委内瑞拉、玻利维亚和厄瓜多尔，并迅速扩展到乍得、卡塔尔、阿尔及利亚、科威特等国。新一轮石油资源国有化呈现三大特征：①通过制定新的法规和政策，加大政府管控油气资源的程度；②调整石油合同，修改商业模型，保证资源国政府在石油合作项目中获得最大的经济利益；③稳定国内局势，实现资源国的政治利益[1]。在国有化的推动下，资源国政府开始从原油生产中索取更多的利益，减少石油公司由油价攀升所获的超额利润，利用所获石油收入发展资源国经济，投资基础建设，提高国民生活水平。

世界新一轮石油资源国有化对国际能源结构调整和地缘政治格局将会产生深远影响，主要体现在以下四个方面[2]。

第一，资源控制权转移，区域合作加强。从这次石油资源和资金博弈的结果看，资源国占了上风。世界主要产油国采用法律手段，有效地增强了对本国石油资源的控制；通过地区之间的广泛合作，优势互补，增强地缘政治的国际影响力。

第二，世界能源秩序趋向多元化，西方石油消费国与石油资源国矛盾可能加剧。世界石油资源国有化打破了以西方发达国家为主导的消费国和以欧佩克组织为主导的石油生产国之间的供需平衡关系。随着发展中国家经济的逐步发展，能源需求量也在明显增加，有的发展中国家已经步入高能耗的工业化阶段，少数"有钱人"控制能源供应的局面将会被完全打破。世界能源秩序正在发生着深刻的变革。市场化消费和国有化供应之间的矛盾将会被激化，以美国为首的西方发达国家和世界产油国之间的矛盾冲突将是不可避免的。

---

① 曾兴球：《资源配置新格局　国际合作新阶段——浅析新一轮世界石油资源国有化浪潮》，《中国石油报》2006 年 11 月 7 日第 8 版。

② 曾兴球：《资源配置新格局　国际合作新阶段——浅析新一轮世界石油资源国有化浪潮》，《中国石油报》2006 年 11 月 7 日第 8 版。

第三，以美国为主导的国际石油机制将面临挑战。目前世界石油定价权掌握在西方石油消费国手中，他们依靠欧美石油期货市场，操纵国际油价的涨跌。大型跨国石油公司和金融机构经常利用强大的资本实力，人为地抬高或压低价格。20 世纪 80 年代以来，跨国石油组织通过纽约商品交易所和伦敦国际石油交易所几乎垄断了全球范围内的主要石油期货市场，石油期货价格也就成了国际油价的风向标。随着新一轮石油资源国有化的推进，这种垄断交易方式将会有所改变，产油国一旦掌握了油气供给权，自然就有了定价发言权。俄罗斯、委内瑞拉、中东一些国家通过建立自己的交易所，甚至准备改变原油出口以美元计算的方式，摆脱西方跨国石油公司对石油交易的垄断和控制。这样做的结果，甚至可能动摇以美元为主导的世界货币体系。

第四，国际石油合作的方式将会产生新的变化。石油资源的特点决定了石油经济必然是国际化的，石油经济全球化是世界经济全球化的缩影。国有化和市场化是矛盾的两方面，加强国有化有可能萎缩市场化。国有化的目的还是为了控制市场，无论是"石油民族主义"还是"能源民族主义"，最终都离不开全球市场配置。资源国有化加大了国家管控资源的力度，但大多数资源国基础设施落后，缺乏足够的资金和技术，动用开发资源难度很大。比如，玻利维亚、厄瓜多尔、乍得等南美、拉美和非洲国家，存在资金不足、经营不善、设备老化、技术力量薄弱、基础设施不完善、开发成本过高等诸多问题，他们只有通过与有实力的国际石油公司合作，才能有效开发和合理利用好本国资源。新一轮资源国有化浪潮的冲击，打破了原有的市场秩序。由于投资环境的变化，准入难度大，投资成本高，按过去的评价标准难以寻找新的油气勘探开发项目，在一定程度上会影响跨国石油公司投资的积极性，或者迫使跨国石油公司改变投资方向，寻找新的投资领域，转向深海勘探及重油、油砂和其他技术难度大、资源国政策较为宽松的投资项目。短期内国有化占优势，但从长远看，市场化是大趋势，唯有市场才能解决世界能源资源分布不均的问题。产油国控制油气资源以后，国际油价更有可能在一个相对较高的价位上徘徊。资源国一定会催生出新的既能够保护资源国利益，又能够调动跨国石油公司投资积极性的商务模型和管理机制，现行的合作方式一定会产生变化，国际石油合作将会展开一幅新的画面。

随着国有化浪潮在全球的蔓延，资源国国家石油公司也迅速发展壮大，成为影响全球油气市场的强势力量。

国家石油公司是管理和控制本国油气资源的独家代表，公司和政府之间有着共同的利益基础。国家石油公司自诞生之日起就有着很多国际石油公司无法比拟的优势，如强大的政府支持和丰富的油气资源保障等。因此，近年来很多国家石油公司都在很短的时间内迅速崛起，成为影响全球油气市场的强势力量。在 2008 年 12 月 1 日美国《石油情报周刊》公布的 2007 年世界最大的 50 家石油公司综合排名中，沙特阿美石油公司位居榜首，伊朗国家石油公司、委内瑞拉国家石油公司、中国石油天然气集团公司均排在前五名之中。但是，与 2006 年相比，2007 年委内瑞拉国家石油公司（PDVSA）超过 BP 公司，由第 5 位上升到第 4 位；中国石油从第 7 位上升到第 5 位；BP 公司则从第 4 位下降到第 6 位[①]。在这 50 家最大的石油公司中，国有比例超过 50% 的有 27 家，其中也包括 19 家由国家完全控股的石油公司。

英国《金融时报》在咨询了很多业界高层人士后确立了"新石油七姐妹"，它们分别是沙特阿美石油公司、俄罗斯天然气股份公司、中国石油天然气集团公司、伊朗国家石油公司、委内瑞拉国家石油公司、巴西国家石油公司和马来西亚国家石油公司（Saudi Aramco、CNPC、Gazprom、NIOC、PDVSA、Petrobras、Petronas）。这 7 家国有石油公司控制着世界 1/3 的油气产量，并且还拥有超过 1/3 的全球油气储量。而原来老的"七姐妹"经过 20 世纪 90 年代的并购后，只剩下埃克森美孚、雪佛龙、BP 和壳牌四家，这四家国际大石油公司的油气产量仅占

---

① 张卫忠：《美国〈石油情报周刊〉公布 2007 年世界 50 家最大石油公司排名》，《国际石油经济》2009 年第 1 期。

世界总量的10%，控制的储量仅为3%。"新七姐妹"的形成说明资源国在国际石油市场上已经占据了十分重要的地位[1]。

对一个国家来说，保证对本国油气资源的控制权具有某种政治意义，也是建立国家石油公司的主要原因。尤其是对那些石油工业长期掌握在外国石油公司手中的发展中国家来说，控制石油资源已经成为国家和民族独立的一个重要标志。对一个石油公司来说，油气资源是石油公司的立足之本、发展之基和效益之源。谁掌握的资源越多，谁就有更多的话语权，谁就具备了竞争优势，掌握了发展的主动权，尤其在高油价下，国家石油公司越来越意识到控制和占有油气资源的重要性。新一轮资源国有化浪潮结束后，Douglas-Westwood 公司的资料显示，2008 年，目前全球 100 多个国家石油公司控制了世界石油储量的 85% 以上，而国际石油公司所能控制的油气资源量却呈现明显的下降趋势。20 世纪 60 年代，全球油气总资源量中有 85% 完全对国际石油公司开放，另有 14% 控制在苏联手中，而国家石油公司可控制的油气资源量的比例还不到 1%。如今的情况截然相反，国际石油公司控制的油气比例大约只有 14%，而国家石油公司直接控制和占有的油气资源量占全世界油气储量的 85%，并还在不断地增长。

1998 ~ 2001 年石油公司大并购浪潮后，埃克森美孚、壳牌集团、BP 公司、雪佛龙、道达尔、美国康菲公司等国际大石油公司在美国《石油情报周刊》的年度综合排名中的排名不断上升。近两年，这 6 家公司一直保持在该排名的前 10 大石油公司行列。但是，从过去 10 年的发展历程来看，随着国家石油公司地位的上升，国际大石油公司在世界石油行业中的地位逐步下降。在本次排名中，中国石油、委内瑞拉国家石油公司的排名超过壳牌集团和 BP 公司。1997 ~ 2007 年的 10 年间，埃克森美孚等 6 家国际大石油公司原油储量占世界总储量的比例从 4.7% 下降到 3.7%，天然气储量所占比例从 4.2% 下降到

---

[1] Carola Hoyos. ，"The New Seven Sisters: Oil and Gas Giants Dwarf Western Rivals，" *Finiancial Times*，March 11，2007.

3.6%，原油产量从 16.6% 下降到 14.6%，天然气产量从 18.9% 下降到14.4%[1]。

后石油时代，在保障国家能源安全的驱动下，牢牢控制和占有油气资源，成为各国家石油公司的必然选择。因此，他们将在全球范围内获取油气资源。与此同时，随着石油资源的减少、能源中心地带的变化以及近几年国际油价持续高位震荡，一些资源国政府要求从原油生产中获得更多的利润，并要求从能源生产和经营活动中获取大量资金来发展本国经济，从而实现其政治目的。同时，资源国以资源为王牌，增强主权国在全球资源竞争中的优势地位，提升国家石油公司的地位、作用与利益，其中的典型代表应属俄罗斯、委内瑞拉和厄瓜多尔。

俄罗斯总统普京想利用国际市场原油价格上涨的有利形势将俄罗斯变成一个全球能源大国、一个由国家控制的能源大国。俄罗斯式的控制方式将基本借鉴沙特阿拉伯国家石油公司的做法，但又要相对宽松：在未来这个庞大的控制机构中，外国私营资本将允许存在，但它们必须在俄罗斯本国资本的控制之下[2]。2008 年，梅德韦杰夫当选俄罗斯总统，他继续推行普京执政以来的能源战略：借助能源恢复昔日的荣耀，利用自然资源的优势发展俄罗斯经济，同时利用这些资源来捍卫其国际地位；调整对内和对外天然气价格；加强油气管道建设，减少对能源过境国的依赖，提升能源运输的安全度；建立多元化拓展能源市场，扩大出口，巩固欧洲，开辟远东，争夺中亚；加强在中亚能源领域的地位，推动"中亚天然气联盟"的形成，重点开辟新的中亚油气外运管道，增强与欧美的竞争；严格控制外资进入能源行业，支持国有公司走向国际，发展成为全球性的能源公司。这些基本战略在普京－梅德韦杰夫时代不会改变。近几年俄罗斯试图通过工业重组来加强国家的控制，曾多次修改其国内油气资源法律条款，目前这些已经通过的法律条款还在进一步修改和完善之中。因此，俄罗斯油气法律政策不稳定使得外国直接

---

[1] 张卫忠：《美国〈石油情报周刊〉公布 2007 年世界 50 家最大石油公司排名》，《国际石油经济》2009 年第 1 期。

[2] 〔法〕赛比耶－洛佩兹：《石油地缘政治》，潘革平译，社会科学文献出版社，2008。

投资困难以及直接获取俄罗斯油气战略资源的程度与范围十分有限。

2008 年 4 月 15 日，委内瑞拉国会通过《石油高价特殊贡献法》法案，批准委内瑞拉政府对在该国运营的石油公司征收暴利税。该法案规定，当布伦特原油的月平均价格超过每桶 70 美元时，委内瑞拉政府将对在该国运营的各石油公司高出该价格的部分征收 50% 的收益；当月平均价格超过每桶 100 美元时，征收比例将提高至 60%。这项法案还规定，这部分新征的税款将全部划拨给国家发展基金，用于国家基础设施建设和社会发展项目等。

2007 年 10 月 4 日，厄瓜多尔政府出台一项法令，对在该国的私营石油公司征收 99% 的暴利税。此举具有变相"没收"资产的意图。许多石油公司处于微利和亏损的状态，极大打击了外国投资者与该国合作的信心。为此，不少石油公司表示不满，将政府诉诸法庭。2008 年 10 月 16 日，厄瓜多尔政府宣布，将暴利税税率下调至 70%，厄瓜多尔的暴利税并非剥夺石油企业的全部利润，而是对超过合同价格出售而产生的那部分超额收益进行征收。如果在该国的私营石油公司不愿意和政府就新的收益分配合同进行谈判，厄瓜多尔希望全盘收购这些企业。

形成新油气权力中心

近几年来，产油国之间的合作逐渐加强，消费国之间的合作也在不断增强。传统的油气权力中心是以沙特阿拉伯为代表的中东地区的产油国。但是，目前，中东地区的石油产量，迄今已经经历了两个高峰期，第一个高峰期在 1973～1979 年，平均年产量在 11 亿吨左右；第二个高峰期是从 1997 年至今，年产量超过 10 亿吨。这两个高峰期已经消耗了中东地区很多的石油，不可能再出现第三个高峰期了。这样，中东作为传统石油大国的地位将有可能改变。

未来的石油时代将与过去的 25 年完全不一样。不断增加的需求以及传统石油生产国的减产所产生的缺口，将由那些潜在的石油出口国以及潜在的石油增量来补充。此外还有一些非传统石油，比如油页岩、沥青砂以及超重油等。这些国家及地区作为新的权力中心正日益突起。

新的权力中心包括：①中亚新兴油气权力：哈萨克斯坦、土库曼斯坦和乌兹别克斯坦在本国和本地区油气资源开发、油气出口方向、运输价格和国际合作等方面频频对俄罗斯的利益与方案提出挑战。哈萨克斯坦、土库曼斯坦和乌兹别克斯坦在天然气出口价格和市场开发上，已经开始摆脱俄罗斯的控制，继续奉行出口多元化的市场战略，提高天然气价格。②以委内瑞拉、厄瓜多尔为核心的南美权力中心：大力发展本国石油化工行业，提高国有石油公司的地位，正面挑战西方大石油公司的利益，挑战西方国家的政策。委内瑞拉、厄瓜多尔虽然在金融危机背景下调低向外国公司征收的暴利税，但是目前的暴利税仍是很"可观"的。③非洲产油大国的转变：安哥拉对外合作更突出本国的国情和民族利益。④天然气 OPEC：2008 年 10 月 21 日，俄罗斯、伊朗、卡塔尔三方在德黑兰宣布准备组建类似石油输出国组织（OPEC）的"天然气欧佩克"，借此加强三方在气田开发、天然气净化及天然气销售等方面的合作。天然气欧佩克的成立将会推动天然气国家势力的发展，对 OPEC和西方发达国家是一个新的挑战。

上述新权力中心的出现，使国际能源体系的竞争关系更加复杂，政治势力的影响日益增大，对目前的国际石油合作产生了极大的冲击。

我们要买下全世界

2008 年 11 月 19 日，《经济学家》杂志刊登了 Max Rodenbeck 的《我们要买下全世界》的文章。这篇文章的背景是自 2002 年以来的高油价使得大量的石油美元从消费国手中流向产油国，产油国的主权财富基金也迅速膨胀。

当大多数国家都在勒紧腰带过日子时，海湾地区的阿拉伯国家却面临截然不同的难题：怎样处置 4.7 万亿~8.8 万亿美元？这些钱是它们从现在到 2020 年将获得的石油收入（基于油价 50~100 美元每桶）。无论具体数目是多少——低油价意味着即使海湾国家也要紧紧腰带——肯定会是一大笔钱，而且如果考虑到海湾合作委员会六个成员国的人口总计不到 4000 万，那这笔钱就显得更多了。

一个办法就是花掉它。在国内，海湾国家的政府和投资商正在花越来越多的钱。据估计，2002年至今，海湾地区的储蓄用于投资当地的比例已由15%上升到25%。咨询公司巨头麦肯锡估计，到2020年当地的项目支出会超过3万亿美元。

海湾地区已经赢得了"超大金库"的名声。阿联酋的七个酋长国之一的迪拜建有160层的世界最高建筑——迪拜塔。迪拜塔在2009年开工。除了将建设世界上最大的机场、最大的人工岛、最长的室内滑雪道和大量最大型的购物中心和顶级宾馆，迪拜还在建设一个巨大的主题公园——迪拜乐园。该乐园由45个独立工程构成，包括鼎鼎大名的"乐高乐园"（Legoland）、"老虎伍兹"高尔夫球场、"六旗帜"（SixFlags）游乐园、F1赛车公园以及出自"梦工厂"（Dream World，好莱坞的电影制作公司）和"神奇漫画"（Marvel Comics，美国著名漫画公司，代表作有变形金刚等）的主题景点。

当然在这一地区内，并不是所有的花费都这么肤浅。迪拜邻近的阿布扎比酋长国正把卢浮宫和古根海姆博物馆的分馆搬来，以装饰近郊的一个小岛。2008年卡塔尔的人均收入达到64350美元，成为世界上最富裕的国家之一。卡塔尔投资了6所西方国家的顶级高校，帮助它们兴建分校。

沙特计划把自己变成工业大国。它正在兴建不少于6座新型的"经济中心城市"和一个庞大的工业园区。该工业园将合计投资1500亿美元，将炼铝、炼油企业和汽车装配工厂整合在一起。科威特计划支出750亿美元建设一个新城——丝城。该城定位于成为连接亚欧的自由贸易区，预计至2030年共进驻70万居民。

尽管如此大手笔，这些地区和国家还是可以余下不少钱去国外花费的。直到最近，海湾地区不少储蓄还在用于投资美国国债，或是购买戴姆勒、索尼、花旗和德意志银行的股份。但是通过拥有约1万亿美元流动资金的主权财富基金的主导，海湾地区的投资组合已经变得更多样化了。现在其投资组合里面有了拉斯维加斯的赌场、澳大利亚的金矿、中国的炼油厂、印度的奢侈品开发、墨西哥的度假胜地、荷兰的石油化工企业、英格兰的曼城足球俱乐部以及土耳其、埃及、意大利的游艇制造商的大量股份。

海湾地区的有钱人也对他们自己擅长的行业加大了投入。阿布扎比的一个国家控股的能源公司 Taqa，买下了北海、加拿大和美国的一些地区的油气开采权。其野心很明显：在 2012 年实现业务全球化，以及拥有净资产 600 亿美元。

我们不能忽略的是，后石油时代的油价会给海湾地区的阿拉伯国家带来更多的石油美元收入。海湾地区的阿拉伯国家基于每桶石油 50～100 美元的预算还是相当保守的。当他们拥有更多的石油美元时，买下全世界的愿望恐怕不久就会实现了；如果不能买下全世界，控制全世界也是有可能的。

大多数国家可能还生活在高油价的恐惧状态之中，因为，2008 年每桶 147 美元的高价确实触动了太多人的神经。很多国家可能还对沙特阿拉伯持有抱怨的心理。因为在油价日益上涨时，沙特很晚才做出每天增加 20 万桶石油供给的承诺，但是，这一消息传出之后世界油价又开始上涨了。人们对市场的不信任促成了油价的再次上涨。这也不能够怪谁，因为，第一，沙特承诺每天增加 20 万桶的石油供给，大约只占当时全球日消费量 8700 万桶的 0.2%，这对于短缺的石油供给来说只是杯水车薪，解决不了任何问题。第二，即使沙特增加石油供应量，但是尼日利亚产量在下降。尼日利亚的武装分子袭击了雪佛龙石油公司的输油管道和壳牌公司的一个海上石油平台，导致两家石油公司的产量大约每天下降 30 万桶，负面影响可能超过沙特方面的积极因素。

不过这类新闻只会让原本供需缺口不断加大的世界石油市场变得更加紧张。最近几年，世界石油供需矛盾进一步加剧，需求远比供给增长快得多，石油生产备用产能几乎已经被消耗殆尽。因此，即使石油产量出现很小幅度的下降，也能导致国际油价跳跃性的上涨。世界石油供应市场的每个角落都可能发生紊乱：伊朗政局的紧张、墨西哥湾地区飓风季节的来临以及尼日利亚发生暴乱。

按道理来说，世界石油市场应该还有一些剩余产能。在当时，沙特将其国内的石油产量提高到了每天 970 万桶，这是几十年来的最高点。但是，它声称有能力增产至每天 1100 万桶，对于产能的进一步扩张即将准备就绪。如果阿卜杜拉国王真的想缓解石油市场的供需状况，他应该宣告每天增产几百万桶而不是少得可怜的 20 万桶。

现在很难说为什么沙特不这样做。也许沙特并不像阿卜杜拉国王声称的那样对饱受高油价压迫的消费者持有同情心，又或许是他被 20 世纪 90 年代末出现的局势惊吓过度。那个时候，石油价格低迷，政府收入大幅度下降，经济发展停滞不前，失业的年轻人变得不满而躁动，观察家们普遍怀疑这种君主政体是否已日薄西山。抑或是提高产量确实艰难，因为沙特最大的油田，同时也是世界上最大的油田——加瓦尔（Ghawar）的产量正在下降。

新能源帝国不可忽视

近几年，国家干涉石油生产的例子越来越多，委内瑞拉、玻利维亚和厄瓜多尔都将石油资源作为外交政策的一种手段，借助石油来提高其国际政治地位，以实现与美国公然的对抗。伊朗也曾威胁过美国，如果它再次遭受美国军队的袭击，它将"切断主要的石油通路——霍尔木兹海峡"。最近，又有一些国家政府对本国的石油生产实施干预。利比亚政府决定成立能源事务最高委员会，负责制定利比亚石油和天然气的政策和开发规划。巴西政府也在寻求在本国最大的油田中拥有更多股份，在取得直接控制本国油气资源的开发权力的同时，也在提升巴西石油公司的国际地位。因为他们一再强调，在最多产的油田中，巴西政府可能雇用受政府控制的巴西国家石油公司作为唯一的作业者。

后石油时代，以沙特、伊朗、委内瑞拉等为代表的主要产油国即将崛起，而以军事、技术为首的美国不会对新能源帝国主义的崛起视而不见，它仍将充当"世界警察"的角色，通过不断地扩大在阿富汗和中亚地区的军事基地，特别是位于吉尔吉斯斯坦、哈萨克斯坦的边界上的玛纳兹空军基地，来设法防备俄罗斯、中国、伊朗和中亚产油国联盟的可能①。

过去几年间，美国军方在非洲大量增加军事基地和军事行动，尤其是在几内亚湾。美国期望在 2010 年时让非洲石油达到美国进口石油总量的 20%，到 2015 年则达到 25%。美国统治利益集团还加强了针对委内瑞拉、厄瓜多尔、玻利维亚和其他拉丁美洲国家的军事威胁，指控这些国家实行"资源民族主义"，并声称委内瑞拉、玻利维亚、厄瓜多尔，甚至可能包括墨西哥（墨西哥正在举行大选，左翼最可能胜出）在内的国家都对美国能源安全造成了严重危险。美国这样大规模的军事干涉和威胁，实际上是由于美国的经济发展严重依赖"沙特、俄罗斯、伊朗、伊拉克、委内瑞拉、尼日利亚和哈萨克斯坦"等国的石油生产，而且这些国家都对美国构成了主要的安全威胁。因此，华盛顿一次又一次地企图罢免委内瑞拉民选总统查韦斯，接着再颠覆委内瑞拉的玻利瓦尔革命。但是，最终都以失败告终。

在能源帝国主义的初级阶段，最让我们担心的是，资本主义国家缺乏对这一大趋势的判断并对它实行大规模抵抗。但是，在后石油时代，资源国作为新能源帝国崛起是顺应历史发展潮流的。伦敦《卫报》2006 年刊载的由戴维·利特温所写的《石油、天然气和帝国主义》一文宣称，"人们需要认识到现代能源帝国主义的不可避免性"。美国入侵伊拉克的主要原因是为了掠夺石油。如果美国要继续实现其新能源帝国主义的梦想，那么就有可能引发一场全球性的战争。西蒙斯曾经警告过："如果我们未能解决存在于我们对能源的固定需求与可利用能源之间的巨大的潜在缺口问题，我们将发生最不愉快的终结之战。"

文明的脆弱和覆灭

人类文明衰落的一个原因，就是人们已经习惯于宁可在危机来临

① 〔美〕约翰·贝拉米·福斯特：《即将到来的巨大挑战——石油峰值与能源帝国主义》，毛加强、兴迎丽译，《国外理论动态》2008 年第 12 期。

后花费大量的资金来弥补，也不会提前采取措施来应对潜在的危机。石油资源如同人类一样，从开始出现到最后灭亡，必然经历一个发生－发展－兴盛－衰减－消亡的过程。我们都知道，每个人的成长都要经历一些疾病。理论上我们应该提前去防治，如加强锻炼，不做有害于身体健康的事情，而不是等待病发之后再去治疗，那为什么我们不那样做呢？原因在于人类的惰性及对当前利益的重视，不愿意改变现有的模式。

近几年，油价持续高位震荡，人们得出了一致的结论：廉价石油时代已经终结，人类正处于前所未有的高油价时代。这时，石油峰值问题已经成为人们关注的焦点。但峰值产量究竟何时来临专家们很难统一意见，不过，从近几年油价的走势及世界石油产量的实际数据来看，世界石油产量峰值正在向我们走来。

脆弱的现代文明系于石油一线

21 世纪的文明是由石油塑造的文明，它深入到人类生活的方方面面。从农业的机械化生产到人类出行所使用的汽车、飞机，从工业的现代化到军事所使用的先进武器都与石油息息相关。世界石油产量的下降将会是地震性的新闻，首先，让人们想到的就是农业。我们现在吃的食物可以说是石油密集型产物，因为现代化的农业生产过程中使用大量的汽油、柴油，包括在耕种、栽培、灌溉以及收获过程中。要知道，农业生产需要的肥料也要消耗大量的石油资源：钾肥、氮肥、磷肥的生产与运输全部要依赖石油。现在，越来越多的发展中国家摆脱了牲畜的劳作方式，采用拖拉机、收割机等代替牲畜作业，从而导致了汽油、柴油消费的上升。虽然我们通常比较注重的是消耗在农场上的能量，但在美国，这只占食物系统能源消耗总量的1/5。运输、加工、包装、销售和在厨房中消耗的能源几乎占食物系统能源消耗的4/5[①]。

---

① Lester R. Brown, Rescuing a Planet under Stress and a Civilization in Trouble: Plan B 2.0. p. 36.

另外，因为矿物燃料，过去的区域经济转变为国家经济，并进一步演变成为全球经济。用廉价能源来支持粮运和抽水，就可以解释为什么纽约市要从加利福尼亚运输农产品[①]。在州际公路和国内货运网络出现之前，纽约市的农产品都是从附近的新泽西运来的。不久之前，廉价能源又促成了一笔具有经济意义的国际化食品贸易：因为能源廉价，可以在阿拉斯加捕捞鲑鱼，然后运到中国切片，最后将鱼片运回加利福尼亚供人们享用，这具有（或者，曾经产生过）经济意义；西红柿在加利福尼亚跨越边境进入墨西哥，来回倒腾就可以获得巨大的利润；丹麦与美国可以跨洋买卖曲奇饼。关于这种特殊的交换，经济学家赫尔曼·戴利（Herman Daly）曾讽刺说："交换食谱肯定更有效。"

城镇化进程的加快也是石油时代的产物。20世纪以前，城市化进程一直是缓慢的。直到20世纪，城市化进程才有了明显的变化。现如今，百万甚至千万人口的大城市已经很常见。城市的新陈代谢如同人类的新城代谢，需要大量的食物和物资，在吸收营养的同时，也会产生废物和垃圾，仅靠那些马车、驴车的运输是很难创建大城市的，但靠便宜石油运转的卡车却改变了一切。但是，在石油产量开始下降和价格上升的背景下，城市的新陈代谢将会受到影响，运输废物和垃圾的卡车费用将随之上升，城市的生活费用也将上涨。那么，有一个问题就值得我们深思：石油价格带来的一系列费用的上涨是否意味着城市化进程的结束？如果城市化进程终结了，相对而言，郊区人们的生活是否好过些？我们的回答是否定的。石油产量的减少对城市的影响很严重，但对郊区的影响更为严重。郊区人们的生活用品往往需驾车去离自己很远的商店购买；由于郊区距离工作地点较远，汽车成为他们出门必备的交通工具。无论是购买生活用品还是上班，这些都是依赖廉价石油的。在后石油时代，石油产量的下降和更高的石油价格对在郊区居住而在城区上班的人们将是致命的打击。因为随着能源价格的高位运行且不断上涨，恐

---

① http://www.cftmedia.com/upload/www/3/2008 - 10/1798.html.

怕没有多少人能养得起一辆汽车，承担过于昂贵的费用。也许未来几十年，世界经济不再以高科技、信息产业、服务业为中心，而是以农业为中心。人们将重新生活在农场里或者小镇上，去过那种像今天安曼教派所推崇的生活。到那时，依靠石油来获得化肥、杀虫剂、除草剂以及机械动力的现代农业将被劳动密集型的旧式农业所代替[①]。

在低油价的年代里，工业国家建起了大规模的、需要大量能源维护的汽车基础设施。例如，在美国的道路中，有 260 万英里的路面是用沥青等材料敷设的，另有 140 万英里未敷设路面，所有这些路面均需维护。能源的高价格也许会导致道路维护的危机[②]。

石油短缺将轻松埋没现代文明

在一个离不开石油的时代，人类的所有活动都将受到石油供应短缺和高价格的制约。不管你承认不承认，石油资源的短缺将长期存在。人类的文明是建立在大量廉价石油基础上的。石油峰值并不会以向世人宣示的方式来临，正如我们只是在事后才从资料中证实 1970 年是美国石油峰值的时间一样，我们也只能在全球石油峰值过去之后才会确切知道它的来临时刻。同样，石油危机也不会大张旗鼓地宣布它的到来，也不会像飓风那样突然来临，我们更不希望在毫无准备的情况下陷入这场危机。如果不从现在开始认真研究对策、采取措施，那么，人类社会文明的损失将会是灾难性的，甚至是毁灭性的。

如果没有廉价的石油资源，人类的文明很可能无法维持目前的发展水平。因为，那种不需要廉价的石油就能够正常运转的机器、车辆、基础设施、生活方式已经一去不复返了。但是，这不一定意味着文明将走向灾难甚至是毁灭。如果我们承认石油危机，能够制定出一个可行的计划并马上付诸行动，那么，我们就可以拯救人类的文明。

---

① 〔美〕斯蒂芬·李柏、格伦·斯特拉西：《即将来临的经济崩溃》，刘伟译，东方出版社，2008。

② Lester R. Brown, Rescuing a Planet under Stress and a Civilization in Trouble: Plan B 2.0. p. 37.

我们还剩下多少时间来应对

知道了文明的脆弱与可能的覆灭，我们下一个问题就是还剩多少时间供人类采取措施以应对这一覆灭。

2005 年，美国 MISI 公司高级顾问 Hirsh 在他的研究报告 "Peak Oil：Impacts，Mitigation，Risk Management" 中提出石油峰值缓解的三种模式，即缓解在峰值时开始（模式 I）；缓解在峰值前 10 年开始（模式 II）；缓解在峰值前 20 年开始（模式 III）。Hirsh 利用楔子模型对三种缓解模式进行了详细的分析，最终得出了结论：如果采用模式 I，等到世界石油峰值来临时才采取缓解措施，世界在峰值来临后的 20 多年将明显出现能源供给短缺问题。如果采用模式 II，在世界石油峰值来临前 10 年开始实施缓解措施，这些措施会发挥一定作用，达到一定效果，但仍然会在世界石油峰值来临后的 10 多年出现能源供给短缺问题。如果采用模式 III，在世界石油峰值来临前 20 年开始实施缓解措施，这些措施将在可预计的一段时期内避免出现能源供给短缺问题。所以，Hirsh 得出楔子模型在开始执行实施大约 10 年后才会带来规模性的影响，提前 20 年做准备是最佳应对期，这也是对峰值缓解措施最具代表性、最为全面的研究之一。

为时已晚？

按照上述说法，如果 2008 年是峰值年的话，根据 Hirsh 研究得出的石油峰值缓解的最佳时间应该是 1988 年，也就是在 1988 年就应该实施缓解措施，大量增加对其他能源的投入。但是，直至现在，有很多人还蒙在鼓里，认为石油峰值离我们还很遥远，没必要现在采取任何的应对措施。其实，从时间上看，现在的时间已经极为被动了，已经没有时间了。如果现在还不积极采取应对措施的话，更大的危机将在后面。那么，如果按照马修·西蒙斯的观点，世界石油产量实际上早在 2005 年就已经达到峰值了，为每天 8500 万桶。从 2005 年以后世界石油生产每天下降约 100 万桶，现在的世界石油产量仍处于峰值平台期，每年略增加或者略减少 1% ~ 2% 的石油产量对世界巨大的需求来说，其作用或影响并不大，只是人们对那仅增加的百分比比较敏感罢了。更何况，荷兰的一些研究机构发现，自 2005 年以来，全球常规石油产量就已经处于递减的态势，而世界石油产量之所以处于峰值平台期，要归功于非常规石油产量的增加弥补了常规石油产量的递减。如果按照这一说法，恐怕在 1985 年就应该采取应对石油峰值的措施了。

但是需要注意的是，目前有关石油峰值的分析多集中在常规石油中的原油中，对其他种类的液体燃料（NGLs 和非常规化石能源、煤变油、气变油）的分析不足。因此，有学者指出，这些资源的峰值可能在 2020 年到来。因此，从这个意义上来说，尽管我们已经失去了最佳准备期，但我们还有几年的时间来应对，如果也错过了这些时间，恐怕等待我们的就是更大、更全面的危机了。

拯救人类的良方——减少对石油的依赖

留给人类采取措施的时间已经不多了，在这极为有限的时间中，最为重要的就是要减少对石油资源的依赖，而实现这一目标只有三种途径，一是实现社会经济的"零增长"；二是实现社会能源体系的全面革新——新能源时代；三是前两者的结合。

"零增长" 的世界

对全世界而言，增长不等于发展。事实上，过去的经济社会的增长是用大量能源资源的消耗、严重的环境污染来换取 GDP 曲线的上升的，靠的是高投资、高价格的拉动，是一种"扭曲的增长"。因此，我们首先必须转变发展理念，用质的提高来代替数的增长，也就是说必须追求发展的可持续性，不能用"百米赛跑"的方式来"跑马拉松"，不能为了一时发展之快而竭泽而渔，不能为了眼前利益而透支了子孙后代的利益。不过，这将意味着转变经济发展方式，更有效地利用资源，提高经济发展的质量和效益。

经济学家赫尔曼·戴利提出，一个零增长的社会并不意味着财富创造的终结①。他认为，鉴于目前生态和资源的限制，我们的经济转向零增长势在必行。对于一个经济快速发展的社会，这种转变确实很难让我们接受，因为我们习惯享受经济发展带来的伟大成果，它并不一定是不可实现的，但是这种发展模式必然会带来失业人口的增加。不过也有好处，就是天变蓝了，水变清澈了，SARS 病毒、禽流感、猪流感和甲型H1N1 流感等疾病不会在人类社会风靡，人类可以远离变态病毒的困扰，生活似乎也变得安逸了。不难看出，戴利更多的是从一个环保者的角度来考虑文明的持续发展问题的，而不是从资源短缺的角度考虑此问题的。确实，我们始终无可否认，保护环境也是保护我们文明的重要组成部分。因为要想实现文明的可持续发展，既需要良好的生存环境，也需要充足的能源供应，二者缺一不可。如果要从降低社会复杂程度出发来解决文明的持续发展问题的话，我们最好还是选择经济的零增长。

艰难的转变

如果我们的经济要从现在的持续增长转向零增长，我们的社会就会面临一些难以解决的问题。首先随之而来的就是严重的经济衰退。从 2008 年的经济衰退所带来的负面影响就可以预见零增长的经济给社会带来的重大影响。GDP 出现负增长、大量人口失业、汽车行业重组、通货膨胀使得投资者担心自己的钱打水漂，整日人心惶惶，提心吊胆地过日子，有的人在抱怨甚至咒骂，有的人在担心，有的人在怀疑，有的人失去斗志……这只是一些社会表象，最重要的是文明也可能出现巨大的变化。多年来，人类一直很贪婪地在掠夺世界资源来满足自己各个方面的需求，不惜一切代价获得自己所需要的东西。由于竞争的加剧，你死我活的事情常有发生，最终虽然自己的梦想实现了，得到了自己想要的东西，但却遍体鳞伤，以牺牲他人为代价获得成功。

---

① 〔美〕赫尔曼·戴利：《全世界的经济学》，《科学美国人》，2005 年第 9 期。

然而，在零经济增长的背景下，过去以往的竞争生存价值观受到了挑战，因为，世界上的任何一个国家都要更多地与其他国家进行合作，在自己的份额内公平地分享世界资源。效率优先、兼顾公平，这 8 个字最能充分地体现文明的变化。效率优先，即要提高能源利用的质量和效率，提高投入产出比，用高质量和高效率来衡量社会的进步；兼顾公平，即不仅要兼顾穷人与富人之间、国内各行业之间的资源的公平利用，还要兼顾从国际市场获取公平的份额。如果你想转变自己的地位，由穷人变成富人，从行业第一跃升为行业老大，从世界倒数第一位跃居世界第一位，那就要有更多的能源供你利用，否则，在零经济增长的情况下，一切都是幻想。如果政府能够成功地实现此次经济转型，那么足以说明这个政府拥有世界上最强大的能力，以及务实的态度和灵活的做事方式。深层次的东西我们不去探究，多少年后，自有人评说。

可选的拯救方案

既然上述这种用零经济增长来实现文明可持续发展的方式有种种的不利影响，我们是否有更为理想的解决方案呢？这种方案既不用降低社会的复杂程度，也不用强迫经济以零增长的方式发展，就可以实现经济社会的更高、更快、更强的发展。我们的回答是肯定的。现在已经有很多国家和跨国公司付诸行动，投入大量资金用于研发新能源和可再生能源来替代石油，弥补石油的短缺。尽管，正如我们在之前的篇章中所分析的那样，未来几十年新能源仍然难以实现大规模替代，但是这至少让人们看到了一丝光明，黎明前最黑暗的时刻也许就是这个时候。只要人类熬过了这几十年的时间，那么未来的发展还是可以实现的，只是我们迎来黎明拂晓的代价非常昂贵。就像一个朝代被另一个朝代取代一样，少不了政治上的动荡、军阀的混战、百姓的流离失所。但是，这是历史的进步、文明的进步。实际上，无论是经济零增长还是降低社会复杂程度，都是在减少石油消费量。新能源和可再生能源取代石油也是在减少石油消费量。因此，要确保人类文明的可持续发展，就要加快新能源和可再生能源的研发步伐。要知道，时代的变迁不会因人类的阻挡而停滞，相反，更需要人类的支持，如对新能源的支持等，这将让人类受益。

为新能源体系争取时间

实现完全意义上的"零增长"之路对人类来说是很难想象的，那么可选的措施就是发展新能源。然而，新能源的规模化需要技术的重大突破和大量的基础设施投资等，这决定了未来几十年内进入新能源时代仍然是非常困难的。在这一情况下，如何度过这几十年，为全球新能源体系的建立争取时间，就显得尤为重要。

上文我们提到了天然气时代，其实想说明的是从石油经济时代过渡到天然气经济时代是不可能的，但是天然气是一种为新能源争取时间的可靠的能源。

发展天然气

世界石油供给增长乏力，而石油需求量仍保持较快的增长势头；大量使用煤炭、石油等资源造成的环境污染的加剧已在全世界范围内引起关注；石油、煤炭等能源价格大幅上涨，且波动频繁。在这种情况下，天然气作为一种资源丰富、污染相对较低、供应相对有保障的能源，与石油和煤炭相比具有明显的竞争优势。

1970 年的石油危机推动了世界能源的多元化（改变单一依靠石油资源的局面）进程，其目的是防止世界经济再次受到风云突变的中东局势的影响，而天然气在这一进程中日益得到广泛使用。由于天然气的使用能够有效减少引起全球气候骤然变暖的温室气体的排放，再加上全球气候变暖引发的环保的压力，使世界对天然气的需求不断增加。BP 的统计资料（2012）显示，近 20 年来，世界天然气需求量增长较快。2011 年世界天然气需求量为 32229 亿立方米，较 2001 年的 24536 亿立方米增长了 31.35%；较 1991 年的 20016 亿立方米增长了

61.02%。1991~2011 年的 20 年间，世界天然气需求量年均增长 2.43%。

在后石油时代，天然气需求量仍将以较大的速度增长：一是相对于油价而言，天然气价格仍然比较低廉，这为天然气在较大范围和程度上替代石油成为可能；二是人们长期大量不加节制地使用石油、煤炭等高污染能源，使得环境不断恶化，保护社会环境的呼声日益增长。而天然气作为一种相对清洁、热值比较高的能源，将体现出巨大的优势。目前，天然气的利用也越来越广泛，大部分直接作为燃料（发电厂、工业锅炉或民用），少量作为化工原料（制造合成氨、甲醇、甲醛、醋酸等）。

由于我们将天然气作为向新能源体系过渡的桥梁资源，因此，各国首要的任务就是加大对天然气行业的投入力度。一方面，各个国家的石油公司要不断增加对天然气的勘探开发投资，提高天然气的产量。另一方面，要充分发挥政府的作用，首先，为了鼓励能源公司对天然气行业进行投资，政府可以为其提供低利率的贷款；其次，政府可以投资修建有关天然气的基础设施，这样就能够大大缩短管道铺设的时间；最后，政府应该制定一些有关天然气利用方面的优惠政策，如在后石油时代，油价可能突破每桶 200 美元，这时气变油具有了经济可行性及竞争性，政府可以对气变油行业进行补贴或者通过优惠的税收来鼓励该行业的发展。另外，主要石油消费国要扩大天然气的进口，进一步加快天然气全球化贸易的步伐。

在全球气候变暖备受关注的背景下，天然气产量的增加部分可以用来替代煤炭进行发电，也可以作为交通工具的过渡性能源，如为私家车、出租车以及公交车提供燃料，逐渐地以清洁燃料替代石油的市场份额。后石油时代，奇高的油价也会为"气变油"打开一片新的市场。20 世纪 80 年代，有关气变油技术的研发呈现出逐渐下降的趋势，这归因于从 1985 年以后，石油价格较低，人们对用于生产运输燃料的气变油技术的兴趣下降；自 20 世纪 90 年代至今，气变油技术的研发又呈现出逐渐上升的趋势，这也与国际油价不断上涨有关。近几年，气变油技术取得了较大进展。主要表现在：气变油技术稳步发展，目前世界上比较成熟的 GTL 技术主要掌握在埃克森美孚、壳牌、南非 Sasol 公司、美国 Syntroleum 和 Williams International 公司以及 BP 公司手中。随着气变油技术的日益成熟与完善，气变油的成本不断下降，可以从天然气中提炼出石油以及合成汽油或者柴油。天然气另一个主要用途就是可以为制作燃料电池用的氢气作过渡性的燃料。用天然气提炼成的氢气可以作为一种过渡性燃料，不仅可以为政府的公用燃料电池汽车作燃料，还可以为分散式的电网作固定的燃料电池，从而将燃料电池从实验室推向市场①。

在天然气经济这一过渡期内，天然气将替代一定规模的煤炭、石油等高碳化石能源，碳排放量增长的速度将开始放缓。燃料电池将缓慢进入汽车和电力市场。可再生能源技术将逐渐获得突破性的进展，成本也会有所下降，逐渐可以与石油、天然气竞争。

征收碳排放税

第二个起桥梁作用的应该就是征收碳排放税。碳税从环境保护的角度出发，通过减少二氧化碳的排放量来解决全球变暖问题。碳税按照燃煤、燃料油、天然气等化石燃料产品的碳含量比例进行征税，通过征税提高化石能源产品的价格，从而促进资源的节约和能源效率的提高，最终实现减少能源消耗和削减二氧化碳排放的目标。

传统的能源公司（以单一石油或者煤炭为主要业务的公司）一直抵触征收碳排放税，包括一些主要产油国，因为他们担心一旦征收碳排放税，化石能源消费就会减少，需求的大幅下降会导致价格降低，这些集团公司的利益就会受到威胁，因此他们一直以来都含有十分积极的抵触情绪。另外，还有一些主要能源消费国也很反对征收碳税，如果在这些国家征收碳税，就意味着要改变他们消费廉价的化石能源的习惯，同时也意味着要改变能源结构。而征收碳税对众多发展中国

---

① 〔美〕保罗·罗伯茨：《石油的终结：濒临危险的新世界》，吴文忠译，中信出版社，2005。

家而言，不可能像发达国家那样依靠廉价的化石能源实现工业化。此外，有种声音一直在质问征收碳税会不会伤害全世界穷人的利益。来自印度尼西亚 Padjadjaran 大学的 Arief Anshory Yusuf 研究表明，就能源消费而言，碳税对农村穷人的影响比对城市富人的影响小得多，因为相比较而言穷人使用了非常少的能源。穷人实际上还可能从碳税中获益。提高能源价格意味着小农能更好地与利用能源消耗高的机械设备的大型农场竞争，印度尼西亚的穷人中大多数是这样的小农，他们很少使用机械设备。这项研究还显示，印度尼西亚的国内生产总值可能会受到碳税的影响。但是从碳税中获取的收入可以回馈社会，例如，可以通过削减商品税做到这一点。Yusuf 说尽管碳税将对高能耗工业造成影响，但是这并不会对经济造成重大打击，因为它可能鼓励企业使用更有能效的技术[①]。在后石油时代，面对不断减少的能源以及高价的能源，他们不得不做出某种选择。未来一个思想开明、积极进步的政府将会把这种抵触情绪融化掉，其做法可以是多样的，例如政府把从传统能源公司征收来的碳税作为鼓励其向可持续能源公司过渡的补贴或者投资。中国有句古话叫做"取之于民，用之于民"，同样的道理，从消费者身上征收来的碳税可以以另外一种形式返还给民众，例如将征收来的碳税用于可再生能源基础设施的建设。目前，已经有一些国家和地区开始征收碳税了，例如芬兰、瑞典、丹麦、荷兰、意大利以及加拿大魁北克省和不列颠哥伦比亚省[②]。从上述已经开征碳税的国家和地区来看，北欧四国和加拿大的不列颠哥伦比亚省都是在能源的最终使用环节征税，即谁排放二氧化碳谁缴税；而加拿大的魁北克省则是在生产环节征税，最终使用者承担的是价格转移过来的税负[③]。

　　同时，还要发展碳捕获和碳储存（CCS）技术。碳捕获和碳储存技术主要是用来减少发电厂排放的二氧化碳的，它是目前被公认的应对全

---

① http://baike.baidu.com/view/1908382.htm.
② 汪曾涛：《碳税征收的国际比较与经验借鉴》，《理论与探索》2009 年第 4 期。
③ 汪曾涛：《碳税征收的国际比较与经验借鉴》，《理论与探索》2009 年第 4 期。

球变暖比较有效的手段，但这项技术的工业规模效益还有待进一步证明。如果碳捕获和碳储存技术获得大规模的应用，将在很大程度上改善许多国家的能源安全问题。2008 年 7 月，澳大利亚政府科学机构已完成电厂烟气捕获二氧化碳首次试验。试验是在维多利亚省一个叫做 LoyYang 的发电厂完成的，该厂一台专门设计的机组每年可俘获 1000 吨二氧化碳[①]。但是，由于碳捕获和碳储存技术成本昂贵，一些国际大石油公司如壳牌、BP 认为，要实现这些技术的大规模商业化应用，需要政府政策上的支持和大规模投资，才能最终削减全球的二氧化碳排放量。

另外，还可以征收生态税来抑制石油消费，其中，德国是征收生态税的先锋国家。在石油资源方面，德国同日本及大多数欧洲国家一样，都可用"一贫如洗"来形容，石油的对外依存度早在 2007 年就已突破 95%，石油安全面临巨大威胁。对向来重视能效和环保的德国而言，通过高税负抑制石油消费是政府的必然选择。德国的成品油税负分为三类：能源税、增值税和生态税。这里的"能源税"只是提法不同，其本质还是燃油税，当前的税负标准为：无铅汽油 0.6545 欧元/升、超低硫柴油 0.4704 欧元/升。同其他国家一样，德国的燃油税也是从量征收；增值税的税率要高于英国，目前为 19%，这部分税赋为从价征收，所以德国也是一个采用复合征税方式的国家。以上两个税种和英国比较，除具体税额有所不同，基本上没有区别。但生态税则让德国从其他国家中"脱颖而出"。为了鼓励节能减排、保护资源和环境，德国于 1999 年 4 月 1 日起正式在成品油原有赋税的基础上追征生态税。最初只有 0.0307 欧元/升，目前已升至 0.1535 欧元/升。我们以 8 月 27 日德国的无铅汽油价格 1.335 欧元/升为例，看一看德国成品油税负究竟是什么水平。按照德国现行的征税标准，这个价格中的能源税为 0.6545 欧元、增值税为 0.1886 欧元、生态税为 0.1535 欧元，全部税负加起来总计 0.9966 欧元，占到整个油价的

① http://news.bbspace.cn/html/news/20080723/558320.html.

75% 左右。

　　这三个税种每年可为德国带来超过 400 亿欧元的税收，仅次于个人所得税和增值税，成为德国政府的第三大税收来源。德国政府利用这笔资金打造了欧洲最为通畅的高速公路网，除了对 12 吨以上的卡车征收高速公路通行费以外，其他车辆一概免费通行。为公路建设筹款也是德国设立燃油税的初衷，但并非专款专用，政府还将生态税收入中的大部分资金用于降低社会保险缴费、鼓励可再生能源发展等。总而言之，最终获益的还是纳税人[①]。我们可以学习与借鉴这些国家的先进经验，并结合自己国家的具体国情来制定碳税收政策。

提高能源效率

　　尽管现在解决能源危机不太容易，但却有一种最干净、廉价和充裕的可再生能源。它不需要开采森林，不需要依赖天气，不需要花费很长时间修建厂房和投入市场，而且随处可见。它就是"效率"。因此，第三个起桥梁作用的是通过各种途径提高效率来减少石油消费。效率就是浪费更少的能源，就是要改变生活习惯以节约能源。从概念上讲，节约是指干的少，用的也少；而能效则是干的多，用的少。能效不需要花费多大精力就可以实现，如提高家用电器、电灯泡、工厂、建筑物、交通工具的能效等。统计数据显示，我们只需要更有效地照明、生产、建设等，就能节省世界能源消耗的 1/5 ~ 1/3。

　　提高能源效率始终是一个主要追求目标。长期来看，全球能源强度降低的趋势仍会持续，2006 年为 1.3 桶油当量/1000 美元 GDP（购买力平价，2000 年），而 1976 年是 2.2 桶油当量。从石油来看，2006 年和 1976 年的能源效率分别为 0.5 桶和 1 桶[②]。欧盟的做法就很值得我们学习和借鉴。

　　随着欧盟一体化进程步伐的加快，新成员国不断增加，欧盟已经成

①　http：//paper. people. com. cn/zgnyb/html/2009 – 08/31/content_ 332777. htm.

②　OPEC，《World Oil Outlook 2030》，www. opec. org，2008.

为世界上第二个耗能大户。欧洲自身能源资源匮乏，能源基础设施老化，能源研发进展缓慢，环境保护对能源生产的限制更加苛刻，加之全球能源价格暴涨，使欧洲面临越来越严峻的挑战。为此，欧盟于2008年年初出台了新的能源政策提案。其中一个重要内容就是提高能源效率，以达到欧盟到2020年减少能源消耗20%的目标。欧盟要求各国明确节约能源的"责任目标"，依照各国的经济与能源政策特点，确定主要的节能领域以便迅速采取措施。例如，家庭、公共场所、政府机构、旅游饭店及商业建筑、城市灯光景观和道路照明等电力消耗领域，应尽快更换节能灯与节能器材。欧盟计划于2008年通过上述用户应使用节能灯和相关器材的政策报告，并立即实施以节能灯代替白炽灯的计划。如果进展顺利，仅此一项，欧盟就可节省10%～20%的电力消耗。

在提高能源利用效率方面，不容忽视的就是占石油消费量的一半的交通行业用油。提高汽车燃料效能可以对减少碳排放量和降低石油消费量产生巨大的积极影响。从目前的技术来看，大幅度地提高能效具有经济可行性，但是却面临怎样将这种类型的汽车推向消费市场的问题。一直以来，美国的汽车能效似乎没有受到美国人民的推崇，因为他们认为石油的价格是非常便宜的。底特律也根本没有在意提高能效这一问题。美国国会也一直在讨论提高汽车燃料效率议题，但每年似乎都没有什么实质性的进展。然而，在欧洲和日本，1加仑燃料征收2美元的税收就使得那些汽车制造商能在提高内燃机效能方面下功夫。

日本和韩国的插座式混合电力汽车（PHEV）呼之欲出，继续引领节能汽车的发展潮流。赛图恩（Saturn）和丰田（Toyota）汽车在2008年早期宣布他们计划在未来两年内销售PHEV汽车。

插座式混合电力汽车（PHEV）的使用既可以降低温室气体的排放量，又可以减少化石能源的使用量。世界第一大石油消费国——美国在油价大幅上涨之时，对这种汽车寄予了巨大的期望。于是，2008年1月，美国能源部宣布将投资3000万美元用于研发和利用这类能同时使用汽油和电力的插座式混合电力汽车（PHEV）。2008年6月15日，在《环境科学与技术》（*Environmental Science & Technology*）杂志上发表的一篇研究报告显示，插座式混合电力汽车（PHEV）既有优点，也有缺点——PHEV 汽车比单纯使用汽油的汽车耗费更多的水资源，原因是汽车电池进行充电时会产生额外的电力负荷，导致用水量的增加。得克萨斯大学工程师迈克尔－韦伯（Michael Webber）对 PHEV 汽车的研发和利用有着浓厚的兴趣。他认为，地方用水政策制定者一定要认识到这一点，"如果他们所在的地区水资源比较紧张，他们还要大力推行插座式混合电力汽车的使用，他们就必须解决水资源短缺问题以便为将来用水做好准备。另外，插座式混合电力汽车需要不断地充电，而对水资源短缺地区的发电厂来说又是一个挑战"。同时，为了降低这种影响，迈克尔·韦伯认为，发电厂可以考虑使用再生水（例如处理过的废水）。相反，EPRI（一个由电厂资助的非营利性研究机构）的电力传输项目经理马克·度沃尔（Mark Duvall）指出，PHEV 汽车不会增加电厂的用水需求。他认为，在未来的几十年内，电厂水资源的利用率将有很大的提高。

度沃尔设想，到 2050 年，如果 PHEV 汽车的市场份额大约为 60%，就意味着电能的使用量将增加 4% 左右，每天可以减少 300 万~400 万桶的石油使用量。他做出了进一步的假设：如果电力部门的发电能力平均年增长率为 1%~2%，而水的回收率保持不变，就可以计算出有多少 PHEV 汽车行驶在高速公路上。2001 年，一篇名为《混合电力车优缺点比较》（*Comparing the Benefits and Impacts of Hybrid Electric Vehicle Options*）的研究报告指出[①]，如果混合汽车一次充电后能行驶 60 英里以上的话，一半的应答者愿意付出比传统汽车贵 26.5% 的价钱购买混合汽车；而只有 7% 的应答者愿意付出贵 80% 的价钱购买混合汽车。

过去底特律三大汽车公司不会去考虑提高效能问题，但是在后石油时代，他们不得不重新定位自己的发展战略，必须在提高效能方面花力气、下功夫了。我们在恰当的时候提出了桥梁经济，如果放在过去，这

---

① http：//www. evworld. com/library/EPRI_ sedan_ options. pdf.

种桥梁式的战略在美国是不会产生任何效果的。这种桥梁战略可以帮助底特律三大汽车公司加快向低碳或者无碳的汽车类型过渡。当然，在这一过渡过程中，政府不再两边为难了。它可以理所当然地制定一种制度，即限制汽车制造商每年的碳排放量；也可以起到催化剂的作用，例如，给予燃料电池和可再生能源汽车制造商优惠的政策，就像给予石油和天然气行业大量的补贴一样；为燃料汽车提供一个市场，将燃料电池汽车应用于公交车上或者政府的公用汽车上。

西方思想界开出的药方

疾病的根源

我们不曾忘记过去两次石油危机带给世界经济的创伤，更不曾忘记21世纪初的高油价所引发的世界范围的经济危机，直到今日，人类还未从经济危机的困境中脱险。后石油时代对世界经济的影响更为巨大，如果将此次高油价所引发的经济危机对世界经济的影响比做"重感冒"的话，那么，处于峰值平台期的世界经济就好比"必须动手术的病人"，手术的成功与否取决于医生的医术水平。在这里，我们且不谈为了不动"手术"所采取的补救措施——加大勘探力度、提高采收率等因素。重要的是，要寻找到病的根源，开出药方，对症下药。

社会经济的发展使人们的生活水平大大提高，人们对石油的需求也在频频传来"捷报"——刚刚创下的最高的石油需求纪录又被打破了。无论是汽车的使用，还是社会经济的快速发展，终归都是受人的欲望支配的。因此，揭开朦胧的面纱，推开虚掩的大门，医生会惊奇地发现，原来病的根源就是人类对石油的巨大需求。而"治病药方"就是改变人类。

西方的药方

但是，我们并不是倡导人类回到原始社会，而是在一直拥有消费能源的情况下，在没有开发出可以替代石油的资源之前，人类应当做到以下几点。

第一，彻底粉碎通过使用其他燃料来保证整个汽车系统正常运行的想法。不惜一切代价来保证所有车辆正常运行的想法将是人类所犯下的一个非常致命的错误。将那些自封为"绿色主义"和政治"激进主义"的观点融入这一热点问题中是毫无裨益的。需要提醒人们注意的是：汽车不是解决问题的方法之一（不管它是使用化石燃料、伏特加还是牛屎）。它是问题的核心。试图通过使用其他燃料的办法解决整个汽车系统的问题只会使问题变得更糟。这个底线是这样的：我们的生活不要再想依赖汽车，应该开始考虑其他方式的交通工具。我们必须要做的是，安排好日常的基本活动。

第二，我们必须实现生产的本地化。工农业综合企业模式正在走向失败。随着石油和天然气资源产量峰值的到来，我们只有小规模的贫瘠土地可以使用，我们将依靠自己的能力来解决这个问题。农业将很快回到更加接近美国经济生活中心的原始状态。以较小的规模进行本地化生产是非常必要的，同时，也需要更多的劳动力。与农业相关的增值活动——生产奶酪、葡萄酒和油等产品——也必须更多地选择本地化生产。

第三，我们必须居住在不同地区。在西方国家，依赖汽车几乎可以到达每一个想去地方，这在一定程度上注定是错误的。很多地方诸如拉斯维加斯、迈阿密等，仅能养活他们现有人口的很小一部分。我们必须回到传统的、小规模的人类生态环境中去，如村庄、城镇和城市。人类将再次居住在小城镇。现在的城市规模将大幅缩小。大城市的生活会遇到非常棘手的问题，并且大多数问题是解决不了的。郊区财产的贬值将产生深远的影响。未来几十年的建筑物都是由当地天然材料制成的——而不是模块化、单元化、生产零件的堆积，规模将更小。这整个过程将引起巨大的改变，并且很容易引发骚乱。就像农业，它需要重新获取几套技术和已经丢弃的方法论。我们之前关于使用土地的态度必须完全改变。建筑法规和地区法律最终将被抛弃。

第四，分散处理食品体系①。在社会上，我们曾经贬低了农业耕作

---

① http：//www.cftmedia.com/upload/www/3/2008 - 10/1798.html.

作为一种职业的价值，鼓励最优秀的学生们离开农场去城市中寻找
"更好的"工作。为了给城市的工厂提供工人，我们曾经腾空了美国的
乡村地区。坦率地讲，现在我们需要扭转这种状况。我们需要更多的技
术水平高的农民到整个美国的土地上进行耕作——这不是对农耕时代的
怀念，而是一件事关国家安全的大事。因为没有能力实现粮食自给自足
的国家会发现，它们就像现在那些依靠进口石油资源才能维持需求的国
家那样，在国际交易中不得不做出巨大的让步。但是，无论如何，石油
还有替代产品，而粮食却没有任何可替代的产品。

美国农耕的复兴当然需要利用农耕时代留下的宝贵遗产所带来的持
久的文化力量。农耕复兴将会带来大量的政治效益和经济效益，将会极
大地复兴农村地区的经济，将会带来上千万个新的"绿色工作机会"，所
以这正是我们需要开始考虑采用技术水平较高的太阳农耕方式的原因。
这种农耕方式是作为后化石燃料时代的21世纪经济的重要组成部分。

分散的食品体系也能够提供众多其他的益处。距离产地较近的食品
将会更新鲜，而且不需要太多程序上的处理，食品也会更有营养。在食
品生产地区化过程中可能会降低生产效率，不过在适应以后生产效率将
会得到恢复：地区化的食品系统能够更好地应对各种冲击。一家工厂每
周可以制作2000万个汉堡包肉饼或者洗涤2500万个色拉油桶，所以一
个拥有一罐毒素的恐怖分子可以一下子向几百万人投毒。这样一种体系
也很容易受到偶然污染的影响：食品交易量越大，交易范围越广，整个
体系就越容易受到攻击。很显然，保护我们的食品体系免受这些威胁的
最佳方式就是进行分散处理。

第五，我们必须以不同的方式运输人和物品。这是汽车系统的没
落（包括整个美国汽车运输系统）。我们需要赶快习惯这些，不要再
浪费剩余的石油资源来支持汽车和卡车的使用。使用水运和铁路运输
物品是更节能的。需要做点什么？恢复公共交通。首先，从铁路开始。
尽可能多地使用电力而不是化石燃料。如果要使用一部分煤炭用于发
电，那么就要尽可能地捕捉二氧化碳来减少碳的排放量。我们应该更
多地使用水上运输来运输人和货物。这就要求我们重建港口、内流河

和运河，包括与他们有关的城镇的基础设施。大的港口城市，像波士顿和纽约，不再有海边的公寓和自行车专用通道。我们必须让码头和仓库回归它们原来的用途。目前，基于风力的海上运输项目正在建设之中——帆船。

第六，我们必须改变零售贸易方式。通过使用很多的化石能源，全国连锁店已经达到规模经济的目标（挤掉当地经济）。但是随着昂贵、稀缺石油时代的来临，沃尔玛等其他零售商将无法存活。他们将无法建立"轮子上的仓库"，同时也无法实现不停地在州际高速路上运输货物。随着美国和中国对中东和非洲石油的争夺，12000英里的供应链也将受到威胁。当这些商业网络被破坏之后必须一砖一瓦、一个仓库一个仓库地重新建立。这将需要富有经验的、条理清晰的且具有生产、分销和销售经验的网络人员来经营。不要傻傻地认为网络能够替代当地零售经济。网上商店依赖的是廉价的运输，但是这样的运输将不再廉价。

第七，我们必须重建教育系统。在未来几十年，用于集中接送中小学生的黄色学校巴士将不再存在。虽然教育部门对基础设施建设的大量投资可能会在一定程度上延缓这一转变，但是，任何的延缓最终都是无济于事的，因为它很难改变最终的结果。这种影响将首先对学校的设置产生作用，例如，再去发展那些更小规模、分布更加平均的分散学校将变得异常困难，因为这样将会大大增加为了接送学生而对石油进行的消耗。因此，下一代的教育模式很可能转变为本地化小型的集体教育模式。

第八，再本地化（Relocalization）。再本地化运动实质上是与经济全球化相反的说法。按照本地化运动的说法，廉价石油的时代已经一去不复返了，我们已经步入后石油时代，世界石油供应将不可逆转地下降。如果一味地将世界经济建立在石油基础之上，那么，世界经济的发展将是不可持续的。可以确定的是，现在任何一家大的超级公司最终都将走向落寞——从联邦政府到大型公司再到大型组织。如果你能找到一种在较小的规模下比现在更切实有效又有用的方法的话，你将会拥有更多的食物并能受到人们的尊敬。应对此次不同以往的石油危机的措施除了研发利用新能源以外，还有一个重要的做法就是再次实现经济的本地化，在国家强有力政策的推动下，减少甚至消除消费者对进口产品的依赖；重建社区的商业网点，发展公交系统，建立高密度住宅区从而减少个人车辆使用；建立照顾当地弱势群体的组织机构；搞小农业和有机农业，减少农机使用和化肥使用，保护土地，向人民提供健康食品①。当州政府和联邦组织无能为力时，地方政府就要发挥出应有的作用。

---

① 方壶斋：《北美来鸿：古巴与美国的再本地化》，http：//news.bbc.co.uk/chinese/simp/hi/newsid_ 5220000/newsid_ 5221600/5221624.stm。

社会科学文献出版社网站

www.ssap.com.cn

1. 查询最新图书　　2. 分类查询各学科图书
3. 查询新闻发布会、学术研讨会的相关消息
4. 注册会员，网上购书，分享交流

本社网站是一个分享、互动交流的平台，"读者服务"、"作者服务"、"经销商专区"、"图书馆服务"和"网上直播"等为广大读者、作者、经销商、馆配商和媒体提供了最充分的互动交流空间。

"读者俱乐部"实行会员制管理，不同级别会员享受不同的购书优惠（最低7.5折），会员购书同时还享受积分赠送、购书免邮费等待遇。"读者俱乐部"将不定期从注册的会员或者反馈信息的读者中抽出一部分幸运读者，免费赠送我社出版的新书或者数字出版物等产品。

"网上书城"拥有纸书、电子书、光盘和数据库等多种形式的产品，为受众提供最权威、最全面的产品出版信息。书城不定期推出部分特惠产品。

咨询／邮购电话：010-59367028　　邮箱：duzhe@ssap.cn

网站支持（销售）联系电话：010-59367070　　QQ：1265056568　　邮箱：service@ssap.cn

邮购地址：北京市西城区北三环中路甲29号院3号楼华龙大厦　社科文献出版社　学术传播中心　邮编：100029

银行户名：社会科学文献出版社发行部　　开户银行：中国工商银行北京北太平庄支行　　账号：0200010009200367306

图书在版编目（CIP）数据

峰值的幽灵：能源枯竭与文明的危机/冯连勇，王建良，王月著.
—北京：社会科学文献出版社，2013.1
ISBN 978 - 7 - 5097 - 3903 - 7

Ⅰ.①峰…　Ⅱ.①冯…　②王…　③王…　Ⅲ.①石油产量 - 研究
Ⅳ.①F407.22

中国版本图书馆 CIP 数据核字（2012）第 253930 号

峰值的幽灵
———能源枯竭与文明的危机

著　　者／冯连勇　王建良　王　月

出 版 人／谢寿光
出 版 者／社会科学文献出版社
地　　址／北京市西城区北三环中路甲 29 号院 3 号楼华龙大厦
邮政编码／100029

责任部门／经济与管理出版中心（010）59367226　　责任编辑／林　尧　蔡莎莎
电子信箱／caijingbu@ ssap. cn　　　　　　　　　　责任校对／吕伟忠
项目统筹／恽　薇　　　　　　　　　　　　　　　　责任印制／岳　阳
经　　销／社会科学文献出版社市场营销中心（010）59367081　59367089
读者服务／读者服务中心（010）59367028

印　　装／北京鹏润伟业印刷有限公司
开　　本／787mm×1092mm　1/16　　　　　　　　印　　张／16
版　　次／2013 年 1 月第 1 版　　　　　　　　　　字　　数／236 千字
印　　次／2013 年 1 月第 1 次印刷
书　　号／ISBN 978 - 7 - 5097 - 3903 - 7
定　　价／48.00 元